中青年经济学家文库
ZHONGQINGNIAN JINGJIXUEJIA WENKU

浙江财经大学东方学院仰山学术文库

U0514336

本书系国家社科基金一般项目"我国传统产业数字化转型的动力机制和路径选择研究（20BJL078）"、
浙江省社科规划项目"社科赋能山区26县高质量发展行动"的部分研究成果

新型农业经营主体信贷风险的评估与控制研究

孙福兵／著

XINXING NONGYE JINGYING ZHUTI XINDAI FENGXIAN DE
PINGGU YU KONGZHI YANJIU

中国财经出版传媒集团

经济科学出版社
Economic Science Press

图书在版编目（CIP）数据

新型农业经营主体信贷风险的评估与控制研究/孙
福兵著．－－北京：经济科学出版社，2022.6
（中青年经济学家文库）
ISBN 978 - 7 - 5218 - 3707 - 0

Ⅰ.①新…　Ⅱ.①孙…　Ⅲ.①农业信贷 - 贷款风险管
理 - 研究 - 中国　Ⅳ.①F832.43

中国版本图书馆 CIP 数据核字（2022）第 092136 号

责任编辑：王红英　汪武静
责任校对：徐　昕
责任印制：王世伟

新型农业经营主体信贷风险的评估与控制研究
孙福兵　著
经济科学出版社出版、发行　新华书店经销
社址：北京市海淀区阜成路甲 28 号　邮编：100142
总编部电话：010 - 88191217　发行部电话：010 - 88191522
网址：www.esp.com.cn
电子邮箱：esp@esp.com.cn
天猫网店：经济科学出版社旗舰店
网址：http://jjkxcbs.tmall.com
北京季蜂印刷有限公司印装
880×1230　32 开　9.75 印张　260000 字
2022 年 6 月第 1 版　2022 年 6 月第 1 次印刷
ISBN 978 - 7 - 5218 - 3707 - 0　定价：58.00 元
（图书出现印装问题，本社负责调换。电话：010 - 88191510）
（版权所有　侵权必究　打击盗版　举报热线：010 - 88191661
QQ：2242791300　营销中心电话：010 - 88191537
电子邮箱：dbts@esp.com.cn）

序

    随着全球经济一体化的推进和我国国民经济结构的调整，新型农业经营主体发展如火如荼、方兴未艾，作为农业现代化发展的主要载体和重要抓手，肩负着产业兴旺和乡村振兴的重任。然而，由于新型农业经营主体生产活动风险大、不确定性程度高和风险无法有效评估与控制等原因，现有农村金融供给模式和服务体系很难满足其发展需求。近年来，我国金融机构本外币农村贷款余额占各项贷款余额比重始终徘徊在 20%左右，农村村镇银行县域覆盖率仅有50%左右，融资难、融资贵导致的信贷约束，已经成为阻碍农业现代化发展的主要"瓶颈"。

    本书在对国内外信贷风险管理理论和研究成果进行梳理的基础上，首先，以缓解新型农业经营主体信贷约束问题为导向，从宏观与微观两个层面分析了新型农业经营主体信贷约束的生成机理，对新型农业经营主体信贷风险进行了分类研究，基于信贷场景，从风险来源与过程，借助传染病模型对其影响因素、生成和传导机理进行了深入分析，提出了有别于传统农业信贷风险研究的新视角，进一步厘清了信贷约束与信贷风险间的逻辑关系；其次，从降低交易成本和信息不对称入手，以提高信贷风险评估的准确率和有效性为目标，通过大量涉农信贷银行高管访谈和问卷调查，基于众多信贷违约行为的分析、总结和反推，重构了信贷场景，利用固定效应和probit 模型等组合方法，确保了风险影响因素提取和识别的有效性；进而，基于第一还款来源设计了风险评估指标体系，运用 BP 神经网络等构建模型，提高了风险评估的准确率和有效性，克服了以往风险评估主要依靠抵押和担保等第二还款来源存在的问题，从而为金融机构更为有效、更为全面进行风险评估提供了新的方法；最后，从效益与风险协调优化原则出发，跳出传统以资产抵押产生信用的思维，在对各信贷风险主要影响因素作出控制分析的基础上，基于目标规划法，构建了新型农业经营主体信贷风险控制的多目标决策模型，将对重要影响因素的控制转变为对模型的求解；同时，结合实践经验和金融科技创新提出有效的风险控制对策与方法，大大提高了风险控制的针对性。此外，结合与浙江涉农信贷银行高管交流总结的经验，根据当下农业信贷风险评估与控制的难点，提出了差别化准入和审批、金融科技创新等提高风险管理水平的对策和方法，为缓解广大新型农业经营主体信贷约束、促进新型农业经营主体发展提供了新的思路，为同样受到信贷约束的中小企业融资问题的解决提供启发和借鉴。

　　本书的研究过程，既重视理论提炼，又注重实践总结，内容系统，详尽务实，图文并茂，风格独特。本书的研究方法与结论，不仅对提高新型农业经营主体信贷风险的识别、评估与控制，缓解信贷约束，给出了切实可行的工具方法与对策建议，同样对深入开展其他类型的中小企业信贷风险管理研究，以缓解信贷约束，也具有一定的参考价值，相信读者会从中得到良好的启发和收获。

推荐人：东华大学　宋福根教授
2022 年 3 月于东华大学

目　　录

第1章

绪　　论

1.1
研究背景与意义

1.1.1　研究背景

近年来，由于非洲猪瘟和中美之间的贸易摩擦等事件的影响，我国肉禽和饲料等农产品较长一段时期内出现供应偏紧和价格普遍持续上涨的状况，而且 2020 年暴发的新冠肺炎疫情和非洲蝗灾，曾一度引发了国际粮食市场的剧烈波动和恐慌。联合国世界粮食计划署与联合国粮食及农业组织在他们联合发布的《严重粮食不安全热点地区早期预警分析》中指出："至少 25 个国家 2020 年将面临严重饥荒风险，全球濒临 50 年来最严重的粮食危机。"① "三农"问题和粮食安全再一次成为全国人民高度关注的话题。正如党的十九大报告指出："农业农村农民问题是关系国计民生的根本性问题，必须始终把解决好'三农'问题作为全党工作重中之重。""要构建现代农业产业体系、生产体系、经营体系，完善农业支持保护制

---

① 胥大伟. 全球濒临 50 年来最严重的粮食危机，中国有何"粮策"？［N］. 中国新闻周刊，2020 – 9 – 21.

度，发展多种形式适度规模经营，培育新型农业经营主体，健全农业社会化服务体系，实现小农户和现代农业发展有机衔接"。然而，随着全球经济一体化的推进和国民经济结构的调整，农业产值占比和农业就业比例却逐年下降，同时单位土地资本投入和农业资本密集度却不断提高，因而为了保障农业可持续发展和建立现代农业经营体系，必须建立农村金融支持体系和充足的农村金融供给。事实上，根据《中国农村金融服务报告》历年统计的数据，近年来我国金融机构本外币农村贷款余额占各项贷款余额的比重一直徘徊在20%左右，农村村镇银行县域覆盖率只有50%左右，这意味着当前农村缺乏最基础的金融服务，即使像种养殖大户、家庭农场、专业合作社和农业龙头企业等新型农业经营主体，由于其在经营前期成本投入高、规模大、期限长、受外界影响较大等原因，现行的农村金融供给模式和服务体系也很难满足他们的融资需求，资金短缺已经成为制约其发展的主要"瓶颈"。以上现象既与国民经济"赶超"发展战略导致的农业比较效益低下有关，也与微观农村金融信贷主体的行为特征紧密相连，贷款难、贷款贵甚至无处贷款导致的信贷约束，已经成为严重制约我国当下农村农业现代化发展和农民生活水平提高的重要障碍。

然而，根据对新型农业经营主体发展较为成熟和涉农信贷投放规模较大的浙江、江苏、山东以及河南四省的实地调研，目前大部分金融机构（下文有些以银行代称）很少涉足第一产业信贷业务，如图 1－1 所示，各省（区、市）信贷规模看似较大，实际上由于中国人民银行现有的统计口径，凡是以"三农"名义和县域范围内的主体进行贷款的都属于农业信贷，实际上很大部分是用于农村基础设施建设或其他经营性贷款，真正投入第一产业用于农业生产经营的贷款比重非常低；并且现有农业信贷需求与实际贷款获得规模的匹配度最多60%，且80%以上是以20万元以下的小额农户贷款形式投放；而对于信贷需求额度大、用途多元化的新型农业经营主体来说，其日益增长的金融需求和农村金融供给间的矛盾依然突出，融资难、融资贵问题较为普遍，主要表现为贷款额度偏小、满足率偏低、期限不合理和利率偏高，严重制约了其进一步发展。这既有农业生产经营活动风险大的原因，也有新型农业经营主体资信条件差和经营不规范的问题；既有金融机构制度安排与创新不足的原因，也有政府配套政策的不足等问题。因此，近年来无论是中央还是各级地方政府，都在积极推动农村金融创新、构建普惠金融，例如，从土地、林地使用权抵押到农户信用评级等进行试点创新，鼓励各类农村金融机构积极探索创新服务"三农"的有效方式，从而引导和带动更多资金投向农业和农村，更多开展适合"三农"发展需求的金融产品和服务创新，然而都未能取得较大突破与推广，仍然与庞大的农村金融市场需求和农民生产生活需要存在着较大差距，根本无法解决新型农业经营主体的信贷约束和满足服务"三农"的需要。

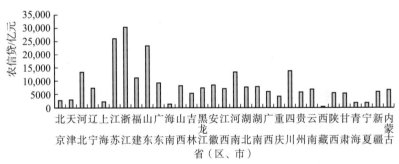

图 1-1 2015 年各省（区、市）涉农信贷分布

资料来源：笔者整理而得。

究其原因，当前困扰新型农业经营主体信贷约束的关键，一方面，不仅在于我国农业生产土地细碎化程度高、规模化程度低、生产成本高和抗自然灾害能力弱，而且在于农村信用基础设施弱，广大新型农业经营主体资信条件差、缺少完善的信用记录，有效信息匮乏、交易成本高，导致农村金融机构缺少贷前风险识别与评估的有效手段；另一方面，新型农业经营主体不仅具有收入不高、资产有限、有效抵押和担保不足等问题，还存在土地流转不规范、资金支持与需求不匹配以及农业保险保障不足等问题，农村金融机构缺少风险防范与控制的有效方法，从而导致对风险的担忧而创新不足。因此，要想破解当前困局，不仅要在理论层面深入研究新型农业经营主体信贷风险的影响因素、生成和传导机理等基础上，积极探索有效的风险识别、评估与控制工具和方法，帮助农村金融机构协调好效益与风险间的关系，尤其是有效避免由于信息不对称而导致的交易前逆向选择和交易后道德风险等问题，从而为提高新型农业经营主体信贷风险管理效率以缓解信贷约束提供技术支持；而且要在实践层面，坚持把推进农业供给侧结构性改革作为主线，深入了解农村金融供求双方的特点和制约农村金融创新发展的风险实质，从源头上解决双方的利益均衡与风险回报等问题，积极依托金融科技创新，通过探索创新抵质押品和开展信用评级等手段，增加农村金融机构的供给意愿，以规模效应实现交易成本的降低，从而提供有效供给、改善信贷条件和破解信贷约束。

1.1.2　研 究 意 义

信息不对称、交易成本高与缺少有效抵押和担保等导致信贷风险无法有效评估与控制，是困扰当下新型农业经营主体信贷约束的主要原因。如何在深入分析新型农业经营主体信贷风险影响因素、生成和传导机理的基础上，积极探索有效的风险识别、评估与控制工具和方法，以缓解信贷约束，具有重要的研究意义。

第一，本书以缓解新型农业经营主体信贷约束问题为导向，在理论和实证分析基础上，提出了有别于传统农业信贷风险研究的新视角。一方面，根据农业行业将新型农业经营主体按照经济作物、大田作物和畜牧养殖等分为三类，同时将其信贷风险划分为信用风险、经营风险和市场风险三类，克服了以往主要按照规模大小对新型农业经营主体信用风险进行研究的局限性，更加准确地把握了信贷风险实质；另一方面，从风险来源与风险产生的过程两个视角出发，沿着"风险要素—生成—控制"的路径展开，同时借鉴传染病模型对风险的生成和传导机理进行分析，克服了以往对农业信贷风险认识不清不全的难点，进一步提升了信贷风险成因研究的广度与深度，也为金融机构更有效、精准地识别风险以缓解信贷约束提供了现实依据。

第二，本书以提高新型农业经营主体信贷风险识别与评估的效率为主要目标，设计了新的风险识别评估指标体系并尝试了不同的模型方法组合。一方面，沿着德尔菲法设计风险参数、用模糊层次分析法（FAHP）确定权重、用固定效应模型验证显著性、用 probit 模型综合指标的逻辑，对新型农业经营主体信贷风险影响因素进行识别，克服了以往风险识别依据不足和方法不全等问题，进一步提升了风险识别的逻辑严密性；另一方面，在现有涉农信贷业务评估指标基础上，主要基于第一还款来源，设计了创新型风险评估指标体系，将一线信贷人员的经验通过定量化的模型展现，同时借助 BP 神经网络等模型和方法进行实证与模拟，克服了以往风险评估主要依靠抵押和担保等第二还款来源的问题，从而为风险评估指标设计和工具选择提供了有益借鉴，也为金融机构更有效、全面进行风险评估提供了新思路。

第三，本书从效益与风险协调优化入手，基于风险识别与评估的结果，将新型农业经营主体信贷风险的控制问题转变为多目标决策问题。一方面，基于目标规划法，通过构建新型农业经营主体信贷风险控制多目标决策模型，将农业信贷风险中固有的不确定性转化为可度量的风险并加以控制，克服了以往信贷风险控制决策缺乏量化依据的困境，从而为金融机构有针对性地提高信贷风险控制能力提供了切实可行的方法；另一方面，结合与浙江涉农信贷银行高管交流总结的经验，根据当下农业信贷风险评估与控制的难点，提出了差别化准入和审批、通过金融科技创新提高风险管理水平等对策和方法，不仅为缓解广大新型农业经营主体信贷约束提供了新思路，而且为同样受到信贷约束的中小企业融资问题提供了启发和借鉴。

1.2

问题的提出

当前，虽然国内外各界广泛开展如何加强风险管理研究来缓解新型农业经营主体信贷约束，但由于农业信贷总体占比较低、效益低下和规模不经济，加上信贷数据采集难、信息缺失和不规范等原因，导致对其信贷风险缺乏深入系统的分析，以及缺乏行之有效的风险管理对策与方法，因此，一直无法取得有效的突破。

第一，由于农村金融机构普遍认为新型农业经营主体信贷活动周期长、见效慢、效益低和风险大，加上交易成本高、信息不对称和缺乏合格的抵押担保等，导致风险无法有效评估与控制，从而信贷投放和产品创新动力不足导致严峻的信贷约束；主要由于新型农业经营主体信贷风险不仅受规模大小和农业行业不同的影响，而且风险影响因素又存在互相传染和交叉影响的可能性，因此，现有农村金融机构出于成本和收益等考虑，缺乏深入了解的能力和动力。因此，本书需要从各个层面，深入分析新型农业经营主体信贷风险影响因素间的交叉隶属关系和影响权重，从而帮助金融机构加深对其信贷风险的生成和传导机理进行分析以把握风险实质。

第二，由于缺乏对新型农业经营主体信贷风险影响因素及其生成传导机理系统的研究，导致缺乏信贷风险识别的因素基础，从而无法构建以系统完整的影响因素为自变量的风险识别模型，无法对信贷风险发生和发展适时做出准确的分析预测，加上现有农村金融机构由于缺乏专门的涉农信贷业务团队和风险管理机制，要么较少开展此类业务，要么违约率较高。因此，本书需要在多角度全方位地收集新型农业经营主体信贷风险影响因素的基础上，结合实际操作中诸多优秀的经验和做法，构建科学高效的风险识别模型以帮助金融机构提升风险识别能力。

第三，由于缺乏有效的新型农业经营主体信贷风险识别模型和方法以梳理凝炼出重要风险影响因素，加上农业信贷数据采集很难，信息完整性和可靠性很难保证，导致无法形成科学合理的风险评估指标体系，更无法对各类风险发生的概率和期望损失进行评估，导致现有金融机构开展此类业务时还基于抵押担保等第二还款来源进行评估，极大限制了新型农业经营主体信贷的获得性。因此，本书需要在现有评估指标体系和方法基础上进行创新，不仅要提高对第一还款来源的评估，而且要探寻如基于遗传算法的 BP 神经网络等高效的评估模型和方法。

第四，由于缺乏系统的新型农业经营主体信贷风险发生发展重要影响因素控制分析，已有的研究尚未能突出以风险和效益协调优化控制为主要目标，采用量化模型将信贷风险管理的控制转换为对其重要影响因素的控制，既没有真正抓住风险控制的本质，也没有从源头上控制好风险的发生，从而导致现有金融机构涉农业务风险控制水平参差不齐，且无法有效提高风险控制效率。因此，本书需要在抓住风险控制实质的前提下厘清风险控制目标，基于量化模型等进行深入、全面的控制决策研究，全方位构建事前预警、事中决策和事后监督的风险控制体系。

1.3
研究目标与内容

1.3.1 研究目标

鉴于长期以来农业信贷交易成本高和信息不对称等导致风险无法有效识别与评估，从而使规模化、集约化程度相对较高的新型农业经营主体同样受到较大程度的信贷约束，严重影响了我国农业现代化的进程和乡村振兴战略的实施。随着管理科学与工程研究领域的不断深入和金融科技的快速发展，更广泛的信贷风险管理研究成为可能。因此，本书在对新型农业经营主体信贷风险影响因素及其生成传导机理进行深入分析的基础上，通过探索风险主要影响因素识别、评估与控制的有效方法，以此提高信贷风险管理的能力和效率来有效缓解信贷约束。

第一，通过对新型农业经营主体信贷风险的生成和传导机理进行深入分析，更加全面和准确地把握风险实质。针对以往对农业信贷风险高、不确定性程度大等片面的认识，本书希望在充分了解农业信贷供求双方特点、资金主体多样化供给与需求间矛盾的基础上，通过深入分析农业生产活动牢牢把握新型农业经营主体信贷风险实质及其影响因素，从而为信贷风险管理缓解信贷约束提供理论基础。

第二，通过构建以系统完整的影响因素为自变量的风险识别模型和方法组合，进一步提高风险识别的科学性。针对现有农村金融机构由于缺乏专门的涉农信贷业务团队和风险管理机制，且以个人经验判断等为主进行风险识别，本书希望通过组合德尔菲法和probit模型等方法，从各个层面深入分析新型农业经营主体信贷风险影响因素间的交叉隶属关系和影响权重，从而为科学识别风险提供依据。

第三，通过设计新型农业经营主体信贷风险评估指标体系，进一步提高风险评估的准确率。针对现有农业信贷业务信息完整性和可靠性很难保证，加上没有专门的风险评估指标体系，且主要依靠抵押和担保等第二还款来源，本书希望在综合现有各类指标的基础上，主要基于第一还款来源创新风险评估指标体系，并运用BP神经网络等模型进行测试比较，全面提升风险评估的准确率和有效性。

第四，通过构建多目标决策模型，将新型农业经营主体信贷风险管理的控制转换为对其重要影响因素的控制，进一步提高风险控制的针对性。针对以往农业信贷风险控制缺乏量化控制分析基础，从而导致控制水平参差不齐且缺少针对性的问题，本书希望通过构建多目标决策模型进行量化分析，结合浙江涉农信贷银行高管与一线人员的优秀经验和做法，有针对性地提出一系列风险控制的对策与方法，从而不仅为其他省份同行业缓解信贷约束提供借鉴，而且对缓解同样由于缺少有效抵押和担保、信息不对称和交易成本高的中小企业信贷约束提供一定启示。

1.3.2　研究内容

长期以来困扰农业信贷的两大因素：一是农业数据获取碎片化，生产、生活和供销数据信息不对称，信贷调查和信息掌握难度大，交易成本高；二是当下农业生产经营者文化水平普遍不高，生产生活都比较随意，信用模糊、记录缺失和认知程度不高，从而给农业信贷风险的识别、评估与控制带来了很大困难，现实中无论是理论界还是银行界一直在寻找和探索破解这一难题的方法与路径。因此，本书将围绕新型农业经营主体信贷风险的特征、影响因素和生成机理等进行深入分析，从减少信息不对称和降低交易成本入手，探究如何有效提高风险识别与评估的模型和方法，并在此基础上有针对性地提出切实可行的风险控制对策和方法。下面将对本书主要研究内容进行简要的介绍。

（1）梳理农业信贷风险理论，分析新型农业经营主体信贷风险生成机理。

首先，本书通过在对国内外信贷风险管理理论和研究成果进行梳理分析的基础上，不仅了解农业信贷风险的种类及其来源、影响因素和作用机理等情况，而且结合我国新型农业经营主体发展现状，分析其信贷风险特征和类型，通过筛选合适的模型与方法，从而为后续进行有效的风险识别、评估与控制奠定理论与实证基础。

其次，以提高信贷风险的识别、评估与控制效率来缓解新型农业经营主体信贷约束问题为导向，通过对农业信贷投放规模较大和新型农业经营主体发展相对成熟的浙江、江苏、山东及河南部分有代表性的地区进行实证调查，从农业行业、风险来源与风险过程等视角分类总结出新型农业经营主体信贷风险的影响因素。

最后，通过深入了解农村金融信贷供求双方特点及农村资金主体多样化供给与需求间的矛盾，沿着"风险要素—风险生成—风险控制"的路径，针对新型农业经营主体信贷风险的触发条件、影响因素和产生后果等进行分类探讨，同时借助传染病模型等来深入分析新型农业经营主体信贷风险的生成机理和传导机理。

（2）组合风险识别模型与方法，筛选新型农业经营主体信贷风险影响因素。

首先，基于各阶段实证调查所采集的浙江省新型农业经营主体信贷样本数据，按照农业行业将其划分为经济作物、大田作物、畜牧养殖三类，并根据之前划分的信用风险、经营风险和市场风险，从风险来源与风险过程两个方面入手，结合专家打分初选信贷风险发生发展的 33 个可能影响因素设计三级风险识别指标体系。

其次，针对不同行业的新型农业经营主体及其不同的风险类型，采用模糊层次分析法揭示变量之间的内在联系和影响权重，然后再采用固定效应模型对各类样本参数进行显著性和有效性分析，确认本书选取的参数与研究主体间存在较为显著的作用关系，并基于此选取新型农业经营主体信贷风险的核心影响因子。

最后，基于 probit 模型对信贷风险的影响因素进行检验和识别，对初步识别出的风险变量进行筛选，计算其中的临界概率和逻辑风险，通过比较各风险变量对最终总风险输出影响大小，来删除多余或影响小的风险变量，从而确定主要风险变量和各经营主体的违约概率模型，为后续准确进行风险评估奠定基础。

（3）设计创新型风险评估指标体系，评估主要风险影响因素和计算损失期望。

首先，基于前期调研的各类信贷样本数据，在综合各家银行涉农信贷业务报告、客户调查表及贷款申请表等信息基础上，一方面，归纳总结出现有银行涉农信贷风险评估指标涉及的 13 个主要信息作为参数；另一方面，根据前面风险识别的 33 个参数指标设计创新型风险评估指标体系，为后续的模型检验奠定良好的基础。

其次，利用 BP 神经网络，分别对银行现有评估指标与新建评估指标体系进行建模分析，分别取经济作物、大田作物和畜牧养殖三类数据的 80% 进行实证分析，而后取剩下的 20% 进行模拟预测，对两套指标体系在风险评估准确率、精确率和灵敏度等方面进行比较，进一步论证新建评估指标体系的科学性和合理性。

最后，分别运用 BP 神经网络和基于遗传算法的 BP 神经网络，对新建评估指标体系在整体数据拟合和对未知数据的判别上进行对比，得出不同模型参数下的预测准确度、灵敏度等一系列对比表格，从而选择最优的指标体系和方法来提高评估的准确率并计算信贷违约期望值，从而为后续信贷风险控制决策提供依据。

（4）基于多目标决策模型，提出新型农业经营主体信贷风险控制对策与方法。

首先，从现有商业银行效益和风险考核目标等角度出发，探讨多目标决策在风险决策领域的应用，并基于此提出新型农业经营主体信贷决策，要兼顾效益与风险控制协调优化、效益与成本控制协调优化，进一步明确信贷风险决策的关键，同时基于上文识别与评估出的重要风险影响因素，分别对其进行分类控制分析。

其次，从效益与风险协调优化目标出发，基于目标规划法，构建主要影响因素的多目标决策模型，在充分考虑决策变量与约束条件、目标函数设定与优化前提下，对各主要影响因素作出控制决策，从中找出信贷风险决策最优解，从而将对新型农业经营主体信贷风险管理的控制转换为对其重要影响因素的控制决策。

最后，以缓解新型农业经营主体信贷约束为目标，将本书研究结论融入农业信贷风险管理体系，结合与浙江涉农信贷银行高管交流总结的先进经验，根据当下农业信贷风险评估与控制的难点，提出新型农业经营主体信贷风险管理的有效对策与方法，从而为缓解广大新型农业经营主体信贷约束提供新的思路和借鉴。

1.4
研究方法与技术路线

1.4.1　研究方法

本书主要采用规范分析和实证分析相结合的研究方法，同时结合一定的比较分析，对新型农业经营主体信贷风险管理进行系统研究。总体而言，一方面，在研究信贷风险影响因素及其生成传导机理时结合理论进行规范分析；另一方面，在研究信贷风险识别、评估与控制时采用较为前沿的定量分析模型和方法。

（1）理论分析法和调查研究法。

一方面，通过文献检索搜集农业信贷风险管理方面的基础理论和研究成果，为深入分析新型农业经营主体信贷风险种类、影响因素及其生成机理奠定基础；另一方面，通过对农村金融改革相对成功和新型农业经营主体发展相对成熟的区域，进行问卷调查和实地访谈，充分了解当地新型农业经营主体信贷约束、信贷风险及其影响因素等第一手数据，然后用专家打分和统计分析方法进行基础研究，为后续信贷风险识别与评估模型方法选择奠定基础。

（2）逻辑分析法和比较研究法。

一方面，在现有风险生成机理研究基础上，沿着"理论—实证—应用"的路径，通过严密的逻辑推导和论证，深入分析新型农业经营主体信贷风险的生成和传导机理；另一方面，不仅按照不同行业的新型农业经营主体各自的信贷风险特征，将其分为三类构建识别与评估模型进行比较研究，而且通过对现有和新建两套信贷风险评估指标体系，分别运用相同和不同评价模型来比较分析各自的优劣性和适用性，试图找出较优的评估指标体系和模型。

（3）计量研究法与机器学习法。

一方面，在对新型农业经营主体信贷风险的影响因素筛选、权重确定和显著性检验过程中，主要采用模糊层次分析法（FAHP）、固定效应模型和 probit 模型等计量研究法，分别对重要风险影响因素进行筛选和识别；另一方面，在对信贷风险评估与控制过程中，主要采取 BP 神经网络和基于遗传算法的 BP 神经网络等机器学习方法对两套评估指标体系进行比较研究，最终的风险控制主要在多目标决策模型分析基础上有针对性采取相应的控制策略。

1.4.2 技术路线

基于主要研究内容和各章间的关系，本书技术路线如图 1-2 所示。

本书共 7 章，各章的主要内容结构及相互间的逻辑关系具体如下。

第 1 章绪论阐述了由于交易成本高、信息不对称和缺少抵押担保等因素导致了风险无法有效评估与控制，从而引发了当下新型农业经营主体信贷约束，在此基础上，阐述了本书的主要研究背景及意义，提出了亟待解决的主要问题，拟定了本书的主要研究目标、内容和方法，并提炼了本书的主要创新点和技术路线。

第 2 章在全面分析国内外有关农业信贷风险管理的相关理论基础上，概述了国内外关于农业信贷风险的概念、分类、特征及已有管理的研究现状，综述了管理科学与工程学科领域的数据处理、风险评估与控制决策的主要方法，凝炼了已有农业信贷风险管理研究存在的不足，提出了整体研究思路，启迪了研究新视角。

第 3 章以缓解新型农业经营主体信贷约束为问题导向，通过对浙江、山东及河南等地进行实证调查，从农业行业、风险来源与过程等视角分类总结出信贷风险影响因素，同时借助传染病模型深入分析信贷风险的生成和传导机理，进一步厘清信贷约束与信贷风险之间的逻辑关系，为后续的风险识别提供因素分类依据。

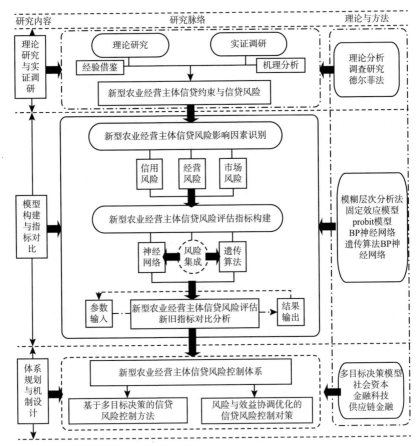

图 1-2　本书技术路线

资料来源：笔者绘制。

　　第4章通过涉农信贷银行高管访谈和有效信贷样本搜集整理，

运用德尔菲法和模糊层次分析法对信贷风险影响因素进行分类筛选与权重计算，再采用固定效应模型进行显著性和有效性分析，最后运用 probit 模型对关键风险影响因素进行识别与检验，从而为后续风险评估与主要风险影响因素的控制决策奠定基础。

第 5 章基于第 4 章识别出的风险影响因素设计风险评估指标体系，运用 BP 神经网络和基于遗传算法的 BP 神经网络构建模型进行实证训练与模拟测试，试比较两套指标及两种模型在评估风险准确率方面的优劣，并在此基础上构建信贷违约期望值模型，大大提高了新型农业经营主体信贷风险评估的准确率和有效性。

第 6 章综合前期识别与评估的信贷违约概率和违约期望值，构建新型农业经营主体信贷风险控制多目标决策模型，对各主要影响因素做出控制决策并确定其控制值，同时结合浙江涉农信贷银行高管交流总结先进经验，根据当下农业信贷风险评估与控制难点，提出新型农业经营主体信贷风险管理的有效对策与方法。

第 7 章在综合前 6 章研究内容的基础上，总结了本书的研究结论、研究启示、局限与展望，尤其是在现有研究结论基础上，对未来新型农业经营主体信贷风险管理研究，乃至中小企业信贷风险管理研究提出了更广阔的前景分析与展望。

1. 5

本书的创新与不足

根据国内外农业信贷风险管理研究现状分析，现有研究主要聚焦农户小额信贷风险及其影响因素等方面进行识别与评估，专门针对新型农业经营主体信贷风险管理的研究虽然也不少，但大部分根据规模大小主要对家庭农场、专业合作社或农业企业等信用风险管理进行研究；同时，由于信贷数据采集难、信息缺失和不规范，较少基于农业行业和信贷场景进行系统的风险识别、评估与控制等研究，更少采用前沿的计量模型和机器学习等方法，贯通信贷风险可能影响因素的提取、重要影响因素的确定、风险评估模型的构建及控制决策模型的创建等内容间的联系，未能建立系统的有针对性的新型农业经营主体信贷风险管理研究体系。针对现有问题，本书以缓解新型农业经营主体信贷约束问题为导向，通过深入一线对浙江105位涉农信贷银行高管进行访谈，以及对调查的1165份有效信贷样本数据进行分析，积极探索有效提高信贷风险管理的对策与方法，初步形成以下三个创新点。

第一，基于行业场景视角，分析了新型农业经营主体信贷风险生成和传导机理。一方面，有别于以往按照规模大小，主要对不同类型新型农业经营主体信用风险进行研究，忽视了农业行业类别不同导致风险特征的差异，本书不仅基于行业细分，将新型农业经营主体划分为经济作物、大田作物和畜牧养殖三类进行分析，而且在参照国家风险分类指标基础上，根据实证分析并结合专家咨询，将信贷风险划分为信用风险、经营风险和市场风险；另一方面，基于信贷场景，从风险来源与过程两个视角，通过大量涉农信贷银行高管访谈，从众多信贷违约行为分析、总结、反推并重构信贷场景，不仅对信贷风险生成的触发条件、影响因素和产生后果等进行分类探讨，而且基于传染病模型对风险生成和传导机理进行深入分析。因此，在风险分类、生成和传导机理分析等研究上进一步提升了科学性和全面性。

第二，基于第一还款来源，设计了新型农业经营主体信贷风险评估指标体系。一方面，有别于以往主要基于财务状况和风险来源等静态因素进行风险识别研究，本书不仅从风险过程对经营风险、市场风险等动态不确定性因素进行分析，而且考虑到农业信贷数据采集难且完整性和可靠性难以保证，结合银行高管访谈和 probit 模型检验等定性与定量相结合的方法来确保信贷风险识别有效性；另一方面，在综合各家涉农信贷银行业务报告、客户调查表及贷款申请表等信息基础上，主要基于第一还款来源设计中有针对性的风险评估指标体系，同时运用 BP 神经网络和基于遗传算法的 BP 神经网络模型，分别对现有银行指标体系和新建指标体系进行实证训练与模拟测试，比较两套指标体系在风险评估准确率和灵敏度等方面的优劣，并在此基础上构建违约期望值模型，大大提高了信贷风险评估的准确率和有效性。因此，在信贷风险识别、评估的指标体系和方法上进行了改进与创新。

第三，基于目标规划法，构建了新型农业经营主体信贷风险控制决策模型。一方面，从效益与风险协调优化出发，沿着"风险要素—风险生成—风险控制"的路径，在对各信贷风险主要影响因素做出控制分析的基础上，将可量化的主要风险影响因素权重和影响因素间的相互关系等转化为多目标决策问题，同时基于目标规划法原理，构建了新型农业经营主体信贷风险控制多目标决策模型，对各主要影响因素做出控制决策并确定其控制值，通过综合前期的违约概率和期望值模型，为银行信贷风险控制提供了决策依据；另一方面，结合与浙江涉农信贷银行高管交流总结的先进经验，根据当下农业信贷风险评估与控制难点，提出了多维数据排查、健全信息共享和金融科技创新等，有效提升风险管理能力和水平的对策与方法，从而为缓解广大新型农业经营主体信贷约束提供了新的思路和借鉴。

当然，由于研究条件的限制和样本采集的难度，本书存在一定的局限：首先，本书在研究对象的区域、行业和数量上还有待进一步的拓展，尤其是通过与更广泛的一线信贷人员进行访谈和搜集更多的有效信贷样本，以及在此基础上进一步深入分析和把握新型农业经营主体信贷风险实质，有待于以更广的视野来研究更普遍和全面的问题；其次，本书在信贷风险的识别与评估上，由于采集的信贷样本数据完整性和规范性程度不高，且以截面数据为主，因此无法采用管理科学与工程领域较新的计量模型和机器学习方法，也无法深入对数据进行挖掘和演算分析，未来研究可在本书结论基础上，通过进一步提升采集的样本数据质量与筛选优化更有效的计量模型和方法，从而对识别出来的风险影响因素，最终导致相应风险的违约概率和损失期望值等进一步深入评估；最后，本书在信贷风险控制方面，希望今后能针对不同区域、不同行业的新型农业经营主体信贷风险管理问题，有针对性地提出更加科学有效的控制方法，尤其是与现有涉农信贷银行的风险评估与控制系统和方法进行有效对接，进一步提高风险评估与控制的效率，从而在更大程度上缓解当下农业信贷约束问题，也为缓解同样由于缺少有效抵押和担保、信息不对称和交易成本高等原因，而导致信贷约束的中小企业融资问题提供有益的启发和借鉴。

第 2 章

理论基础与现状分析

正如第 1 章绪论所述,农业问题是关系国计民生的根本性问题,实施乡村振兴战略必须依靠新型农业经营主体走集约化、规模化的现代农业道路。当下困扰新型农业经营主体发展的主要问题是融资难和融资贵导致的信贷约束,而这一问题的关键在于新型农业经营主体信贷活动周期长、见效慢、效益低和风险大,加上交易成本高、信息不对称和缺乏合格的抵押担保物等,导致风险无法有效评估与控制,从而广大农村的金融机构信贷投放和产品创新动力不足,普遍存在慎贷甚至惜贷等现象。因此,近年来,各国政府及专家学者都对如何进一步加强农业信贷风险管理进行了探索和研究,积极引导信贷资金流向资金薄弱的"三农"领域,尤其是探索缓解新型农业经营主体信贷约束与提高风险管理能力的有效途径和方法,积累了丰富经验。本章就国内外相关研究理论基础和现状等进行梳理分析,找出存在的问题和未来发展趋势,从而为后续主要内容分析奠定坚实的知识基础。

2.1

新型农业经营主体信贷风险的理论内涵

要想深入分析研究新型农业经营主体信贷风险,首先,必须从了解新型农业经营主体发展概况入手;其次,再通过分析新型农业经营主体的信贷供求情况来了解信贷约束程度,尤其比较新型农业经营主体和传统小农户信贷特征的区别和联系,并在此基础上再对其信贷风险的类型和特征进行分析与总结，从而为后续的信贷风险管理研究奠定理论基础。

2.1.1 新型农业经营主体的发展概况

（1）新型农业经营主体的概念。

国内学者黄祖辉和俞宁（2010）较早指出农业专业大户、农民专业合作社和农业企业是中国现阶段农业发展的中坚力量。它们体现了改造传统农业的历史规律性，引领着现代农业的发展方向，符合提升农业现代性的基本要求。有别于对它们的分类研究，将农业专业大户、农民专业合作社和农业企业纳入新型农业经营主体这一范畴。2012年，中央农村经济工作会议提出要加快培育新型农业经营主体后，有关"新型农业经营主体"的提法便陆续出现在各级政府文件中。其中浙江省人民政府就在《浙江省人民政府办公厅关于大力培育新型农业经营主体的意见》中提出"新型农业经营主体是指家庭承包经营制度下，经营规模大、集约化程度高、市场竞争力强的农业经营组织和有文化、懂技术、会经营的职业农民"。随后，各级政府部门陆续出台一系列推动新型农业经营主体发展的政策文件，尤其是党的十八大报告中明确提出"坚持和完善农村基本经营制度，依法维护农民土地承包经营权、宅基地使用权、集体收益分配权，壮大集体经济实力，发展农民专业合作和股份合作，培育新型经营主体，发展多种形式规模经营，构建集约化、专业化、组织化、社会化相结合的新型农业经营体系"。党的十九大报告中有关实施乡村振兴战略内容也提出"构建现代农业产业体系、生产体系、经营体系，完善农业支持保护制度，发展多种形式适度规模经营，培育新型农业经营主体，健全农业社会化服务体系，实现小农户和现代农业发展有机衔接"。本书在综合国内外诸多学者观点的基础上，对新型农业经营主体的定义参考原农业部副部长陈晓华（2014）提出的概念，即"建立于家庭承包经营基础之上，适应市场经济和农业生产力发展要求，以规模经营为主要特征，从事专业化、集约化、市场化生产经营的农业生产经营组织"。

近年来，随着各级政府和部门对新型农业经营主体的扶持力度不断加大，以种养殖大户、家庭农场、专业合作社和农业企业为主要代表的，各类新型职业农民、社会化服务组织、联合社和龙头企业等新兴主体不断涌现，它们通过"合作社＋农户"以及"龙头企业＋合作社＋基地＋农户"等多种方式协同发展的新型经营模式，不仅能够获取规模经济效益、实现农产品的价值链升级，而且还能够优化和提升农业的市场竞争力水平，因此不仅是建设现代农业的微观基础，也是农业现代化发展的载体和重要抓手，更是实现产业兴旺和乡村振兴的关键主体。有关新型农业经营主体的分类有许多种，张红宇（2015）依据差异化的组织属性，将其划分为家庭经营类、合作经营类和企业经营类三种类型。总的来说，新型农业经营主体核心强调的是"新"，按照农业部的标准，具体分为土地经营（含流转土地）规模在 50 亩以上（或养鸡鸭鹅 5000 只、养猪100 头、养牛 50 头、养羊 100 只以上）的种养殖大户、家庭农场，以及在此基础上组建的农民专业合作社和农业企业（仅指农业生产企业）。现阶段各省（区、市）、各行业对具体标准设定差别较大，并没有统一的标准，且边界比较模糊，各地依照当地实际发展状况，对农业经营主体的发展水平进行评定。本书在参考国家有关文件和前人研究基础上，一方面，将新型农业经营主体划分为种养殖大户、家庭农场、专业合作社和农业企业等四类，另一方面，按照农业行业将其划分为经济作物、大田作物、畜牧养殖和水产养殖四类，① 为了便于研究，本书研究对象仅限于生产型农业经营主体。

（2）新型农业经营主体的特征。

与传统农户相比，新型农业经营主体不仅具有经营者素质更

---

① 现实中有很多种养结合的主体，为便于研究，对规模相对较小的行业按一定方式折算为规模较大的那个行业。

高、规模更大和运作更规范等优势,而且在经营方式上更具现代农业市场化和多元化发展趋势,因而是未来农业现代化发展的主要方向。依据经济日报社中国经济趋势研究院近几年编制的《新型农业经营主体发展指数调查报告》可知,当前我国新型农业经营主体正不断朝着集约化、规模化和专业化的方向发展,它们经营发展良好,经济绩效较高,并且人员"精英化"特质较突出,高学历的人数逐年增加,同时在收入构成和销售方式上更为多元,总体上呈上升趋势,体现在以下四个方面。

第一是集约化经营。有别于传统农户主要依赖大量劳动投入,不仅生产模式单一,且缺乏资金和技术支持;而新型农业经营主体能充分发挥资金、技术和人才等优势,不仅在经营范围和品种上更多样化,且综合利用各类生产要素,通过促进规模化生产以提升生产效率和增加农民收入,从而获得更好的社会和经济效益。

第二是组织化生产。在传统农业生产中,农民的农业生产活动不仅相对分散,而且无组织、无分工,具有较大随意性;而新型农业经营主体不仅实现了对有限分散资源的有效整合,而且通过加大投入实现规模化和集约化生产,尤其通过连通分散的农户与社会化大市场,有效实现了单个农业生产经营者进入社会化大市场。

第三是专业化分工。传统农户往往存在"整体化"的生产模式,不仅效率不高、产量较低,且抗风险能力较弱;而新型农业经营主体则更加注重"流水线"的作业模式,不仅将农业经营流程细化和专业化分工,且充分发挥各类主体生产技术的比较优势,专注于某一具体环节,充分实施专业化的生产经营活动以提高效率。

第四是社会化服务。相比较于传统农业生产的自给自足,新型农业经营主体不仅改进了农业生产和经营方式,而且也为农村发展提供了社会化服务,尤其将原本封闭、孤立和自给自足的传统农业经营体系,逐渐转变成协作广泛和分工细密的开放型、现代化经营体系,因而是一个有机联系的社会化生产合作体系。

（3）新型农业经营主体的发展现状。

近年来,随着农业市场化、产业化程度不断加快,农业生产逐渐从原先散种散养向产业化、合作化和规模化转变,不仅遍布农林牧渔诸多产业的生产、加工和流通等生态链上,而且在数量和规模上快速发展壮大。根据农业农村部统计,截至 2018 年底,各类新型农业经营主体超过 330 万个（家）,其中家庭农场近 60 万个（家）、依法登记的专业合作社达 217.3 万家,经县级以上农业主管部门认定的龙头企业超过 8.7 万家,以及面向小农户开展生产托管服务的组织达 37 万个,[①] 它们共同在实施乡村振兴战略、助力脱贫攻坚以及促进小农户和现代农业发展有机衔接中发挥重要作用。2019 年 5 月中共中央办公厅联合国务院办公厅进一步印发《关于加快构建政策体系培育新型农业经营主体的意见》,指出"目标为到 2020 年,基本形成与世界贸易组织规则相衔接、与国家财力增长相适应的投入稳定增长机制和政策落实与绩效评估机制,构建框架完整、措施精准、机制有效的政策支持体系,不断提升新型农业经营主体适应市场能力和带动农民增收致富能力,进一步提高农业质量效益,促进现代农业发展"。

然而,虽然经过近几年大力扶持我国新型农业经营主体取得较快的发展和成就,流转承包地的农户数量已经超过 7000 万户,但我国农村的现实仍是"大国小农"。2016 年第三次农业普查数据显示,全国小农户数量仍占农业经营主体 98% 以上,小农户从业人员占农业从业人员 90%,小农户经营耕地面积占总耕地面积的 70%;现有 2.3 亿户农户,户均经营规模只有 7.8 亩,经营耕地 10 亩以下的有 2.1 亿户,真正把土地流转实现适度规模经营只占其中的

---

① 农业农村部. 十三届全国人大二次会议第 2160 号建议答复摘要: 农办议 [2019] 319 号 [A/OL]. (2019 – 9 – 3) [2019 – 9 – 3]. 2019. 9. 3. http: //www. moa. gov. cn/govpublic/zcggs/201909/t20190912_6327931. htm.

30%~40%，这是个小规模甚至超小规模的经营格局，并且农村中老年人组成的"5060"部队正担负中国粮食生产重任，农业从业人口老龄化严重。

究其原因有以下四个方面：首先，我国新型农业经营主体由于发展起步晚、产业基础薄弱和区域发展不平衡等原因，导致面临发展不充分和潜力不足等问题，主要体现为各类经营主体产业化经营不充分且融合不足、农产品流通平台等社会化服务配套体系不全等问题；其次，新型农业经营主体的发展受困于土地制度和法律法规体系不完善等制度建设问题，加上本来就存在发展环境不友好、基础设施薄弱和社会化服务组织发展水平严重不足等问题，很多地方呈现出农业设施用地难、用钱难和用人难等三难境地，严重制约了各地新型农业经营主体的进一步壮大和发展；再次，由于我国农业长期以来实行传统的家庭式自给自足生产模式，对农业的扩大再生产主要依赖土地的增加，但随着农业市场经济的不断发展壮大和生产方式的不断升级，加上现代农业发展具有资金投入量大、周期长、自然风险和市场风险突出的特点，尤其是规模化集约化生产的新型农业经营主体在整个发展过程中，随着生产投入结构的不断优化使得资金需求量逐年增加，显然需要大量信贷支持其发展；最后，传统农业向现代农业转型过程中，逐渐从劳动密集型向资本和技术密集型转变，农业现代化的资金需求已不再是简单的种子、化肥和农具等初级生产资料的购买，而是需要组建具有一定规模的农业生产组织，购买较先进的农机设备，采用先进的科学和信息技术，扩大农业生产内涵以提高生产效率，从而进行成本较低的规模化生产，而当下农村金融市场发展及配套服务远跟不上农业现代化发展要求，资金等配套支持不足已然成为制约其发展的关键性要素之一。

2.1.2　新型农业经营主体信贷供求情况

（1）新型农业经营主体信贷特征。

随着传统农业向现代农业的加快转变，资金等生产要素在新型农业经营主体生产函数中的作用越来越大，单纯依靠大规模劳动力投入已不能适应现代农业发展的现实需要。因此，一方面，新型农业经营主体由于通过土地流转实现规模化和集约化生产，在发展初期需投入大量资金用于土地流转、建设农业设施和购买农资等支出；另一方面，由于其现代化程度总体较高，需在现代化设备的配备、技术引进和人力资本培训等过程中投入大量资金。然而，现实中新型农业经营主体普遍存在资产有限、收入不高和资金不足等现象，因此对金融支持提出了多样化和多层次等更高要求，例如，对信贷产品的范围、额度和期限等需求均发生了巨大改变。正如孙立刚等（2015）指出新型农业经营主体在融资需求上存在多样化、长期化、季节化和多元化并存等新特征，郭栋梁（2018）也认为新型农业经营主体信贷需求特征包括额度增大、用途多元化、方式更加灵活和层次升级等特征。

①信贷需求强烈且呈多样化。与传统农户相比，一方面，作为资本和技术密集型的新型农业经营主体，资本密集度和单位土地资本投入需求强烈且不断提高，而且随着规模与产能的提升，其需求形式朝着不断多样化的趋势发展；另一方面，新型农业经营主体有进一步扩大生产规模的意愿和需求，其经营品种在传统种养殖业基础上，逐步向有机农业和乡村旅游等领域延伸并逐渐融合，因此信贷需求量更大且更趋多元化；此外，有别于传统农业生产资金需求主要用于农药、化肥等基础生产资料上，新型农业经营主体则需要分别在前期进行固定资产投入、中期用于生产营运投入和后期用于农产品收购、深加工、储藏和运输等附加投入，而且各个不同生产时期对资金的需求量、时效性和有效偿还性等均存在较大差异。

②信贷需求量大且呈集中化。随着农业现代化的推进，农业生产逐渐从分散化向规模化、集约化和专业化转变，产业协同和市场化愈发明显。一方面，新型农业经营主体与上下游的土地出租者、农资供应商、产业化加工企业和专业化仓储物流企业等主体间的物流、资金流越来越紧密频繁，因此，需要进行集约化投放以整合全产业链的资源，信贷额度需求逐渐从小额转向大额且趋于集中；另一方面，随着新型农业经营主体集约化和机械化程度不断提高，为了追求规模经济以提高生产技术和效率，不仅需要通过转入土地等来扩大生产经营规模，而且需要改造提升农业基础设施、引进先进的品种和技术等，这些都需要大量的资金。

③信贷需求期长且呈周期化。一方面，由于新型农业经营主体在经营方式上朝着更加专业化、规范化和社会化的方向发展，在经营风格上朝着更趋稳定性、长期性和季节性方向发展，因此，在融资期限需求上逐渐由短期转向长期化，既有季节性较强的短期信贷需求（3个月到1年），也有规模较大的中长期信贷需求（1年到3年），根据经营产品的生产周期不同灵活调整、循环使用以合理安排资金使用；另一方面，由于新型农业经营主体呈现多元化发展态势，不仅体现在种养殖混业经营的协同作业，而且呈现出很多一三产业融合发展，从而各产业对于资金的需求期限具有明显的差异，资金体量覆盖各产业和各生产环节，因而资金回收周期各不相同且需求更加多样化。

（2）新型农业经营主体信贷供求现状。

①新型农业经营主体信贷资金来源。目前我国新型农业经营主体所面临的刚性资金需求相较于传统形式的农业生产并没有因为其自身发展的先进性、现代性而得到充分满足，现有的资金供给体系没能较好地满足其发展需求。现阶段我国大部分地区新型农业经营主体发展资金的来源，第一类是自有资金，第二类是银行融资，第三类是财政补贴，第四类是民间借贷，像股权融资和租赁融资等在国外非常常见的融资渠道基本上处于缺失阶段。

首先，自有资金是新型农业经营主体资金投入的主要来源之一，尤其是尚未形成规模前的经营发展投入，大部分依靠前期自有资金的积累，主要为生产经营提供基础性的生产设施支出，但自有资金毕竟有限，一般无法支撑后期的扩大化生产对资金的需求；其次，银行等金融机构融资是目前大部分新型农业经营主体除自有资金外最可靠和有效的融资渠道，当下提供资金的银行系金融机构主要有政策性银行、合作性银行、商业银行和新型农村金融机构等，但是由于当下部分新型农业经营体自身发展还不规范，加上缺少有效的抵押和担保，以及农业生产经营风险较难识别，因此，信贷获得率不高且成本相对较高；再次，政策性农业补贴和地方财政拨款是部分新型农业经营主体获得资金支持的有效补充，现阶段各级政府推出一些项目申报、直接补贴、以奖代补等补贴和优惠政策，但是，对象只局限于信用好和发展前景较好的部分主体，整体覆盖面相对较窄；最后，民间借贷成为新型农业经营主体资金来源的最后途径，即使具有一定风险和困难，而且要承担比银行贷款更高的利息，但由于便利性和灵活性，民间借贷融资为部分新型农业经营主体在资金周转和弥补银行贷款资金缺口等方面提供了很大补充。

②新型农业经营主体信贷资金供给。如上所述，银行等金融机构融资是当下新型农业经营主体资金来源除自有资金之外的主要渠道，因此，是主要支持它们发展的坚实基础。经过多年发展，目前我国基本形成了独具中国特色的农村金融服务结构和体系（见表 2-1），它们在支持方向、重点和对象等方面各具特色，共同形成了扶农、支农和助农的有效保障体系。然而，根据中国科学院 2016 年发布的《"三农"互联网金融蓝皮书》，通过简单模型和基础数据初步估算了 2014 年农村金融的缺口，发现当下农村只有 27% 的农户能够从正规渠道获得相应的信贷服务，而 40% 以上有信贷需求的农户难以获得贷款，而且总体信贷缺口超过 3 万亿元。又据中国银行保险监督管理委员会统计数据，虽然 2017 年我

国实际发放的涉农贷款余额近 30 万亿元，其中农林牧渔业贷款余额为 3.36 万亿元，占全部贷款总额的比例仅约 4%。由此可见，农业生产的资金支持虽然不断加大，但仍然存在整体涉农信贷金额不足、区域性涉农信贷分布不均、结构性涉农信贷分布不合理、涉农信贷渠道少、要求高及涉农信贷产品发展滞后等问题。

表 2-1   我国农村金融服务体系

类别	名称
政策性银行	中国农业发展银行
商业银行	中国农业银行
	中国邮政储蓄银行
	其他农业商业银行
合作银行	农村信用社
	农村合作社
其他	村镇银行
	小额贷款公司
	农村资金互助社
	农业类网络贷款公司

资料来源：笔者整理绘制。

然而，一方面，现实中由于统计口径的问题，现有的涉农信贷中贷款主体是农民或者经营主体（不管是否从事农业等第一产业生产）、注册范围在县域的贷款均统计为"三农"贷款，而在这些贷款中，真正用于扶持农业生产经营的信贷规模只占其中的很少一部分。另一方面，真正支持"三农"发展的商业银行也非常有限，主要为各地农商行（农信社）、农业银行和邮政储蓄银行，像中国农业银行专门成立了"三农"事业部用于扶持"三农"发展，但占他们整体贷款比重很低，从浙江等省份调研情况来看，各地农商银行稍微高点，但大部分基本在 10% ~20% 左右，即使有些地方占比相对高点，但其中有一些地区、一部分主体是以农业生产经营的名义获取贷款，然后投到其他地方使用，而中国农业银行和邮政储蓄银行则更低，有些地区最多只占 5% 左右。此外，它们相关的信贷产品发展主要存在以下问题：以农户小额信用贷款、联保贷款、抵押或质押贷款为主，且产品种类单一；主要集中在大额和小额贷款，中等额度信贷规模却较小，结构不甚合理；贷款手续普遍比较复杂，交易成本较高；风控机制呆板导致信贷资格条件设置要求高；借款期限往往较短，很难满足农村生产经营多样化的需求。而且传统的银行信贷审批还是以抵质押为基础，而新型农业经营主体的土地、农业设施流转不顺畅，资金使用规模跟实际需求差距太大，这就是为什么大部分金融机构喜欢给工业企业贷款，不仅因为工业企业标准、规范、资产清晰和有流水沉淀，而且有抵押物、处置相对容易且风险容易识别；农业信贷出险后银行处置手段措施很少，信用环境差，客户违约成本太低，之前不良率比较高，很大一方面是由于故意逃废债，虽然近几年司法系统对故意逃废债加大惩治力度，在一定程度上遏制该势头的蔓延，但仍然存在较大的不确定性。因此，从供给与需求分析来看，我国新型农业经营主体存在较严重的信贷约束。

2.1.3　新型农业经营主体信贷风险的类型

新巴塞尔协议将银行等金融机构的主要风险进一步明确划分为信用风险、市场风险和操作风险等，因而当下金融机构的信贷业务着重从这三个方面去考量。然而，现实中农业信贷风险并不局限于以上三大风险，且它们的重要程度也各不相同，除了具有一般金融风险和产业风险特征外，还具有源于"三农"、面向"三农"的特殊性，现阶段国内外有关农业信贷风险分类描述归纳起来大致如表 2 -2 所示。

表 2 - 2   农业信贷风险分类

风险类型	风险描述
自然风险	是指由于自然力的不规则变化而给农业信贷造成损失的可能性，主要表现为农业生物灾害风险、气候灾害风险、环境灾害风险和地质灾害风险等
经营风险	是指经营主体在农业生产和销售过程中，由于决策者决策失误、信息不对称、经营管理不善等原因导致其资金运动迟滞，经济上遭受损失风险的可能性
市场风险	是指在金融市场上，由于利率、汇率、信贷资产价格等市场要素的不利波动而导致信贷资产损失的可能性
政策风险	是指农业政策在制定和执行过程中存在的，来自政策系统内、外部环境中的、可能导致政策实施达不到预期目标或者政策失败的因素
技术风险	是指农业生产中采用新技术带来的实际收益与预期收益发生背离的可能性
信用风险	是指因交易一方到期不能履行或不能全部履行交易责任而造成债权人发生经济损失的风险，信用风险被巴塞尔新资本协议列为第一大风险，主要表现为因客户违约（不守信用）所引起的风险
操作风险	是指由于不完善或有问题的内部程序、人员及系统或外部事件造成损失的风险，涵盖了金融机构许多内部风险，操作风险在农业正常发展阶段中较少体现，但当涉及信贷资金的流转活动，操作风险成为主要的信贷风险之一
社会风险	是指农业社会化服务体系支持力度低引起的损失，例如，养殖场生产经营成本的上涨幅度或者合作社契约问题等引发的风险

资料来源：笔者绘制。

结合国内外研究现状，本书将新型农业经营主体信贷风险归纳为四类。

第一类为信用风险。新型农业经营主体信贷中的信用风险，是指可能因经营者个人道德风险及逆向选择导致到期不能偿还债务，也可能因经营主体自身积累的资金不足而不能按期还本付息，从而造成债权人发生经济损失的风险。由于我国大部分农村地区信用体系不完善，新型农业经营主体不仅规模小、经营不规范，而且缺少抵质押物和农业保险等，非常容易出现道德风险和逆向选择等问题。已有研究对信用风险的定义较广，有的分为可控的和不可控的，有的分为自愿性的和非自愿性的违约。本书的信用风险则主要界定为由于信贷主体主观原因等导致的逆向选择和道德风险而引发的信贷违约，而由于自然灾害、经营不善和市场波动等客观原因导致引发信贷违约的，则归纳到其他类型的风险中。

第二类为经营风险。新型农业经营主体信贷的经营风险，是指经营主体在农业生产和经营过程中，由于管理不善、决策失误或信息不对称等原因导致其资金周转不灵，最终在经济上因遭受损失而导致到期债务不能偿还，从而引发信贷违约发生的可能性。这主要由于农业市场是一个近似完全竞争的市场，尤其是区域化、规模化生产的现代农业，生产者必须尽量根据价格和产量的预期情况进行资源配置，一旦预期出现偏差，由于生产的迟滞性会导致经营者很难及时做出调整和应对，必然会引发经营风险，从而导致违约发生。经营风险普遍存在于新型农业经营主体生产运营各个环节，是其自身发展瓶颈的显性体现，也是主要风险之一。

第三类为市场风险。一般情况指在金融交易市场上，由于价格、利率和汇率等市场要素的剧烈波动而导致信贷资产遭受损失的可能性，但针对新型农业经营主体信贷的市场风险，是指在农业生产和农产品销售过程中，由于市场供求失衡、农产品价格波动等因素变化，或者由于市场前景预测偏差、信息不对称等导致新型农业经营主体在经济上遭受损失从而导致信贷违约的风险。主要由于我国农业经营主体经营规模小、方式落后和技术投入少等因素，加上农业的周期性和生产调整的滞后性，且又保险覆盖不全，一旦发生生产资料价格、产成品价格和市场需求等大幅波动，其应变能力和抗风险能力非常薄弱，从而面临较大的市场风险。

第四类为操作风险。一般情况指由于有问题或不完善的内部程序、系统和人员，或者由于外部事件等造成损失的风险，而且涵盖了金融机构许多内部风险，一旦涉及信贷资金的流转活动时，操作风险便成为主要的信贷风险之一。《新巴塞尔协议》认为操作风险有内部与外部两个因素，内部因素主要表现为决策风险、运作风险和道德风险，外部因素主要表现为借款人出于自身利益最大化等不良目的，采取拉拢或腐蚀内部人员等手段以骗取金融机构信任，违规取得贷款并导致信贷违约风险的情况，这类情况在一些金融服务体系不发达的农村地区较易出现。

为了更加准确地分析新型农业经营主体信贷风险，本书根据《新巴塞尔协议》对信贷风险的最新划分标准，在参照国家风险分类指标的基础上，基于风险来源与风险过程两个视角，将新型农业经营主体信贷风险种类主要划分为信用风险、经营风险和市场风险三大类，由于随着金融科技的发展，线上申请、评分和审批的开展，加上追责制度的严格执行，操作风险得到了较好的控制，虽有偶发但占比较低，因而不再单独研究，而是用一两个二级变量代替它将其归到信用风险中去。

2.1.4　新型农业经营主体信贷风险的特征

相较于传统农户经营，新型农业经营主体生产的规模化、集约化、专业化和社会化程度更高，现代化水平也更明显，当然所面临的信贷风险也具有一定的差异性，他们既具有一般小农户信贷风险的特征，又具有规模企业信贷风险的特征。一方面，新型农业经营主体生产方式对于农户生产过程中面临的风险既有正面的减缓影响，也有反面的催化作用，例如，具体生产过程中由于纳入的生产要素种类更加丰富，因而面临的风险类型也更加多元化；另一方面，新型农业经营主体在生产过程中形成的长期合作关系，在一定程度上有利于加强生产经营的稳定性，但如果生产过程某一环节出现问题，也很容易导致供应链上下游合作主体经营活动受到影响。新型农业经营主体信贷风险特征有以下四点。

（1）周期性。

农业生产往往存在较强的周期性和季节性，且具有活的生命体、不可搬移、不可倒序、不可间断，遵循自然和经济再生产两大规律，结果只能最终一次性显现等特点，而新型农业经营主体的规模和产出比普通农户大，所以不仅受宏观环境和经济周期波动的影响，而且受生产经营周期和市场价格波动周期的双重影响，呈现出较强的周期性和规律性动态变化。例如，当宏观经济和行业处于上升周期时，市场需求旺盛且产品价格持续上涨，引发信贷投入大幅增加，资金周转快且收入大幅增加，此时发生信贷风险的概率相对较小，反之则较大。

（2）复杂性。

现代农业生产经营环境的不断复杂化和多元化，新型农业经营主体信贷活动也变得复杂多变，不仅受经济、政策和市场等宏观因素影响，而且受生产方式和经营能力等微观因素的影响。由于农业生产的地域性、季节性、周期性和继起性比较强，且农产品生产无法并列交叉作业，不同地区、季节和行业会出现不同的信贷需求，加上市场信息的不对称性和主体对客观认识的有限性，信贷主体所做的决策往往不完善、不及时和不可靠甚至错误，因此不同区域和类型的新型农业经营主体的信贷风险特征各不相同，即使是同一类型的主体在不同发展阶段其信贷风险特征也不相同，并且可能同时存在多种风险特征并存。

（3）传染性。

由于新型农业经营主体逐渐融入一定的供应链体系中，其风险来源变得越来越复杂，其信贷风险的发生一般经历一定阶段的传导慢慢集聚，在时间和量能上慢慢传导逐渐积累，由弱到强、由近到远逐渐放大到最终爆发。同时，各信贷风险相互间不仅交叉影响，而且相互传导，它们间因存在相互联动、相互交织的关系而形成的多层次复杂的联动回路，加上农村经济主体普遍存在法律法规知识和道德观念的欠缺，从而存在一定的"从众心理"，一旦某种情况下有人发生信贷违约，便会很快形成"羊群效应"导致大面积违约。

（4）关联性。

由于新型农业经营主体信贷风险不仅与其经营环境、活动和决策紧密相关，而且与其服务对象的活动效率和经济行为决策等关联更紧密，它们在生产过程形成中长期的合作关系，导致上下游不同主体间风险的关联性较强，加上同一事件或经济活动对不同行为主体产生不同的风险后果，一旦某一环节产生金融风险，往往会给相关经营主体的发展造成不同程度的损失，且传播速度较为迅速，因此，不仅要从农业信贷本身着眼，而且还要将其同整个经济活动中的各个行为主体、各个环节和各种决策结合起来，才能厘清其信贷风险实质。

总之，虽然新型农业经营主体在现代化过程中形成较为完善的生产体系和更加稳定的生产合作关系，具有更明显的现代化管理思维与风控意识，但是由于发展过程中面临信贷风险诱发的内生性因素更为隐蔽，难免会在一些情况下，由于主客观因素导致一系列风险的发生，从而影响正常的生产经营活动，进而增加了对其信贷风险管理的要求，因此需要深入展开研究与探讨。

2.2

信贷风险管理的相关理论

要对新型农业经营主体信贷约束与信贷风险管理进行研究，首先，必须对信贷风险管理的相关基础理论与知识进行全面梳理，围绕破解信贷约束这一目标，从最基本理论入手，了解金融风险管理的流程和思想，同时结合信息不对称理论、交易成本理论和信贷担保理论，探寻信贷风险管理的有效办法来缓解信贷约束。

2.2.1　金融风险管理理论

金融风险具有多样性、高传染性及强破坏性等特征，自 20 世纪 30 年代起，金融风险管理理论开始萌芽，经过近 90 多年的完善发展，已经逐渐发展成为金融学理论中十分重要的组成部分。

（1）金融风险管理基本理论。

金融风险管理是指通过一系列管理策略及行为来控制、减轻或消除金融风险带来的不利影响。由于金融风险具有多变及不确定性，且在一个系统范围内具有极强的传导特性，因此金融风险管理逐渐发展成为一套完整的体系管理行为。

对于单个经济主体而言，金融风险管理最基础的功能是帮助经济主体减轻乃至消除金融风险给其带来的负面影响，同时通过金融风险管理体系的实施使该经济主体更加深入地认识到金融风险产生的原因，也能进一步了解金融风险产生前出现的预警信号，使其对自身所面对的金融风险环境有更为深刻的理解，从而使该经济主体不断调整其经营管理体系，使其能够更为顺利地实现经营、管理目标。

（2）金融风险管理流程。

①金融风险的识别。金融风险管理中最基础的步骤是金融风险的识别，管理体系对金融风险的识别能力在很大程度上决定了该管理系统的有效性。金融风险的识别主要通过对经济主体进行全面系统的了解与评价后，分析出经济主体所面临的金融风险，继而针对这些风险建立相应的响应机制，使管理系统能够通过预设要素的变化识别出乃至预测到金融风险未来发生的情况。比较常见的金融风险识别方法主要包括流程图法、情景分析法、现场调查法和故障树分析法等。

②金融风险的评估。金融风险的评估是在风险识别后，对识别出的风险发生的可能性及其发生后造成损失的范围及程度进行评

估，一般涉及概率论和统计学方法的应用。它通过综合评估金融风险发生的频率与发生后造成的损失程度，来估计总体损失的大小，再将前述要素进行综合分析，为后续管理决策流程提供依据。它包括风险分析与概率评估两部分。金融风险分析指对识别出的风险全面分析，得到产生原因，继而对该风险的影响程度做出大致判断，具体方法有风险逻辑法、指标体系法、风险清单法等；金融风险概率评估则主要通过定量研究预测风险发生的概率及风险结果，其分析方法一般有主观概率法、时间序列预测法、累积频率分析法等。

③金融风险的控制。金融风险控制很多时候类似于风险决策，在整个金融风险管理系统中具有十分重要的地位，贯穿于整个风险管理过程中，包括事前预警、事中对策和事后监控三个方面的对策控制体系。风险预警通过对金融数据的动态监测，分析监测数据获得风险发生预警，最后通过预警信息触发相应的风险规避决策系统。金融风险控制系统内容主要包括控制方法、控制体系和控制模型等。由于金融风险的高传导性、强破坏性等特点，建立完善有效的金融风险控制体系，不仅对金融主体自身而言是非常必要的，而且对整个金融市场的稳定发展也具有重要意义。

（3）不同风险管理方法。

①信用风险管理方法。信用风险作为金融风险管理的主要对象，一直以来备受学术界关注，尤其是如何采用有效的模型和方法进行度量。传统信用风险度量模型中，应用较为广泛的有专家评定法与Z评分模型。专家评定法的主要内容是西方商业银行实践中形成的一套风险衡量标准，称为"5C"原则，包括品德、能力、资本、担保或抵押的评定，但由于该方法主观性太强，在现代风险分析中只能作为辅助工具；Z评分模型由美国商学院教授爱德华·阿尔特曼在1968年提出，随后1977年，奥尔特曼等（Altman et al.，1977）对它进行了拓展，拓展后被称为ZETA评分模型。现代信用风险管理方法着重改进了模型的科学性及有效性，目前应用较广泛的包括J. P. 摩根的信用指标（credit metrics）模型，瑞士银行的信

用风险 +（credit risk +）模型，麦肯锡公司的信贷资产组合视图（credit portfolio view）模型，以及 KMV 公司的 KMV 模型等。

②市场风险管理方法。市场风险又分为价格、利率和汇率风险等。较早出现的经典价格风险管理理论是 1952 年由马科维茨（Markowitz）等提出的资产组合管理理论。该理论提出了期望收益与方差作为资产组合的分析框架，被视为现代金融风险理论的基础与核心。20 世纪 60 年代，威廉·夏普（William Sharpe）等学者在资产组合管理理论基础上提出了资产定价模型（CAPM），这一模型用 β 系数体现了某一资产与市场组合风险的相对大小；1976 年，为弥补资产定价模型的不足，经济学家斯蒂芬·罗斯与理查德·罗尔（Stephen Ross and Richard Roll）提出了套利定价理论（arbitrage pricing theory，APT），该理论认为套利行为是形成市场均衡价格的关键因素，若市场价格未达到均衡状态，则必然存在无风险套利机会，随着套利行为的发生，最终趋向均衡。

③操作风险管理方法。相对于信用风险与市场风险，操作风险的概念理论还未十分完善，市场主体对操作风险的界定尚未统一，概括来说分为狭义与广义两种。狭义操作风险主要是指金融市场主体，例如，商业银行，在运营过程中由于内部系统、制度或人工等"操作错误"引起的风险，一般情况下可以通过优化系统、员工培训等控制风险；而广义操作风险则将除市场风险与信用风险以外的所有风险均定义为操作风险。

金融风险管理理论是本书研究的新型农业经营主体信贷风险管理的基础理论，该理论所阐述的风险管理的流程和方法，为本书的研究提供了思路和支撑，也是本书按照风险识别、评估与控制布局内容框架和理论逻辑的主要依据及参考。

2.2.2　信息不对称理论

信息不对称理论由乔治阿克尔洛夫、斯宾塞和斯蒂格利茨

（George A Akerlof、Spence M and Stiglitz J E）三位美国经济学家在20世纪70年代提出，他们分别以商品、劳动力及金融市场三个不同领域为基础提出该理论，最终发现在各类交易市场中均具普适性。该理论认为：在交易过程中，掌握更多有效信息的一方将在交易中处于有利地位，而信息相对匮乏一方则处于不利地位，此时会产生"逆向选择"与"道德风险"；信息掌握较多的一方如隐瞒信息，将导致交易结果偏向优势方，信息劣势方将遭受损失。

（1）信息不对称理论相关概念。

由于交易中信息分布不对称，掌握更多信息的优势方可能会利用信息优势，使信息相对匮乏一方做出不符合市场规律的判断及行为，信息优势方的这一行为以发生时间作为划分依据，可分为"逆向选择"与"道德风险"两大类。

①逆向选择。逆向选择（adverse selection）指在一项交易中，信息优势方对信息的隐瞒导致信息劣势方做出错误判断，从而导致不合理的市场分配行为。逆向选择造成的不良后果还包括交易成本提高、均衡价格扭曲、供需关系失衡等。这些情况对市场交易的进行造成负面影响，最终导致市场效率降低。一方面，如信贷交易中，高风险借款人倾向于向金融机构隐瞒对还款意愿和能力审查有负面影响的信息，致使金融机构做出错误的交易判断，选择将贷款发放给隐瞒更多负面信息的高风险借款人，而不是发放给完全披露信用信息的低风险借款人；另一方面，基于信息不对称的情况，金融机构会选择通过提高利率和抵押品等保证安全，此时高风险借款人则更容易接受交易条件，导致大部分资金流向他们，而低风险借款人由于不愿意承担高昂的交易成本而逐渐退出市场，最终形成"劣币驱逐良币"的失调现象。

②道德风险。道德风险（moral hazard）是20世纪80年代西方经济学家提出的经济哲学概念，后来经济学家阿罗将其引入经济学中。它是指在一项交易发生时，信息优势方对自身行为的隐瞒，导致信息劣势方无法准确掌握其动向或交易监督成本过高，最终使得

信息劣势方利益受损的现象。在金融交易中，交易一方通常无法完全掌握交易对手方的交易行为，此时交易对手方通常会倾向于做出自身效益最大化的选择，从而使信息劣势方承担更大的交易风险。例如，信贷交易中，金融机构对借款人的资金用途通常会有一定限制，但有时借款人会将资金挪用甚至将资金用于从事高风险投机活动，而金融机构由于监管措施和成本问题，很难全程监管资金流向，可能面临无法按时收回借款而造成损失，这种情况下即产生了道德风险。

（2）信息不对称的治理。

由于信息不对称问题普遍存在于各种市场交易中，尤其是在信贷关系中所造成的不良影响尤为明显，是信贷配给问题产生的主要根源。目前解决信息不对称的方法主要有以下几种：信号传递、信息甄别、声誉激励。

①信号传递。信号传递理论由经济学家斯宾塞（Spence）于1973 年提出。信号传递的实施方一般为信息优势方，他们可以通过传达一些与难以直接传达信息有明显正相关或负相关关系的显性信号，以此来缓解由于信息不对称所造成的问题。关于信号传递较为经典的研究案例包括阿克尔洛夫（Akerlof, 1970）二手车交易案例，即在二手车交易市场中，购买方一般很难对车辆性能质量做出准确判断，此时优质二手车车主可通过传递可以证明汽车性能的显性信号，例如，提供官方检修证明等，让买方取得更多有效信号，从而缓解逆向选择给市场带来的效率损失。

②信息甄别。信息甄别与信号传递原理相同，均为通过可传递的显性信息来削弱信息不对称所带来的风险。与信号传递实施主体为信息优势方不同，信息甄别的实施主体主要为信息劣势方。信息甄别模型由罗斯柴尔德和斯蒂格利茨（Rothschild and Stiglitz）于1976 年建立，主要通过观察不同能力水平主体的行为选择差异来判断其能力水平，该模型在信贷市场上的典型应用包括本斯特等（Bester et al.）关于信贷配给问题的信息甄别。本斯特认为在信贷

配给过程中，可利用贷款利率选择与抵押物提供来甄别借款人的履约意愿与能力，履约风险较高的借款人倾向于选择更高利率的借款但不愿提供高价值抵押品，履约风险较低的借款人则倾向于选择利率低但需要高价值抵押品的借款方案；米尔德和莱利（Milde and Riley）则将甄别信息变量设为借款利率与额度的组合，高履约风险借款人贷款利率与额度的边际替代率要低于低履约风险借款人。

③声誉激励。存在信息不对称的交易中，信号传递与信息甄别两种治理方法均对信息优势方的主观信息传递存在一定依赖，但在一些交易中，交易双方的信息与行为无法传递给对方时，前两种治理方法将无法实施。此时，交易双方的信息不对称问题容易导致道德风险的发生。声誉激励通过对信息优势方自觉减少信息不对称带来的影响行为提供适当奖励，或为信息优势方违背交易原则的道德风险行为进行惩罚，从而使信息优势方在主观上遵循交易原则，直至完成交易。亚当·斯密提到声誉是交易双方履行契约的重要保证，在交易参与双方注重长远利益假设下，声誉增加了双方承诺的有效性。戴尔摩德（Diamond，1989）研究了信贷交易中的声誉激励，认为声誉激励效应具有可累加性，随着贷款期限变长，激励效应逐渐增加。

信息不对称理论作为本书研究的主要依据之一，不仅提出的逆向选择和道德风险问题，对于分析导致新型农业经营主体信贷约束生成机理提供了理论依据，而且提出的基于信号传递、信息甄别和声誉激励等信息不对称的治理方法，对于如何采取有效的措施和方法进行风险管理研究以缓解信贷约束提供有益的参考。

2.2.3 交易成本理论

交易成本是指为完成某个交易产生的全部成本，由诺贝尔奖得主科斯（Coase）于1937年提出。科斯将交易成本定义为"使用价格机制的代价"，可按照其产生的阶段分为信息搜寻成本、谈判成本与监督成本（Williamson，1975）；也可根据交易活动的内容将其划分为决策成本和执行成本（Dahlman，1979）。

（1）交易成本相关概念。

交易成本理论认为，企业的存在降低了市场的交易成本，是对市场的替代，当企业的交易成本小于市场的交易成本时，企业倾向于扩张，直至企业组织额外交易的成本与市场公开交易或另一家企业组织交易成本持平为止。该理论的核心是将不同类型交易作为分析对象，研究它们与组织制度协调问题，以降低各类经济组织的交易成本。威廉姆森（Williamson，1985）认为，交易成本由主体内部与环境等外部因素共同作用产生。其中内部主体因素包括机会主义行为与有限理性：机会主义行为是指主体为了自身利益最大化而不择手段的行为；有限理性是指主体的行为实施无法达到完全理性状态，只能达到有限理性的行为状态。外部环境因素包括不确定性、资产专用性、信息不对称及信任关系：不确定性是外部环境变化不可预测可能会给交易结果带来无法预料的影响；资产专用性是指专用资源进行特定投资后转换用途会导致资产价值减损；信息不对称会导致交易效率减损；而信任则会因为长期合作关系的建立以消除这一影响，从而降低交易成本。

（2）信贷决策中的交易成本。

在金融主体如商业银行信贷决策中，交易成本对决策结果的影响不可忽视。霍夫和斯蒂格利茨（Hoff and Stiglitz，1990）提出，交易成本在信贷行为中主要分为贷前调查、贷中审核、贷后监督三部分成本支出。由于信贷决策是商业银行经营过程中重要且频繁发生的过程，故交易成本将对商业银行经营情况及策略产生重要影响。

①贷前调查成本。贷前调查成本即信息搜寻成本。由于信息不对称，商业银行在贷款交易前对借款人身份信息、财务情况、信用情况等进行调查和搜集，其成本包括信息本身的成本及寻找信息的成本。在农业信贷交易中，通常由于借款人第三方征信机构信息不

足，导致贷前调查成本较高，且获取信息准确性与真实性低于一般授信。

②贷中审核成本。贷中审核成本也称谈判成本。信贷交易中，商业银行在与借款方合同条款协商、合同拟定、担保与抵押物品落实、保险购买等事务中会产生相关费用，同时银行资料审核与内部决策也会产生相应成本，另外还包括第三方服务机构费用。

③贷后监督成本。贷后监督成本也称为监督或执行成本。在贷后，银行需对资金流向进行监管，同时对借款人财务情况、信用行为进行监督。一方面，借款人按合同约定还款时会产生少量成本；另一方面，一旦出现逾期或违约等情况，需立即进行催收，如果涉抵押物产权界定及变现、司法诉讼等过程，还会产生大量费用。由于违约执行成本较高，故贷前调查与贷中审核的有效性均对贷后监督成本造成重大影响。

交易成本理论同样作为本书研究的主要依据之一，不仅为本书分析新型农业经营主体信贷约束生成机理提供了理论依据，而且为本书研究如何从降低交易成本入手，通过提高风险管理能力和水平以缓解信贷约束提供了研究思路和方法。

2.2.4 信贷担保理论

信贷担保是指在信贷交易中，贷款机构要求借款人或此交易的第三方保证人提供履约保证，承诺在借款人未能履行还款约定时，担保物或担保人将替代借款人承担履约义务，贷款方可通过担保物变现与向担保人追偿等形式实现债权追溯。

（1）信贷担保方式。

信贷担保方式主要包括抵押担保、质押担保和保证担保三种形式。

①抵押担保。指借款人或保证人将指定数量的资产用来作为借款的履约担保，抵押担保发生时并不转移财产所有权，当借款人违

约时，贷款方可通过将前述实物资产进行变现或其他实现担保物价值利用的方式处置以减少或消除损失。

②质押担保。不同于抵押担保，质押担保需在担保发生时将担保物移交贷款人或贷款人指定的第三方进行质押暂管。此时贷款方需要承担质押物的损失风险，故质押担保中担保物一般为便于储存管理的动产或企业股权等金融资产。

③保证担保。是指由第三方以自身资产对借款人履约行为做出保证，在借款人未履约情况下负有代为履债责任。该第三方可以是企业法人等经济组织或自然人，但需具备一定经济实力，能在借款人未履约时承担履约责任，能在实质上降低贷款主体信用风险。在农村地区典型的担保方式有村集体、合作社和企业担保等，自然人担保则有亲友担保、农户联保、生产大户担保和村干部担保等。

（2）信贷担保目的。

信贷担保的目的主要通过对贷款人债权实现进行保障来推动信贷交易的顺利进行直至完成，主要有以下四个方面。

①减少信息不对称带来的逆向选择与道德风险。一方面，信贷担保是借款人还款意愿及能力的体现；另一方面，保证机构或保证人往往比贷款机构掌握更多关于借款人信息，他们的参与减少了信贷交易中信息不对称造成的道德风险，而抵押与质押担保则将交易中的信用风险转换成了不确定性更小且更可控的价格风险。

②增加借款人违约成本，督促其尽力履约。抵押与质押担保中的资产价格往往会超过贷款金额，故借款人一旦仍具还款能力，在理性决策前提下，必然会选择履约取回抵押或质押的资产；而保证担保中，借款人违约不仅在贷款机构处减损信用，也会造成在第三方保证机构或个人处的信用减损，扩大了借款人违约的影响范围，同时保证人也会尽力制止借款人的违约行为，起到有效的辅助监督作用。

③降低信贷交易成本。由于信贷担保减少了贷款机构面临的风险，贷款机构可适当降低贷款利率。由于保证机构或保证人可作为

信用风险的辅助信息，相对于纯信用贷款，贷款机构可节省一些贷前调查、信息处理费用成本；由于信贷担保的存在，借款人的信用风险降低，贷款机构还可节省部分贷款后风险管理成本。

④增强借款人信用能力。一般农业主体由于缺乏信用评级制度，导致信用能力较低，且很难提供规范的财务信息，加之生产经营风险较大，因而普遍存在融资困难。信贷担保此时成为农业主体贷款中重要的增信措施，显著提高了农业从业者与农业企业等信贷交易的成功率。且通过多次成功信贷交易合作也帮助借款方建立社会信用信息，不断提高自身信用水平，为其后续其他交易提供有力支持。

（3）信贷担保的要素。

信贷担保有效性依赖于完备的担保要素，目前应用较广泛的要素大致如下：①担保人的主体资格，信贷担保中担保人须具有完全行为能力的自然人或法人，故担保时应首先确认担保人主体资格是否合法合规；②担保人的担保能力，应当能够覆盖或超出信贷交易金额，通常通过观察其财务情况尤其是资产负债情况、现金流情况和盈利能力来判断；③担保物的合法性，包括产权或所有权是否存在法律瑕疵，是否存在抵押或质押限制，若存在缺陷或归属不明，则效力会受到影响甚至无效；④担保合约的合规性，合约约定及实施不仅应符合法律法规和贷款机构监管要求，而且应符合社会公序良俗和伦理道德，若担保行为的实施对借款人或保证人基本生存权利造成严重破坏的，则会对担保行为的处置造成影响。

信贷担保理论同样作为本书研究的主要依据之一，不仅对于分析新型农业经营主体由于缺少有效的抵押和担保而导致信贷约束方面的研究提供了理论依据，而且相关学者提出的通过减少信息不对称降低逆向选择与道德风险、增加借款人违约成本督促其尽力履约以及增强借款人信用能力等观点，对于本书从理论与实践操作两个层面，如何积极探索提高信贷风险识别、评估与控制的有效方法提供了很好的借鉴。

2. 3

信贷风险管理的国内外研究现状及趋势分析

有关信贷风险管理的相关理论与方法，国内外学者已有了非常广泛和全面的研究，然而专门针对农业信贷风险管理，尤其针对新型农业经营主体信贷风险管理的研究相对较少。因此，本书希望通过梳理近年来国内外信贷风险管理尤其是农业信贷风险管理的相关理论与方法，从中找到一些最新能有效解决新型农业经营主体信贷风险识别、评估与控制的理论依据和模型方法，从而为后续研究奠定基础。

2.3.1　信贷风险识别的研究现状及趋势

（1）信贷风险及其影响因素研究。

国内外学者分别从主体特征和风险来源等角度进行分析，积累了如下一系列观点，具体有国外学者巴尔肯霍尔（Balkenhol，2001）等对农户信贷状况进行调查指出，信贷风险过高的原因主要是因为农村抵押物范围小、种类少，农户缺乏相应的贷款抵押物，进而导致了农户的高违约率；詹姆斯·科佩斯塔克（James Copestake，2007）通过数据统计分析表明，小额信贷信用风险水平的高低与贷款人的年龄、性别、健康状况、家庭劳动力数量、家庭净资产存在显著关系；鲁巴纳·马哈宾（Rubana Mahjabeen，2008）通过研究发现贷款额度、贷款期限、贷款人拥有的资产水平、贷款人用于抵押的资产价值等因素会对小额贷款风险产生影响；巴斯里·萨维萨和纳文·库马尔（Basri Savitha and Naveen Kumar K，2016）对农民涉农贷款风险进行了识别，研究得出借款人的年龄、贷款年限、贷款规模、跟银行合作的年限、农场规模和杠杆率等因素是影响信贷风险的主要因素。

国内学者聂勇和余杨昕（2013）认为由于农业生产的特殊性，农户整体文化水平不高、信用意识淡薄，个人征信制度在内的信用制度体系不完善，以及农村金融机构自身管理水平的限制等因素，是影响农户信贷风险的主要原因；冀婧（2013）对农村借款人信贷风险进行了识别，指出借款人道德风险引致资金滥用、农村金融机构信贷决策及操作者风险、信息不对称条件下的逆向选择风险、产业链同质性诱发流动性风险是引发风险关键问题；张国政等（2016）发现影响农户信用风险的主要因素是借款人年龄、家庭人数、劳动力人数、居住价值、行业分类、家用电器价值和年收入等；葛永波（2017）认为信用意识不强是引发农户信贷风险增加的重要因素；徐超和宋丹（2018）对新型农业经营主体信贷支持不足的成因进行了分析，结果显示是由于组织机制不健全、管理不规范、征信数据缺失、信用评价机制不完善、金融信贷风险分担机制不完善导致；邵立敏等（2018）指出宏观经济环境恶化，区域性、行业性风险凸显及农村小微企业资产规模小，法人治理结构不完善是导致信贷风险的主要因素。

（2）信贷风险识别模型与方法研究。

有关信贷风险识别的研究，大多基于定性与定量两类方法，具体如专家评估法、模糊综合评价法以及机器学习算法等。国外学者奥尔森（Ohlson，1980）首先将 logistic 模型应用于商业银行信用风险识别与评估，后来与 probit 模型一起成为信用风险识别与评估领域的主要定量方法；何塞·巴普蒂斯塔和 J. 维迪加尔达·席尔瓦（Jose. A. G. Baptista and J. Vidigalda. Silva，2006）利用多元回归分析法发现，影响信贷信用风险的主要因素是贷款额、贷款期限、利率水平、资金用途、贷款人的经营管理能力、经营观念、土地面积的大小、诚信记录等；巴克洛蒂（Baklouti，2013）通过二元逻辑回归模型，发现借款人的社会人口特征、过去信用记录和参与小额贷款有显著影响，在违约率中特征明显；旺纳和阿武尼奥·维托尔（Wongnaa & Awunyo - Vitor，2013）对加纳共和国某一个地区的番薯种植户进行了问卷调查，并运用 probit 方法对数据进行回归分析，发现教育水平、从事农业生产年限、贷款得到的利润、农户的年龄、监管者的监管和非农业收入等是影响贷款偿还的主要因素；奥拉贡朱（Olagunju，2013）通过 tobit 模型实证分析了影响 450 位尼日利亚西南部农业经营主体的贷款获得影响因素，发现贷款人年龄、家庭劳动力人数、农场面积、资源因素和制度环境等指标在解释因变量上具有显著效果；阿米·特巴萨（Amit Basa，2015）通过 probit 模型对西孟加拉的豪拉区农业经营者融资困境研究发现，家庭成员人数、贷款数额和活期存款账户是重要影响因素。

国内学者刘祥东等（2015）利用贝叶斯判别法、logistic 回归模型和 BP 神经网络模型对信用风险进行识别，进而比较三类模型的准确性、预测能力和稳定性，发现三类模型对信用风险识别的准确率依次增高；任劼（2015）基于鲍彻、卡特和吉尔金格（Boucher、Carter and Guirkinger）关于风险配给的研究观点，采用直接诱导式询问方法（DEM）对农户信贷过程中的风险配给进行了识别；吕德宏、朱莹（2017）运用 logistic – ISM 模型，研究影响不同类型农户小额信贷风险的主要因素及其层次结构差异性，得出农户小额信贷风险影响因素是一个具有层次结构的复杂系统；张润驰等（2017）采用基于 logistic 模型筛选对农户违约概率影响较为显著的指标，发现利率、性别、婚姻状况、职业、教育等微观指标对信用风险有较大影响；杨军等（2017）基于农业类中小企业，构建了 logistic 模型，凭借因子分析方法研究了供应链金融信用风险，发现该模型在农业中小企业融资风险识别方面准确性较高；常露露和吕德宏（2018）运用决策树算法和二元 logit 模型，分析了农地经营权抵押贷款风险，从实证结果来看决策树算法对农地经营权抵押贷款风险识别精准有效；廖果平等（2020）首先运用 KMV 模型测度代表行业信贷风险值的违约距离，其次利用两大行业面板数据分析在绿色信贷政策执行背景下，对企业出现违约的主要因素进行了识别。

（3）信贷风险识别的研究趋势。

从上述有关信贷风险识别的国内外研究现状看出，一方面，在研究对象上，不仅逐渐由对信贷风险成因的研究向信贷风险来源及其影响因素的研究转变，而且逐渐由对信贷客户资信状况等风险来源等静态信息，不断向经营管理能力等风险过程动态信息转变，从风险来源与风险过程等静态和动态影响因素两个视角，来更加全面地分析信贷风险的成因；另一方面，在研究方法上，不仅逐渐由原先主要侧重定性或定量分析向定性与定量分析并重的研究转变，而且逐渐由单一的回归模型分析向 logistic 和 probit 等多个回归模型组合分析，通过比较各类模型的准确性、预测能力和稳定性，取长补短来进一步提高信贷风险识别的准确率。

2.3.2　信贷风险评估的研究现状及趋势

（1）信贷风险评估指标体系研究。

国内外学者对于信贷风险评估指标体系的构建，经历了由主要注重财务状况等静态指标，逐渐向综合经营能力等静态与动态指标并重的多层次多变量转变。如国外学者马丁（Martin，1977）在早期研究中选择了 58 个样本，构建了包含最能反映经营情况的 8 个财务指标的信用风险评估体系；金特里（Gentry，1985）选取营业活动中的现金流、融资、固定成本、营运资金、资本支出、其他资产和负债的资金流以及股利 8 个指标建立了信用风险评估体系；安塞尔（Ansell，2007）将经济环境、政治环境、社会环境和技术环境等引入指标中，从而克服了在对企业信用风险进行分析时只考虑财务指标的单一性这个缺陷，使得信用评价指标体系更加完善；叶甫根尼娅·米哈（Evgenia Micha，2015）从农业经营者的年龄、受教育水平、行业景气状况、农民态度、种植面积和政府支持力度等指标，来综合评估其从金融机构获得融资便利造成影响的程度；玛丽亚·罗查·索萨（Maria Rocha Sousa，2015）利用动态贝叶斯构建判别模型，重点关注了农业经营者年龄、职业、收入和社会地位等指标在风险评估中的作用。

国内学者杨宏玲等（2011）通过对农产品价值链的研究分析及平衡积分卡建立了农户信用评价指标体系；李立之（2012）选取了品牌效应、经营能力、管理素质、盈利能力、偿债能力等 5 个一级指标，选择了从事种植、养殖专业户的机械化作业水平等 16 个二级指标，建立了专业合作社信用评价体系；迟国泰等（2015）通过偏相关分析和综合判别能力相结合，构建 16 个指标组成的农户小额贷款信用评价指标体系，并在此基础上采用 SVM 构建信用评价模型；王俊芹等（2016）等对唐山市新型农业经营主体信用情况进行调查，采用层次分析法建立了一套涵盖 7 个一级指标和 38 个二级指标的信用评价体系；郭怀照等（2016）将抽样及统计、国际通用的 IMD 综合评价方法相结合，构建了新型农业经营主体的评价指标体系；徐超等（2017）利用目标导向层次分析法（GDAHP）建立评分模型，构建了新型农业经营主体信用评价指标体系；程鑫等（2018）从家庭特征、稳定性、还款意愿、还款能力、保障情况等方面构建包含 46 个指标的农户信用评价指标体系；吴越尧（2019）从农户基本信息和信用信息 2 个一级指标及 11 个二级指标建立农村信用评价体系；倪旭等（2018）基于系统性、全面性、综合性等原则，围绕合作经营类、企业经营类及家庭经营类 3 种新型农业经营主体依次构建信用评价指标体系。

（2）信贷风险评估模型与方法研究。

经过国内外学者不断探索，逐步形成了以定性分析法、随机概率法、统计计量法和人工智能法等为代表的信贷风险评估模型。比弗（Beaver，1966）首先借助统计方法来构建判别模型，开创了用统计模型进行信用评估先河；奥尔特曼（Altman，1968，1977）最早将多元线性判别法引入信用风险研究，先后建立 Z 值模型和 ZE-TA 模型；利比（Libby，1975）通过引入主成分分析法，增强了多元判别模型的广泛运用性；杜塔和谢哈尔（Dutta and Shekhar,

1988）分析神经网络模型中网络结构和自变量的数量变化将如何影响其信用等级判别能力，预测准确率达 76% ~82%，从此被广泛运用于信用风险研究；摩根（Morgan，1995）将统计学思想引入风险度量中形成 var 理念，并构建风险度量模型；阿兹纳（Atzner，1999）提出度量水平之上的平均损失值的预期损失概念，相较于var 方法具有度量结果较高的连续性和有效性等优点；埃诺和罗伯特（Hainaut and Robert，2014）等将不完全信息嵌入结构模型和简约模型中度量信用风险；马勒基皮尔巴扎里（Malekipirbazari，2015）等基于随机森林分类方法，构建个人信用风险评估模型；玛丽亚·罗查·索萨（Maria Rocha Sousa，2015）基于一系列有序排列数据，构建了贝叶斯动态信用风险评估模型，实证表明该模型持续优于静态模型。

国内学者姚淑琼和强俊宏（2012）构建 8 - 14 - 1 结构的 BP 神经网络农户信用风险评估模型，得出该模型准确度较高；杨胜刚等（2012）指出 AHP - ANN 组合模型是信用缺失环境下进行农户信用评估的有效方法；崔学敏等（2012）利用线性回归和 logistic 回归统计方法构建线性组合预测模型评估信用风险；周才云（2013）基于 var 模型对 2000 ~ 2010 年各区域农信社 99% 置信区间的风险值进行定量评估；钱慧等（2013）分别引入主成分分析与 BP 神经网络相结合的模型（BPNN）来评估小微企业信用风险；吴东武（2014）从农户信用动机和本源出发，构建了基于 TSF 的农户信用风险评估模型；张奇等（2015）基于 logistic 和 SVM 构建混合预警模型大大提高了信用风险的预测准确度；孟斌等（2015）通过极差最大化思路，构建农户小额贷款信用风险评估模型，解决了不同单一方法的评价结果相互矛盾问题；刘强（2015）基于新型农业经营主体信用数据建立 bi-probit 回归分析模型，并对其融资困境进行分析；李琦和曹国华（2015）发现多元系统风险 credit risk + 模型能更好评估贷款组合信用风险水平；孙存一和王彩霞（2015）用机器学习法 adaboost 对个人信贷风险进行评估，得出准确率优于传统信用评价；李延敏等（2016）利用 KMV 模型识别参与农村金融联结的农业龙头企业信用风险；王周缅（2017）提出一种自我学习和系统信息反馈机制的信用风险评估元胞蚂蚁算法模型；戴昕琦（2018）通过建立信用风险评估体系，实证表明 C – SMOTE – RF 模型在线上供应链金融信用风险评估更准确；孟杰等（2018）基于 SVM 构建信用风险评估模型，在评估中小企业信用风险中稳定性好且预测能力强；黄志刚等（2019）将传统评分卡和机器学习模型结合，得出有效性比单个 XGBoost 信用评分模型更好。

（3）信贷风险评估的研究趋势。

从上述有关信贷风险评估的国内外研究现状可以看出，一方面，在评估指标体系构建的研究上，不仅逐渐由主要注重客户财务状况等静态指标向财务、经营、市场等静态和动态相结合的多变量指标体系转变，而且逐渐引入目标导向模糊层次分析法，由相对简单的定量指标向定性与定量相结合的多层次评估指标体系转变，从而使得风险评估指标体系的设计更加系统、全面和科学；另一方面，在风险评估模型和方法的研究上，不仅逐渐由主要基于统计方法构建的静态评估模型，向灵活性更高的机器学习法等动态评估模型转变，而且逐渐由单一评估模型向诸如主成分分析和 BP 神经网络相结合等组合评估模型转变，从而使得信贷风险评估具有更高的稳定性和预测能力，并且解决了不同单一方法评价结果相互矛盾等问题。

2.3.3　信贷风险控制的研究现状及趋势

（1）信贷风险控制目标与体系研究。

在信贷风险控制目标与体系研究方面，艾迪特（Editors，1998）提出信用风险对金融机构的收益存在重要影响，必须从多方面采取切实有效的措施加以控制；阿姆加姆（Ammugam，2000）对巴西参与西红柿订单农业生产农户履约情况研究表明，应该建立生产基地增大生产规模，进而提高市场依赖度，从而对信贷风险进行有效控制；阿比曼达斯（Abhiman Das，2002）认为不能单纯考虑绩效与风险的关系，将资本纳入分析模型中，通过研究风险、绩效和资本三者的相互关系，全面考察经济资本约束下商业银行风险控制和绩效优化问题；西蒙斯（Simmons，2011）指出农场大小、农户年龄、受教育程度是订单农业信用风险控制的关键因素；沃尔夫（Wolf，2012）通过美国商业银行 2010 年和 2011 年两年的资产和负债数据，将两个项目的时点余额作为资产负债规模，来研究在经济资本和流动性风险双重约束下商业银行风险控制和绩效优化问题；斯韦特兰娜·萨克索诺娃（Svetlana Saksonova，2013）表明信贷风险控制涉及风险识别、抵质押品价值评估、贷款业务经营管理等。

国内学者寇刚（2012）等基于时序多目标方法对主权信用违约风险进行研究；田霖（2012）、冀婧（2013）先后提出从构建贷款人信用风险前馈控制机制策略、农村金融机构信用风险减控策略和分散策略来完善信贷风险防范控制体系；昝梦莹（2013）表明可以从调整贷款比例结构、完善风险管理内控机制及健全监管制度等手段来控制信贷风险；苗晓宇（2014）在综合考虑中小商业银行经营环境约束下，兼顾流动性风险、利率风险及信用集中度风险，并使用 lingo 软件求出净收益最大值；李奇（2015）从风险管理体系、农户信用评级体系、农村信贷平台、业务结构等几个方面对农村合作金融机构信贷风险控制进行了研究；张云燕等（2016）采用AHP 和模糊综合评价法，对陕西省农村合作金融机构信贷风险内控体系各要素的影响权重及其完善程度进行评价；王蕾等（2019）研究发现内部控制质量较高的银行能有效控制行业层面风险，对潜在风险变化的分析和应对能力也较强；申云和李京蓉（2019）基于合作社视角，从事前甄别、过程控制与事后履约三个维度分析了农业供应链金融信贷风险防控机制；杨明（2019）表明建立重点信贷企业金融风险早期识别机制，有利于提高信贷风险预警效率；詹东新等（2019）借鉴丽水模式、青海模式、宁波模式农村信用体系建设主要经验，提出工作机制建设不完善、信用信息共享机制缺失、信用创建退出机制不健全是农村信用体系建设的问题与难点。

（2）信贷风险控制策略与方法研究。

国外学者威廉姆森（Williamson，1975）表明可通过改善外部支持环境，如农业经营主体间签订"联保协议"，以及小组成员互相监督和制衡等来有效控制信贷风险；丹尼斯（Denis，2007）、鲁巴纳·马哈宾（Rubana Mahjabeen，2008）提出可以向金融机构提供额外担保资产，如抵押品、农业保险等来控制信贷风险发生概率；穆罕默德和阿尔·拉瓦什德（Firas Mohammed and Al Rawash-deh，2014）表明可以搭建完善的风险预警体系，进而确定风险类型，再通过量化方法进行有效的风险控制；维多利亚·怀特（Victoria White，2014）、阿米特·巴萨克（Amit Basak，2015）指出可以通过完善经营主体内部组织管理结构，增加营业收入、清晰账务明细等方式来提高风险控制能力；多罗塔·米哈拉克（Dorota Michalak，2015）通过对波兰 377 户农业经营主体调查发现，最高月份收入、农业保险和财政补贴等指标对降低经营风险具有重要意义；希姆（Khiem，2017）等针对越南农业部门实施的订单农业情况研究发现，信用风险控制模型的选择很大程度上取决于利益分配方式。

国内学者刘祚祥和黄权国（2012）指出农户贷款中引入农业保险能有效降低违约概率；张龙耀等（2013）研究发现在小组贷款机制作用下，信任模式和同伴压力能显著提高小额信贷偿还率；聂勇（2013）认为可从加快内控制度建设、加强预警与监管、严格资格审批制度等来防范农村金融机构贷款风险；马小南（2013）基于健全农村信用社小额信贷风险评估体系和分散机制等角度，给出信贷风险控制的策略建议；田祥宇（2014）站在借款农户、担保农户与农信社三方博弈角度，提出完善保险体系、建立补偿基金和完善期货市场对策来控制信贷风险；丁志国等（2014）表明从健全农村金融功能、完善农户信息及提高生活保障等入手，可降低农户信贷风险形成；刘佳等（2014）指出应充分考虑农户个体特征等因素，提供差异化服务和产品，有针对性地制定配套方案来控制小额信贷风险；汪小华（2015）提出从完善评价体系、建立预警机制及创新分散机制等来控制农业供应链金融信用风险；窦俊贤等（2016）从推进信用体系建设和评估、建立担保机制等方面，提出控制农村小额信贷信用风险思路；吕德宏和朱莹（2017）通过区分农户类型构建分层次的风险评级指标体系，实行有差别的创新产品等来降低小额信贷风险；邓伟平（2017）、沈友娣等（2017）基于微型金融和自组织理论的视角，提出发挥农业保险、中介组织及农产品期货来有效防范农村信贷风险；刘西川和李渊（2019）指出村级发展互助资金实行分期还款有利于降低其不良贷款率；刘超等（2019）基于演化博弈理论构建借款农户、核心企业与 P2P 平台的三方博弈模型，分析融资参与主体的行为策略，研究 P2P 农村供应链融资过程中的风险控制问题。

（3）信贷风险控制的研究趋势。

从上述有关信贷风险控制的国内外研究现状可以看出，一方面，在控制目标与体系上，不仅逐渐由主要侧重于风险控制单一目标，向风险与效益协调优化等多目标控制研究转变，而且逐渐由纯粹的风险控制机制建设，向事前预警、事中对策和事后监控三位一体的风险控制体系研究转变，从而使风险控制的目标与体系设计更加科学、全面、合理；另一方面，在控制策略与方法上，不仅逐渐由原来主要针对抵押和担保等增信措施的控制，向经营收益等第一还款来源的监控来把握风险实质转变，而且逐渐将对信贷风险重要影响因素的控制转变为对多目标控制决策模型的求解等定量方法转变，从而有效解决了决策目标之间的矛盾性和不可公度性、定性指标与定量指标共存以及自然状态和决策后果的不确定性等问题。

2.3.4　研究述评

综上所述，当前国内外学者对信贷风险管理的基本理论、风险类型及其识别、评估与控制等进行了较为充分的探讨，积累了丰富的理论与实践经验，这些成果为本书的研究奠定了良好的基础。然而，对于农业信贷风险管理问题来说，现有研究理论和方法略显不足且缺乏针对性，尤其是在面对新型农业经营主体信贷风险管理等新情况、解决新问题的实践中，对现有研究成果提出了新挑战，因此需要对此进一步深入探讨，从而为本书后续研究找到切实可行的理论和方法依据。

（1）针对农业信贷风险因素分析不全，需从风险来源和过程综合进行研究。

现有关于农业信贷风险研究主要聚焦农户小额信贷风险及其影响因素，专门针对新型农业经营主体信贷风险的虽然也不少，但大部分根据规模大小主要对家庭农场、专业合作社或农业企业等信用风险进行研究，由此导致很多信贷风险影响因素的研究主要基于风险来源等静态指标，主要局限于对信贷活动前的风险进行分析。事实上，行业差异对农业信贷风险的影响远比规模要大，而且基于风险过程的经营风险和市场风险等动态不确定性因素，具有同等甚至更重要的作用，这显然没有全方位了解风险的特征。因此，后续研究需充分把握新型农业经营主体信贷风险特征，更注重从规模和行业、风险来源和过程等不同角度进行分类研究。

（2）针对农业信贷风险识别较难，需采用各类回归模型组合提高识别准确率。

现有关于农业信贷风险识别研究虽然对如何采取某种模型和方法、有效识别关键风险影响因素等方面进行了比较充分的探讨，但由风险影响因素到风险生成不是简单的因果关系，若不结合新型农业经营主体信贷风险特征对风险生成和传导机理进行深入的分析，则很难有针对性地选择相应的模型和方法组合，也很难有效识别风险。事实上，农业经营者普遍存在文化程度不高且经营管理不规范等现象，从而导致信贷数据采集难、可靠性低和信息缺失等问题，这对风险识别的模型和方法提出了很高的要求。因此，后续研究应综合考虑风险分散化效应和相关性效应的影响，不仅要结合涉农信贷银行高管访谈来深入分析风险的生成和传导机理，而且要基于众多信贷违约行为的总结和反推，运用德尔菲法结合各类回归模型等定性与定量相结合的方法组合分析，取长补短来进一步提高风险识别的针对性和有效性。

（3）针对农业信贷风险评估缺乏依据，需从第一还款来源入手设计指标体系。

现有关于农业信贷风险评估研究主要基于客户财务状况、抵押和担保等第二还款来源因素构建指标体系，并且主要将传统信贷风险评估的技术性工具在农业信贷风险评估上进行再应用，虽然能在一定程度上较容易地评估出主要风险影响因素及其违约概率，但容易出现不同单一方法的评价结果相互矛盾且准确率不高等问题。事实上，传统工业信贷风险评估主要依据抵押和担保等第二还款来源，并结合相关财务指标确实能实现风险的有效评估，然而农业信贷恰恰缺乏有效抵押和担保，如果仍然按照现有的指标体系和方法进行评估，显然无法确保准确率。因此，后续研究应从设计主要基于生产经营收益等第一还款来源的多变量、多层次指标体系创新入手，同时运用回归分析模型和机器学习法等静态与动态评估模型组合，从而使信贷风险评估具有更高的针对性、科学性、稳定性和准确性。

（4）针对农业信贷风险控制思维困境，需从效益和风险协调进行多目标决策。

现有关于农业信贷风险控制的研究主要聚焦于如何采取有效的对策和方法来规避与降低风险这一目标进行分析，尤其是银行实际操作中主要从一旦发生风险如何降低损失角度设计风险控制措施，因此很难跳出传统基于抵押和担保的思维，由此往往忽视了对经营收益等第一还款来源的控制导致无法真正把握风险实质。事实上，效益和风险是两个动态协调的指标，且呈动态性、突发性和随机性，光侧重风险控制单一目标，无法有效解决决策目标间的矛盾性和不可公度性等问题。因此，后续研究应从风险与效益协调优化出发，通过构建多目标决策模型，将农业信贷风险中固有的不确定性转化为可度量的风险并加以控制，同时结合实际操作中的优秀做法，将事前预警、事中对策和事后监控三者有机结合起来，以构建完善的风险管理体系，从而使整体风险管控机制在互动、延续和互补中发挥整体效用。

2.4

本章小结

　　本章深入分析了新型农业经营主体信贷风险管理的理论基础，首先，对新型农业经营主体的内涵进行了界定，包括对其概念、类型和特征进行了分类阐述；其次，从金融风险管理理论入手，结合信息不对称、交易成本和信贷担保等理论，对信贷风险管理的思路、流程与方法进行了全面梳理；最后，通过对信贷风险管理的国内外研究现状及发展趋势进行梳理和述评，从而为后续实证分析奠定基础。

　　本章研究发现，虽然我国新型农业经营主体经过一段时间的发展取得了一定成就，但仍存在较大不足，尤其在发展规模和层次上与发达国家存在很大差距，信贷约束就是制约其发展的一个重要因素，且交易成本高和信息不对称导致风险无法有效识别是主要原因；同时，新型农业经营主体信贷风险除了具有一般金融风险和产业风险特征外，还具有源于"三农"、面向"三农"的特殊性。因此，接下来需要结合新型农业经营主体发展实际，在梳理信贷风险管理最新理论模型和方法的基础上，结合实证调查，从不同角度深入分析新型农业经营主体信贷约束与风险的生成机理，从理论与实证两个方面探究能有效提高风险识别、评估与控制的模型和方法，以此来缓解新型农业经营主体信贷约束。

第3章

新型农业经营主体信贷约束
与风险生成分析

第2章理论基础与现状分析表明，现阶段我国新型农业经营主体存在较大的信贷约束，既有其自身经营活动风险大、资信条件差、无法满足现有信贷条件等内在因素，也有由于交易成本高和信息不对称而无法有效识别风险，从而导致创新不足等外在因素，严重影响其进一步发展。然而，虽然国内外学者基于金融风险管理、信息不对称、交易成本和信贷担保等理论进行了深入分析，但由于专门针对新型农业经营主体信贷约束与风险的研究相对较少，加上发生的可能原因种类繁多，已有研究对可能影响因素分析缺乏完整性，尤其对风险的生成和传导机理缺乏系统分析和深入探讨，从而导致无法采取有效的风险管理方法以缓解信贷约束。

本章针对现存问题，以缓解信贷约束问题为导向，通过理论分析和实证调查，首先，分别从宏观和微观两个层面对新型农业经营主体信贷约束生成机理进行分析，找到信贷约束与信贷风险之间的关系；其次，从农业行业、风险来源与过程等多个视角深入分析信贷风险的影响因素，接着基于违约行为反推并重构信贷场景，深入分析导致信贷风险的生成机理；最后，通过借鉴传染病模型，从内源性和外源性两个角度分析风险传导机理，全方位多角度深入分析了新型农业经营主体信贷风险的影响因素和生成传导机理，从而为后续信贷风险识别和模型构建奠定基础。

3.1

新型农业经营主体信贷约束生成机理分析

为更直观认识新型农业经营主体信贷约束与信贷风险，笔者先后于 2018～2019 年，分别对农业信贷投放规模居前和新型农业经营主体发展相对成熟的浙江、江苏、山东及河南部分有代表性的地区进行实证调查，获得了大量的一手材料。由于浙江省的农村金融改革相对活跃且在全国具有一定代表性，因此先对该省农业大市——衢州市，全国农村金融改革试验区——丽水市等下辖具有代表性的县（市、区）进行抽样调查，同时还对江苏省盐城市、山东省泰安市和潍坊市、河南省信阳市等下辖 15 个县（市、区）进行辅助调查，分别采访各地政府农业主管部门、涉农金融机构、行业协会和新型农业经营主体[①]等，尤其和几十家涉农信贷银行高管进行交流与访谈，通过整理访谈资料并结合理论知识，从宏观与微观两个层面，以及风险来源与风险过程两个视角，先后分别对新型农业经营主体信贷约束和信贷风险的生成机理进行了分析。

3.1.1 宏观层面的信贷约束生成机理分析

从前期文献梳理和调查访谈中发现，当下困扰新型农业经营主体信贷约束的类型主要是供给型信贷约束，接下来重点聚焦于如何破解供给型信贷约束，从政府部门、金融机构和新型农业经营主体三方的宏观视角，深入分析其信贷约束生成机理。

---

① 所调查的新型农业经营主体，主要参照中华人民共和国农业农村部有关新型农业经营主体划分标准的界定，同时结合各省当地的实际情况，大部分为经当地农业主管部门认定或登记注册过的、专业化、规模化和集约化程度较高的、且拥有现代化经营管理理念和模式的经营主体，为了研究便利，本书主要以生产型经营主体为主，后续信贷样本采集同样按照此标准针对浙江省内的经营主体进行。

（1）基于政府部门的视角分析。

首先，从 GDP 占比来看，2018 年我国第一产业占 GDP 的比重为 7.2%，而如浙江等发达省份占比更是低至 5% 以下，由此可见虽然我国是农业大国，但第一产业整体占比在整个社会经济结构比例中已经很低，且农业投入周期长、见效慢，尤其是现有的税收政策免征农业税后，部分地方政府虽然都非常重视农业生产工作，但实际上迫于 GDP 考核与现实产业结构，基本上没有投入太多的精力和资源实质性支持农业发展；其次，从政府配套政策方面入手分析，现阶段不仅存在农村产权交易市场建设滞后和产权抵押融资的法律体系不健全等问题，而且政府对农村金融的正向激励不足，金融政策的调控力度有待加强，这点可以从林乐芬等（2016）的研究中得到支持："基于江苏 191 个非试点村调查发现，家庭农场对农地经营权抵押贷款存在强烈的需求，提议政府合理运用政策，落实支农资金对家庭农场的财政担保，提高农业保险覆盖率，健全产权交易市场，建立信用体系以破解新型农业经营主体融资难融资贵的问题"；再次，新型农业经营主体在生产经营中面临自然风险等诸多风险，因此必须主要依靠农业保险等风险补偿机制和措施进行防范与化解，但目前我国现有农业保险存在体系不全、保费固化、补贴较少、条件苛刻、理赔较难等特点，在真正出现风险时，又会面临赔付标准低和保障范围窄等问题，严重影响其贷款的可获得性；最后，我国农村金融生态体系建设滞后，社会化服务机制严重缺失，不仅针对新型农业经营主体的产前、产中、产后服务体系严重不足，缺乏社会化中介服务和农村产权交易市场，且融资担保体系不健全，缺乏统一规范的涉农信用等级评定和信贷补偿机制，从而使得保险业务与信贷业务耦合性差、农民对保险业务缺乏主动性，最终导致金融交易成本过高，信贷约束严重。

（2）基于金融机构的视角分析。

首先，从农村金融制度安排与供给的层面来看，农村金融供给发展迟缓、基础服务薄弱、监管难度大且转入制度比较严格，加上从成本、收益和风险三方面的测算，因此现有农村金融机构涉农信贷业务只有以各地的农商行（农信社）、农业银行和邮储银行为主的少数几家，因此从服务和产品供给上就形成约束；其次，从农村金融服务市场的多样性角度来看，现有信贷产品大部分基于抵押或担保等第二还款来源设计的，因为他们的思维仍停留在一旦出险如何处置抵押物或担保人的财产以降低损失，虽然国家层面大力鼓励适当基于经营主体自身信用等第一还款来源来加大信贷支持，但信用贷款对计提准备金要求更高，降低资金使用效率无形中提高了信贷成本，并且农业既没有流水也没有现金沉淀，加大了金融机构的利润考核难度，严重影响信贷投放意愿；再次，从农村金融微观运行角度来看，农业信贷活动由于网点分散、人力缺乏和体制呆板等原因，既无法深入农村、贴近客户，详细认真了解真实运营情况，又无法有效识别信贷活动过程中隐含的风险，且一旦发生风险缺少抵押和担保，加上之前对故意逃废债司法惩治力度不够，导致违约成本太低而违约率很高，很多金融机构不愿意投放；最后，从现有的农村金融审批制度来看，由于中国人民银行统计口径和政策指标的原因，凡是与"三农"有关的哪怕是县域范围内的工商手工业也属于农业信贷，基本上采用统一的准入标准和审批条件，除了各地农商行由于审批半径短相对体制灵活点外，像农业银行和邮储银行等所有产品、审批条件和标准全部都在省级分行以上管理部门，各基层一线业务部门根本无法因地制宜地进行产品创新和探索，加上长期以来形成的体制和机制的僵化，以及对农业信贷固有的偏见，且没有单独的审批条件和风险容忍，最终导致涉农信贷创新动力和意愿不足，所以现有信贷产品种类单一且结构不合理，主要集中在大额和小额贷款，中等额度规模相对较小。

（3）基于新型农业经营主体的视角分析。

首先，从新型农业经营主体的规模和发展阶段来看，现阶段仍以小规模的家庭经营为主，它们体系发展不成熟、资金需求大，组织形式和经营方式多样化，对信贷资金需求的数量、结构和时间等也是千差万别，因而无法实现标准化服务和达到规模经济效应，难以吸引大量的信贷资金流入；其次，从新型农业经营主体抵押和担保等增信措施来看，由于大部分主体不仅存在收入不高、资产有限等困境，而且普遍缺少传统的抵押和有效的担保等增信措施，一旦发生风险债务清偿就会存在较大的问题，对于金融机构来说无法真正起到风险补偿的作用；最后，从农业产业的特性来看，农业生产不仅受环境、气候等影响较大，生产经营存在很大的不确定性，基本靠天吃饭且没有规律可循，行业前景不可预测且稳定性差，而且大部分行业没有形成一个完善的市场机制和供应链体系，受价格波动影响大，投入产出严重不对等和回报周期长等问题，加上自身积累少、风险承担能力弱，与金融机构间又存在着严重的信息不对称，导致金融机构在评级、授信、贷款和监督等方面存在着较大难度，从而严重影响农村金融机构投入和创新意愿。

由此可见，新型农业经营主体信贷约束是一个由多方原因和多个主体共同造成的复杂现象，这其中既有政府宏观经济政策导向和配套制度不完善等客观原因造成的，也有新型农业经营主体由于自身经营管理不规范以及行业风险特性造成，更有金融机构由于信息不对称，从风险控制出发基于成本和收益角度等主观因素进行考量，三者共同形成新型农业经营主体信贷约束生成机理，具体如图3-1所示。

3.1.2　微观层面的信贷约束生成机理分析

上文分别从政府部门、金融机构和新型农业经营主体等宏观层面，对各方博弈进行分类研究导致新型农业经营主体信贷约束的生成机理。为了进一步深入破解导致其信贷约束的根本性问题，下面将从农业生产经营活动、交易成本、信息不对称以及缺少抵押担保等微观层面来深入剖析其深层次原因，具体如图3-2所示。

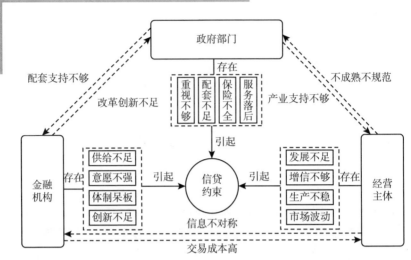

图 3 - 1　宏观层面新型农业经营主体信贷约束生成机理

资料来源：笔者绘制。

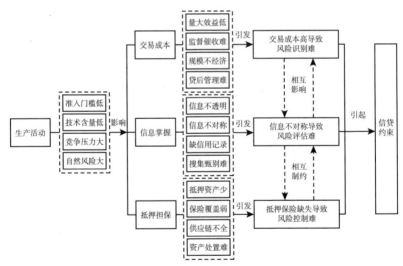

图 3 - 2　微观层面新型农业经营主体信贷约束生成机理

资料来源：笔者绘制。

（1）农业生产经营本身不确定性高且风险大。

首先，农业由于其自身的弱质性和不确定性，没有规律可循，行业前景不稳定不可预测，加上生产准入门槛低、技术含量不高、竞争压力大等生产特点和内在规律，对自然条件过分依赖且极易遭受自然风险的冲击，尤其是我国当下农业种养殖技术相对落后，农业相关经营活动的不确定性带来的高风险和低生产率，给农业信贷带来了巨大的不确定性，而与工商信贷等相比较，农业信贷表面上看起来风险更大且安全性更差；其次，农业是一个具有多重风险的产业，除了要承担自然风险外还要承担较大的市场风险，主要由于我国长期以来形成的农业产业分工体系中，生产环节的利润，大部分被流通和销售环节挤压导致抗市场风险能力很弱，并且随着农业现代化的推进，尤其是规模化、集约化程度越高的新型农业经营主体，市场机制在农业资源配置中日益发挥主导性作用，市场供需的不均衡和多变性引起商品价格的波动加剧，农业信贷资金参与农业资金的循环周转，因而不可避免地受到多重风险的波及；最后，除了以上两大风险外，农业信贷风险可能还面临更多、更为集中的社会风险、政策风险和技术风险，这些风险不仅种类繁多，而且相互交织，以及关联度增强，往往多种因素共同作用最终导致不同类型风险的交互性，这对于农村网点稀少、人员缺乏的传统金融机构来说，根本没有深入了解农业生产经营活动规律的人才和精力，较难有效识别各类风险。

（2）交易成本高导致风险难以有效识别。

首先，我国农村千差万别，农村金融机构需要面对大量的小规模农户和农业中小企业，加上农业信贷资金的筹集、贷款的发放和回收都是在广阔的农村进行，这些活动零星分散、形式多样，周转慢和占用多，且具有明显的季节性，与一般的工商信贷相比具有工作量大、手续烦琐且效益低下等特点，因而较难引起广大农村金融机构的兴趣；其次，传统农村金融机构由于网点分散、人力缺乏和体制呆板等原因，在尽职调查、监督贷款用途和催收等方面的力度十分有限，且对农业行业生产情况了解困难，没有足够的工作人员及经济实力能力识别农业信贷风险，造成了农村金融服务的规模不经济，因而一直无法深入农村和农民，更无法深入了解农业生产经营活动及其规律，缺乏有效识别新型农业经营主体信贷活动风险的方法和手段，从而由于畏惧风险而无法提供创新性的金融产品和服务；最后，大部分新型农业经营主体信贷除了总体规模小、缺少有效抵押和担保、缺乏规模效益以及运营成本高等特点外，还存在着个人和机构收入不可持续、服务对象内容不清以及贷后管理困难等问题，存在着较高的交易成本，由此一来导致很多农村金融机构慎贷甚至惜贷等现象，最终使得大量的新型农业经营主体信贷需求得不到满足。

（3）信息不对称导致风险难以有效评估。

首先，由于我国现有新型农业经营主体起步相对较晚，发展层次相对较低，大部分主体仍然以家庭农场等小规模经营为主，且经营者普遍年龄偏大、文化程度不高，因而存在体系发展不成熟、缺少长远规划以及经营方式落后的问题，大部分主体缺少基本的组织治理结构和财务管理规范，从而导致经营、财务信息不透明，管理不到位、执行力度差，根本达不到金融机构现有贷款主体的最低要求；其次，现阶段不仅农业数据获取碎片化，生产、生活和供销数据信息不对称，信贷调查和信息掌握难度大，而且当下农业生产经营者文化水平普遍不高，生产生活都比较随意，信用模糊、记录缺失和认知程度不高，即使是新型农业经营主体也普遍存在治理结构不健全、财务管理不规范等问题，没有形成一个科学和完善的供应链体系，因而受原材料和价格等波动影响大；最后，农村信用基础设施差，广大农村信贷主体缺少完善的信用记录，有效信息匮乏，双方信息不对称或交流不充分导致了信息收集与甄别的难度，银行一般基于历年的经营情况，无法预测和预期不确定，且无法标准化，每年情况不一样，加上传统金融机构缺少有效的农业信贷风险控制手段，从而存在着较大的信用风险。

（4）缺少抵押与保险等导致风险难以有效控制。

首先，新型农业经营主体客户结构不仅具有收入不高、资产有限、有效抵押不足等特点，还存在土地流转不规范、资金支持与需求不匹配、农业保险保障不足等问题，加上农业相关经营活动的不确定性带来的高风险和低生产率，且融资抵押受政策性影响，大量资产无法获得有效识别和合理定价，现有的农业信贷对借款人资格条件要求高，超过一定规模的都需要有抵押物或担保品，还需要一系列的资产和信用评估，且贷款手续较为复杂；其次，农村金融生态体系建设滞后，现有农业保险存在体系不全、种类较少等特点，在应对自然灾害和市场风险时，面临赔付标准低和保障范围窄等问题，无法真正起到"保护伞"的作用，加上保险业务与信贷业务耦合性差、农民对保险业务缺乏主动性，无形中增加了农业信贷的难度和信贷约束；最后，我国现有农业供应链体系建设相对滞后，农业生产经营资产变现能力差、没人接盘，农业生产设施流转较难控制，缺少交易市场，主要呈现无登记、无流通和无市场，生产环节利润大部分被流通和销售环节挤压，农业生产利润薄弱，加上农业保险覆盖面窄，风险较大，即使有抵押出险处置难度和执行难度都较大，因此一旦发生违约产生损失的概率很高。

3.1.3　信贷风险管理缓解信贷约束路径分析

由上述信贷约束生成机理分析可知，导致当下新型农业经营主体信贷约束困境的既有宏观层面的原因，也有微观层面的原因，尤其要充分认识到交易成本高、信息不对称和缺乏有效抵押担保等，导致风险无法有效识别、评估与控制是其主要原因，因此需要从政府、金融机构和新型农业经营主体三方面共同努力，梳理信贷约束与信贷风险间的影响关系，通过政府层面的政策扶持、金融机构层面的改革创新及新型农业经营主体的规范管理，来共同寻找缓解信贷约束的有效路径。

（1）政府层面。

首先，各级政府要高度重视第一产业在国民经济中的基础性作用，不仅加大基础设施投入和政策性保险覆盖面，而且要进一步加大政策性扶持和补助等力度，增强农业生产的抗风险能力；其次，要加快农村信用、诚信和担保体系建设，进一步提高政策性担保公司覆盖面和支农力度，有效弥补信用缺失和缺少担保的困境，切实解决信贷过程中信息不对称和交易成本高等问题；最后，创新土地和农业设施等资产流转交易平台机制，盘活新型农业经营主体存量资产并提高其变现能力，从根本上解决缺少抵押物的问题。基于此，才能从宏观和政策层面，一方面，加大对新型农业经营主体的支持帮助其做大做强，提高其自身的抗风险能力；另一方面，通过配套政策支持降低农业信贷交易成本和信息不对称，尤其通过创新抵押担保机制来解决这方面的缺失，以此来缓解其信贷约束。

（2）金融机构层面。

首先，要正确认识和深入分析新型农业经营主体信贷风险与传统农户信贷风险的联系与区别，通过分类研究其信贷风险特征及其生成和传导机理，全面纠正原先对农业信贷风险大、收益低等错误印象；其次，要发挥行业协会、村集体等社会资本信息搜集的优势，通过多渠道信息交叉验证减少信息不对称来提高风险识别的能力；再次，依托农业供应链，在信贷审批过程中逐渐从原来主要关注第二还款来源，转变为优先关注第一还款来源入手，全方位创新和完善风险评估指标体系；最后，创新抵押和担保等增信措施，沿着风险事前预警、事中对策和事后监控的思路，依托金融科技创新，真正抓住农业信贷本质最终提高风险控制水平。基于此，才能从技术和操作层面，一方面，加深金融机构对农业信贷风险的认识，以此纠正原先的错误印象；另一方面，通过发挥社会资本和金融科技等资源来真正提高风险识别、评估与控制能力，以此缓解信贷约束。

（3）新型农业经营主体层面。

首先，要不断提高经营者的文化素养和专业技能，通过优化农业生产模式和产业发展规划，充分依靠上下游产业链和农业保险等来有效规避经营和市场风险；其次，要不断提高经营主体的生产经营能力和管理水平，不仅通过构建规范化的财务会计制度改进内部治理，而且通过规模化、集约化和品牌化经营提高产品生产质量与效益，不断提高信息透明度以降低信息不对称；最后，要根据经营者自身能力水平和市场行情的变化，专注于本业的生产经营，控制好生产投入和资产负债水平，尽可能提高金融机构对其抵御风险能力的认可。基于此，才能从微观与基础层面，一方面，通过主体规范化经营提供明显正相关的信号，来降低信贷交易成本和信息不对称；另一方面，通过提升经营管理能力来提高盈利水平，以此把握风险实质并增强抗风险能力来缓解信贷约束。

虽然缓解当下新型农业经营主体信贷约束需要政府、金融机构和新型农业经营主体三个方面共同努力，但无论是政府层面的体制机制创新，还是新型农业经营主体自身的规范管理提升，面临的现实困难和阻力相对较大，且需要很长一段时间的不断尝试才会有所改进，而作为信贷支持的主体金融机构来说，其规范性和成熟度相对较高，且自身存在进一步提升和改善这方面工作的利益诉求，在现实情况下更容易突破。因此，接下来的研究内容将重点从金融机构层面出发，对新型农业经营主体信贷风险的生成和传导机理进行研究与分析，从而为后续解决新型农业经营主体信贷风险的识别、评估与控制提供源头上的理论与逻辑支持。

3.2
新型农业经营主体信贷风险影响因素分析

要想深入研究新型农业经营主体信贷风险及其生成机理，必须先对其风险影响因素进行分析。以往研究一方面大多基于新型农业经营主体类型角度，按照规模分类对种养殖大户和家庭农场等信贷风险进行分析，然而事实上农业信贷由于涉及的行业相对复杂，不同行业其风险特征也各不相同，因此非常有必要按行业细分进行分类研究；另一方面更多的是从风险来源和贷前信息审查的角度进行，且更多侧重于信用风险的识别，忽视了风险过程中动态变化因素的影响，因此非常有必要从风险来源和过程两个视角，同样重视对经营和市场风险等因素的分析。

3.2.1 基于农业行业的视角分析

新型农业经营主体信贷风险按照行业不同可以分为种植业和养殖业，种植业再可以细分为大田作物和经济作物，养殖业再可以细分为畜牧养殖和水产养殖。由于行业的不同，其信贷风险的影响因素和特征也各不相同，因此需要分类探讨。

（1）大田作物。

以种植水稻、小麦、玉米等大田作物为主的新型农业经营主体，其信贷风险相对来说最低。主要由于粮食等大田作物一方面有国家保底收购，因此基本上无须担心销售和价格问题，从而市场风险较低；另一方面，目前种粮农业保险覆盖比例和补贴相对较高，且品种较完善，政策性加商业性保险基本能覆盖一般自然灾害，一般地方政府补贴保费至少70%，且损失赔付率最多能达90%，即使由于自然灾害等引发的经营风险也相对较低，因而对于这类的经营主体，最大的信贷风险来源于经营者个人品质所引发的道德风险和逆向选择最终导致的信用风险。

（2）经济作物。

以种植经济作物为主的新型农业经营主体，其信贷风险在四大行业中属于最高的。主要原因来源于两方面：一方面，经济作物尤其是果树、苗木等前期投入大、产出周期长，受市场供求和价格等影响非常大，既缺少稳定的销售渠道，又缺少价格形成和保护机制，因而容易受市场风险的影响和损失；另一方面，大部分地区的经济作物种植受自然灾害影响非常大，且产品产量和品质对种植技术和生产管理要求非常高，此外农业保险对此覆盖面非常低，一旦遭受风险就会遭受巨大损失，因此其信贷风险除了常见的信用风险外，市场风险和经营风险也是主要来源。

（3）畜牧养殖。

以猪、牛、羊、鸡和鸭等养殖为主的新型农业经营主体，其标准化、现代化程度相对最高，因而信贷风险发生率相对适中。主要原因来源于两方面：一方面，很多新型养殖主体，大部分引入了自动化设备和智慧农业科技手段来提高生产管理水平，因而除了像非洲猪瘟、H5N1禽流感这种高传染和高致病性的传染病外，现有的养殖水平已能大大降低瘟疫疾病对经营风险的影响；另一方面，由于肉类供应市场建设相对成熟，肉蛋禽等销售基本不成问题，但价格波动仍是主要风险，尤其是那些没有很好把握产量和市场价格波动节奏的养殖经营主体，很容易因此遭受市场风险。

（4）水产养殖。

以淡水养殖和海水养殖为主的新型农业经营主体，它们相对于畜牧养殖来说信贷风险较大。主要原因来源于两方面：一方面，主要由于前期基础设施投入较大、回收周期较长，既具有类似经济作物受市场供求和价格影响较大的风险，又具有类似畜牧养殖受瘟疫疾病影响较大的风险；另一方面，还受台风、水灾等自然灾害的影响导致基础设施损坏和产出减少等风险，加上农业保险对此类生产同样覆盖较低，因此对于这类新型农业经营主体来说，不仅要求较高的生产管理水平，而且还需要有较强的自然灾害预判预防能力，只有这样才能尽量减少经营风险和市场风险带来的巨大损失。

3.2.2 基于风险来源的视角分析

刘成玉等（2011）、尹志超等（2014）等研究显示，农业弱质产业特点、农村区域特征、农民行为、制度与环境、自然条件和价格波动等是引发农业信贷风险的主要原因。现有金融机构在信贷审批过程中，首先侧重抵押和担保等第二还款来源评估风险大小，其次侧重经营者个人信用情况导致信用风险可能性的评判，最后才是基于对其生产经营情况等第一还款来源的风险因素进行判断。具体评判的风险生成因素，如客户基本情况、品行情况和偿债能力等因素，是静态的，主要注重于对信贷活动前的风险进行识别和评估，具体汇总归纳如下三种情况。

（1）客户基本情况。

主要涉及客户的性别、年龄、婚姻状况、文化程度、健康状况、政治面貌、家庭成员个数、家庭劳动力、老幼需赡养或抚养情况、外出务工人数、有无企事业单位工作经历、有无管理经验、从业年限、兼业/专业、产业组织形式。

（2）客户品行情况。

主要涉及客户的个人品德、征信记录、信贷记录、工商信息、司法信息、行政处罚信息、拒贷逾期记录、纳税记录、道德品质、负面信息、不良嗜好、对待违约的态度、有无违约记录、有无违约倾向和贷款中是否有熟人介绍。

（3）客户偿债能力。

主要涉及客户的家庭总资产、家庭年收入、家庭总支出、家庭总负债、贷款期限、贷款用途、是否有抵押、是否对外担保、月还款收入比、资产负债率、社会资本、销售利润率、投入产出比、是否购买农业保险、对外投资、亏损经历。

3.2.3　基于风险过程的视角分析

信贷风险伴随整个农业生产流通过程，且随环境变化而不断变化。风险过程视角因素包括自然灾害、财务问题、管理问题、成本控制、投入产出、政策变化、对外投资、环境保护、市场变化、价格波动和客户信用等。这些因素是信贷活动中随时发生变化的、动态不确定的因素，更是事先很难预测的，也是最容易导致最后信贷风险的原因。因此，基于信贷过程分析风险更具有实际意义。

（1）产前——以信用风险为主。

由于生产准备阶段新型农业经营主体的生产经营活动，主要集中在基础设施建设、生产物资前期投入和配置及市场行情考察等方面，该部分活动在很大程度上依赖于经营者个人素质、受教育水平、从业经验和风控意识等，因而主要集中在个人信用风险上。一方面，是经营者个人素质，具体生成因素包含其受教育水平、以往从事工作类型、具体工作内容，以及是否有直接的相关管理经验等，上述因素直接或间接影响了经营主体前期的资本积累状况、生产决策的准确性等；另一方面，是经营者的风险控制意识，因为风险控制意识受教育水平、以往工作经历的影响，并体现在经营者对于传统联保等信贷活动的态度、未来可能风险的防范意识，以及是否将获得的利润跨行业用于其他生产经营，从而增加潜在的损失风险。

（2）产中——以经营风险为主。

农业生产进行阶段主要集中在经营活动的日常维持、生产设施的持续更新和生产规模的扩大等部分，尤其是生产规模的扩大对于生产管理规范化的提升和具体措施的采取提出了更高要求，这阶段主要以经营风险为主。一方面，经营风险主要体现在面临自然灾害、财务、技术、生产管理和宏观政策风险等，由于农业生产受自然灾害影响更为明显，经营主体能否采取有效措施应对频发的自然灾害和瘟疫疾病，以及能否积极调整自身发展策略，在很大程度上影响了其后续发展水平和最终收益；另一方面，在生产管理过程中，能否通过提高农艺管理水平、技术改进等来提高产量和品质，尤其通过降低生产成本、优化资产负债率和提高生产效益等来增强自身竞争力，这能够在很大程度上降低其他两类风险发生的概率。

（3）产后——以市场风险为主。

产后主要是农产品实现从产量到效益的转变，该阶段经营流程基本固定，产业规模基本成型，而要进入流通领域必须充分掌握市场供需和价格走势，因此以市场风险为主。一方面，由于产品趋同性高、市场信息相对闭塞且管理不规范，因而是否拥有长期稳定的合作伙伴和产业品牌化发展显得尤为重要，这对实现产销对接确保销售、回笼资金及保障再生产具有重要作用；另一方面，市场风险具体反映在市场供求变化、价格波动对成本收益的直接影响，由于市场供求关系过多受经营者主观判断的影响，决策滞后严重，且信息不对称明显，导致农产品价格呈周期性波动，尤其是价格的暴跌暴涨使经营主体的盈利能力具有较大不确定，因而该阶段对经营主体的市场预测与应变决策能力要求较高。

3.3

新型农业经营主体信贷风险生成机理分析

风险研究一般分两大视角，一种借鉴传统思路，沿着"风险识别—评估—控制"路径展开，另一种突出风险生成机理分析，沿着"风险要素—生成—控制"路径展开。因此，不对风险生成机理进行深入分析，很难"对症下药"。然而，由风险因素到生成不是简单的因果关系，信贷风险可能由客观和主观等各方因素共同导致。此外，很多问题通过问卷很难获得真实信息，例如，不良嗜好等只能通过侧面打听，即使问卷调查所得数据，也要通过访谈交叉比对验证。因此，为深入分析信贷风险生成机理，在前期理论基础上，通过各阶段与风险管理专家、农业专家、涉农信贷银行高管、新型农业经营主体经营者和金融科技公司风控人员等深入访谈（具体访谈提纲见附录3），尤其是基于众多信贷违约行为分析总结、反推并重构信贷场景，分别对信用、经营和市场三类风险生成机理进行分析。

3.3.1　信用风险的生成分析

（1）资金挪用或违规使用，一旦经营不善容易导致信用风险。

一方面，由于农业生产经营周期长、见效慢，很多主体打着生产经营旗号申请贷款，且完全不顾自身经济实力和贷款初衷，生产与生活资金不区别，资金挪用或混用，没有真正用于生产经营，贷款期限与实际资金使用不匹配，一旦其他项目经营不善或挪用的资金无法有效收回，而农业生产经营本身效益一般，收入来源无法有效满足还本付息的要求则非常容易导致信用风险的发生；另一方面，由于一部分经营者信用意识淡薄，对违约情况不了解冒名贷款，例如很多农业产业链企业或者民间担保公司以农民名义共同骗取贷款，套取信贷资金用于其他项目经营，甚至垒大户做资金生意、放高利贷赚利差，一旦项目亏损或发生系统性风险则会导致连锁反应，像调查中发现浙江某经济落后县级市的一个小镇，当地农商行遭遇担保公司和农户联合骗贷发生集中违约，仅仅近三年就核销坏账达 1.5 亿元。

（2）对外担保或负债过高，偿债能力弱容易导致信用风险。

农业信贷难很大一个原因是经营主体缺少抵押或担保，因此现有的信贷体系中农户之间相互担保便成为比较常见的一种增信方式，然而农户间普遍存在资产有限、收入不高、项目类似等现象，有些还合股成立合作社共同生产经营，一旦发生某类风险则多点出险会影响一大片农户，因为大家面临的境遇都是类似的，因此担保链是引发信用风险的一个很重要的原因；此外，由于近年来在国家大力支持农业信贷等政策的鼓励下，农业生产经营性小额贷款获得相对容易，加上广大农民信用认知程度不高容易跟风、形成气候，过度授信、多头借贷、甚至民间借贷大量借入资金，加上之前银行的联户联保、"公司 + 农户"等模式和产品设计本身就存在较大的问题，以及贷款期限太短和实际农业投入产出期限完全不匹配等，一旦资金链断裂，民间借贷反过来会拖累正常贷款从而发生信用风险。

（3）品德不高或不良嗜好，信用观念淡薄容易导致信用风险。

一部分地方的经营者道德品质不高，信用意识、法律意识淡薄，一开始就打着骗取农业补贴的幌子去经营农业，采取拉拢或腐蚀内部人员，一手通过包装项目以投机的心态做农业骗取政府补贴，一手获取银行信贷，根本不是真正从事种养殖生产，加上信贷违约成本低，对违约后果了解不深，一旦发生周边的人逾期不还，容易跟风形成气候；还有一部分地方的经营者存在家庭情况一般、口碑不好，邻里关系紧张等现象，甚至还有赌博等不良嗜好，还有些信息是根本无法通过正面调查发现的，例如，人品不好、子女败家和骗补贴，虽然在中国人民银行征信中心的征信记录显示正常，但这类人群抓住客户经理为了开展业务以完成业绩考核，经熟人介绍和请客送礼，从而隐瞒相关不良信息、违规获得贷款，一旦后续经营出问题或家庭出现变故，最终发生信用风险的概率要远远高于其他经营主体。

3.3.2 经营风险的生成分析

（1）缺乏相关经验，新进或盲目涉足不熟悉行业容易导致经营风险。

通过对各地农商银行等涉农信贷银行业务人员的大量访谈，以及搜集的大量新型农业经营主体信贷业务样本的统计发现，大部分发生风险或者违约的信贷业务其中一个主要原因就是经营者缺乏相关从业经验，一般在两年以下相关农业从业经验者项目失败率高达70%以上，主要由于对自然灾害、市场波动和投入产出等因素把握不准；另一主要原因就是经营者没有好好经营主业，缺乏事先对新进行业风险的评估，盲目涉足不熟悉行业尤其是非当地名优特产，混业经营，分散资金和精力，导致主业、副业都失败，最后项目失败而发生违约。因此，缺乏相关行业从业经验或盲目涉足不熟悉行业被认为是引发经营风险的最主要原因。

（2）规模过大或盲目投资，资金和管理跟不上容易导致经营风险。

大部分新型农业经营主体依靠经验传承的传统生产作业模式，虽然能够通过土地、资金和人力的投入适当扩大生产规模，但是仍然要根据自身能力控制好规模，例如，对市场行情的把握、成本控制和经营能力等要高度匹配。通过对大量农业信贷样本的调查统计发现，近年来部分经营者在政府有关政策鼓励下及同行赚钱效应示范下，脱离自身实际、盲目跟风、加大投入，甚至通过民间借贷来扩大生产，如果前期规划和投入产出控制不好，尤其像经济作物投入周期长、不确定性大，加上价格波动大、投入产出低，缺乏基本技术，一旦出现意外，经营估计不足、市场把握不准和抗风险能力差非常容易出现经营风险；还有一部分经营主体对环保、政策等把握不准及理解不对，一旦发生流转过来的土地无法持续经营，或者如近几年掀起的环保风暴和拆违工作，使得大量被认为有环保问题的养殖基地拆除等突发事件，非常容易导致资金、管理严重脱节，从而给前期的生产投入造成很大的损失，最后由于贷款期限和利润期限不匹配导致经营困难甚至违约。

（3）遭遇自然灾害和保险投保不足，应变能力差容易导致经营风险。

由于我国农业现代化水平和生产方式普遍落后，即使是新型农业经营主体也普遍缺乏相应的专业技能和规范化管理能力，农业自然风险如种植业的自然灾害和养殖业的瘟疫疾病等，一直被认为是农业的弱质性和最大不确定因素。因为一方面行业本身非常脆弱，天灾和疾病很难预防和控制，很多时候不是风险大小的问题，而是全军覆没的问题，基因变异、外来病害防治对种养殖技术要求越来越高；另一方面农产品鲜活不易保存，一旦发生自然风险无法有效及时应对必然会导致大面积损失，这对经营主体的抗自然灾害、抗瘟疫疾病的经验和能力要求越来越高，例如，2019年席卷我国大部分地区的非洲猪瘟事件，一旦处理不当非常容易导致很多染病的养殖场大面积被扑杀，损失非常严重。此外，加上我国现有农业供应链体系建设不完善和农业保险覆盖不全面，大部分中小经营主体缺乏风险和市场意识，在自然灾害面前往往束手无策，一旦出险由于资产实力不强，经营能力差和抗风险能力弱的话，非常容易因此无法持续经营而导致经营风险。

3.3.3 市场风险的生成分析

（1）产品不对路或缺乏市场意识，市场对接不好容易导致市场风险。

由于农产品不仅存在同质、大量、集中上市和不易存储等问题，而且存在区域性产业和周期风险，因而销路和行业把握问题一直是困扰新型农业经营主体的两大难题，除了粮食等大田作物由于有国家收储政策和最低收购价保护外，其他行业均要考虑产品是否适销对路问题。尤其是我国很多地区由于土地不连片，缺乏规模化、集约化生产，农产品生产有明显的区域特色和消费习惯，加上很多经营主体从事经济作物生产，如果不依托当地名优特产业，很难靠单打独斗打开市场和销路，况且经营者普遍文化水平不高，缺乏一定的市场意识和产品意识，例如对于产品上市是否集中，有没有风险缓释手段，有没有通过一定的技术分期、分批上市等先进的生产管理理念，因而很容易由于市场对接不好导致市场风险。

（2）上下游价格大幅波动，成本控制和应对能力差容易导致市场风险。

上游原材料和下游产成品价格大幅波动一直是困扰各行各业的风险因素，尤其是农产品由于季节性明显、附加值不高和成本转嫁能力弱等原因，加上近几年农资和人工成本大幅攀升，一方面，上游原材料等价格上涨导致总体生产成本不断上涨，而下游产成品价格涨幅往往滞后或远低于原材料价格上涨幅度，经营者如果缺乏经验，往往无法有效把握好产量和价格波动周期，通过规模效应、调节生产节奏及提高生产管理能力来降低成本以应对波动风险；另一方面，由于新型农业经营主体前期投入大产出周期长，市场、价格等不可控和不确定因素太多，尤其是经济作物价格波动大、大小年等问题，能否有效把握市场行情实施错峰上市交易等措施以规避风险，很大程度上取决于经营主体的应对能力。因而经常看到很多时候农户宁可农产品烂在地里也不愿意去收割，因为人工成本和存储成本远远大于销售收入，最终由于踏错市场波动的节奏且缺乏应对能力而导致市场风险。

（3）缺乏稳定的上下游客户关系，市场行情把握不准容易导致市场风险。

由于现阶段农业供应链体系建设不够发达，农产品流通和信息交流不够充分，加上农业生产自身的周期性和季节性，以及产销中间环节过多，经常出现产销对接不及时或被中间商压价甚至挪用资金等风险，因而对预测和把握市场供需行情提出了较高要求。然而一般的生产经营者往往缺乏稳定的上下游客户关系，尤其是下游厂商提供的订单农业占比较少，即使有纯粹依托大客户或者依托市场交易都有风险，如果他们无法有效准确把握市场行情和控制生产规模及成本，一旦市场产量大增或销售价格大跌都非常容易导致产品滞销，此时如果无法短期、迅速通过其他渠道来分销，最严重的可能导致血本无归，从而最终引发市场风险。

3.4

新型农业经营主体信贷风险传导机理分析

风险生成机理主要停留在关键风险因素的考察上，重点关注信用风险、经营风险和市场风险等关键风险因素对风险后果存在的影响，对于如何影响和过程传导机制则未进一步深入探讨，无论对主体还是客体风险因素如何最终传导形成金融机构的信贷风险仍需进一步分析。因此，很有必要对风险的传导机理进行深入的探讨。

3.4.1 传染病模型适用性分析

为进一步研究信贷风险传导机理，先分析一般的风险传导过程。首先，风险传导要有一定的风险源，即触发或引致风险的关键不确定性因素，它既可能源于新型农业经营主体外部环境等客观因素，也可能源于其内部经营等主观因素；其次，风险传导要基于一定载体，它是承载或传导风险源的有形物质或无形效应，是风险传导的媒介和桥梁，具有客观性、承载性、传导性和多样性的特征；最后，风险传导最终都有一个明确去向——宿主，即风险源发出后经过各载体一段时间的传导，最终体现出来的风险结果。信贷风险的传导一般由触发或引致风险的内部或外部风险源，通过有形物质或无形效应等传导媒介，经由物流、信息流和资金流等路径进行传导，最终落脚到风险宿主并爆发信贷违约的过程，非常类似传染病的传播途径，因此，很有必要借鉴传染病模型对其传导机理进行深入的分析。

众所周知，传染病是由病原体引起的能在人类之间或动物之间传播的一类疾病。其传播、流行与爆发必须具备 3 个基本条件：传染源、传播途径和易感人群。传染病动力学建模是对传染病借助定量分析工具进行研究的一种重要手段，其目的是通过建立能反映疾病动态变化规律的数学模型，及真实数据模拟检验或分析等手段来展示疾病的发展过程，同时揭示其流行规律并预测变化走势，这种模型称为传染病模型。传染病模型广泛应用于谣言、知识和舆情等传播扩散问题的研究（钱茜等，2018），目前相对完善的传染病模型主要有 SI 模型、SIR 模型、SIS 模型和SIRS 模型等。由于其能够较好模拟病毒的扩散过程及具体作用机理，因此常被用来刻画其他具有相似作用原理的研究对象，具体表现在以下四个方面。

（1）传染环境的相似性。

由于传染病病毒的传播，主要通过社会网络中的人与人之间建立的联系而感染个体，而新型农业经营主体信贷风险的传染，则同样在由关联关系所构成的关联主体网络中进行传染。因此，在传染环境方面，新型农业经营主体信贷风险的传染与传染病病毒的传染，具有非常接近的相似性。

（2）传染过程的相似性。

由于传染病的传播过程中，病毒逐渐由受感染的个体向周围与之接触的个体扩散，而同样在新型农业经营主体信贷风险的传染过程中，某个信贷主体感染风险后，与之关联的主体最先受到影响，再通过关联关系波及行业和供应链中的其他信贷主体，最终给整个关联主体网络带来损失。因此，在传染过程方面，新型农业经营主体信贷风险的传染与病毒传染具有相似性。

（3）传染对象的相似性。

由于传染病的传染对象为社会网络中的个人，他们作为独立的个体不仅具有高度的自主性，而且对病毒的抵御能力因各自免疫力不同而有所差异，而新型农业经营主体既有个人也有法人，由于他们的经营管理能力、盈利水平和偿债能力各不相同，从而导致对风险传染的免疫能力、应对水平和承受能力也各不相同。因此，在传染对象方面，两者同样具有较强的相似性。

（4）传染方向的相似性。

由于传染病的扩散往往呈辐射状，且不具有方向性，而同样在新型农业经营主体信贷风险的传染过程中，一旦某个经营主体感染了风险，它要么在与之关联的同行业经营主体间进行传播，要么沿着供应链上下游进行传播，同样也不具有方向性。因此，在传染方向方面，两者同样具有相似性。

传染病模型应用动力学，在类传染源扩散如信息学、风险传染和人群情绪等都有很好的应用，而信贷风险的传染原理和过程与传

ﾠ

染病的传染非常相似，因此可以借鉴传染病模型，在对新型农业经营主体信贷风险传导要素梳理分析的基础上，通过对其传导源头和过程进行深入分析，从而准确把握其风险传导机理。

3.4.2　基于传染病模型的信贷风险传导要素分析

传染病模型的基础构成条件传染源、传播途径、易感人群在新型农业经营主体信贷风险的生成和传导机理中分别对应着以下三种作用要素。

（1）传染源。

即触发或引致信贷风险的关键不确定性因素，按照其来源于主体内外，划分为内源性和外源性风险传染源。内源性风险传染源不仅包括新型农业经营主体经营者内在的道德、信用等主观因素，而且包括生产经营和对外投资等可自我控制的内部运营环节中面临的各种不确定性因素，是源自内部的并对信贷风险起到显著影响的不确定因素；而外源性传染源主要指生产、经营、对外投资等独立控制环节以外的外部环境所造成的不确定性因素，这些因素并非其自身问题，但具有显著不可预测性和不可控性，对正常生产经营和发展产生影响巨大。

（2）传播途径。

是风险传导过程中承载或传导传染源的有形物质或无形效应，是信贷风险传染的媒介和桥梁，具有客观性、承载性、传导性和多样性的特征。风险传导载体按存在的形态可分为显性载体和隐性载体两类。显性载体主要包括产品、订单、价格、资金和信息等较易观察到的媒介；而隐性载体主要包括羊群效应和财务杠杆效应等不易观察，且传播速度和广度更大的无形效应。

（3）易感人群。

风险传染最终都有一个明确的去向——宿主，即传染源发出后经过各载体一段时间的传导，最终体现出来的风险结果。将信贷风险的作用结果归结为传染病模型当中的易感人群，与传染源是一对相对概念，是信贷风险传导过程中最为重要的两个要素，风险宿主的确定为传染源的追溯提供了线索和依据。新型农业经营主体信贷风险主要包括信用风险、经营风险和市场风险等几类，虽然各类风险都有各自的传染源和风险载体，但最终都体现在信贷违约这一结果上，也就是说无论是市场风险还是经营风险，无论它们间如何传导和相互影响，一旦发生风险最后表面上都和信用风险间产生较大的关联，甚至共同爆发，无怪乎现有的金融机构将农业信贷风险更多地聚焦在信用风险的评估和控制上。

接下来将根据实证调研和高管访谈分析总结，基于传染病模型对新型农业经营主体信贷风险前两个构成要素传染源及传播途径进行详细分析，探究其如何对于最终的易感人群，即由传染源经传播途径诱发信贷风险结果进行作用传导的。

3.4.3　基于传染病模型的信贷风险传导源头分析

如上所述，传染源分为内源性和外源性两类，下面根据实证调查和涉农信贷银行高管访谈总结，分别对导致信贷风险的传染源进行归纳和总结。

（1）内源性风险传染源。

①新型农业经营主体实际控制人信用意识薄弱，对违约行为认识不足同时还缺乏自我约束，不仅存在赌博等不良嗜好，经常挪用资金容易导致资金链断裂，而且为了能在激烈的市场竞争中获得生存和发展，在高利润的驱使下盲目扩大生产，甚至会选择利润比较高的民间借贷，非常容易选择自身利益最大化的"短期行为"。

②新型农业经营主体更多是家族式中小型经营主体，盲目决策现象较普遍，加上财务管理不规范，很难杜绝个人消费和融资等高风险的生产经营行为，容易造成信用风险积累。

③像经济作物等种植经营主体，经常由于市场价格大幅波动或遭受自然灾害导致经营亏损达到一定程度，在监管和追偿体系等不健全的情况下，部分新型农业经营主体经营者在权衡利弊的情况下，极易发生为恶意侵占银行贷款而主动选择欠息甚至拖欠本息等信贷违约行为。

④近年来随着各级政府大力倡导和扶持农业产业的发展，在各类农业补贴政策的吸引下，很多新型农业经营主体投资意愿强劲，但由于其运行机制不健全、治理模式不规范及管理人员能力不足，尤其是主要经营者年龄偏大和文化程度偏低，对投资项目的可行性分析不足和预期困难估计不足，加上保险覆盖不全，盲目乐观和盲目投资，一旦发生自然灾害或市场供需及价格波动等意外情况，其应变能力和抗风险能力薄弱，非常容易发生经营风险。

（2）外源性风险传染源。

①洪涝、干旱、虫害、病害等自然灾害风险是农业生产经营面临的普遍风险，加上农业保险保障处于偏低水平，仍然不足以杜绝自然灾害等对农业生产经营造成的破坏性影响。

②农产品生产周期长、农业市场基础不完善和供求信息分散，农业生产与市场供求、价格之间存在较大的时间差，这种生产决策与产品销售上时间差的特殊性，决定了农业生产对市场变化的适应能力较差，非常容易遭受市场风险。

③农业生产具有季节性，片面追求产品数量忽视品质，同质、大量、集中上市和不易存储，往往由于经营主体盲目跟风而造成某些农产品供过于求或供不应求，最后使大部分经营主体难以达到预期的收益甚至亏损。

④现代化农业生产供应链上下游合作关系紧密，在一定程度上有利于生产经营稳定性的加强，但在某些环境下尤其是其中某一环节出现问题，很容易导致经营主体的日常生产经营受到影响，甚至可能导致经营损失，从而引发信用风险。

⑤类似前几年全国各地环保政策的收紧，大量中小养殖经营主

体由于生产场所不合规或缺少污水处理等环保设施被强制关停或拆违，从而使得很多前期农业基础设施投入较大的中小农业经营主体，因无法继续经营而遭受巨大损失，诸如此类政策收紧等给生产经营造成的不确定性风险是比较大的潜在风险，很多主体会因此而导致信贷风险。

3.4.4　基于传染病模型的信贷风险传导过程分析

信贷风险传导一般由触发引致风险的内部或外部传染源，通过有形物质或无形效应等媒介，经由物流、信息流和资金流等进行传导，最终落脚到风险宿主并爆发信贷违约的过程，具体生成传导路径如图 3-3 所示。下面将利用 SIS 模型进行建模推导，由于模型整体系统动力运行类似于传染病传播，正常的新型农业经营主体类似于正常的健康人类，而那些有信贷风险的经营主体类似被感染的个体，所以现实中的信贷风险传导过程非常类似于传染病的传播，具体传导分析如下。

首先，农业生产经营过程中客观存在各种不确定性，既有突发性自然灾害、市场需求和价格大幅波动以及环保风暴等，可能会引起新型农业经营主体市场风险和经营风险的传染源，也有盲目扩大生产、挪用资金、对外担保甚至黄赌毒等不良嗜好等，可能会引起其经营风险和信用风险的传染源。这些传染源虽然一开始不会直接导致风险发生，它的暴发一般经历一个时间段的慢慢演变传导而来，例如，随着时间推移，一开始不受重视的市场等外部环境，或经营主体自身经营风险和财务状况等内部情况的不断恶化，最终集聚演化为潜在风险隐患。此时可以将产生传染的新型农业经营主体的信贷个体记为 I，未产生感染或自愈的记为 S。

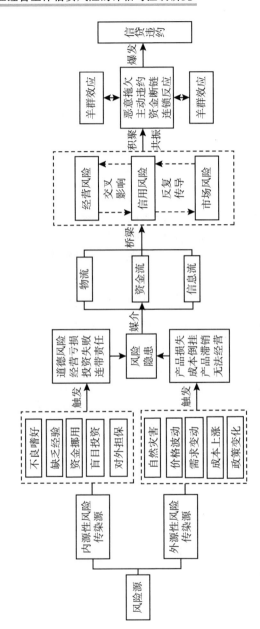

图3-3 新型农业经营主体信贷风险生成传导路径

资料来源：笔者绘制。

其次，上述几种具有一定破坏性的传染源一旦产生，便会以适当的形式，借助各种有形物质或无形效应的风险传导媒介和桥梁，沿着非线性的路径进行传导，一开始可能呈现单个风险，但随着时间的推移不断传导逐渐出现多个风险并存，它们间因存在相互联动、相互交织的关系而形成多层次复杂的联动回路；并且各风险间相互交叉影响反复传导，随着时间的推移原先细小的潜在风险隐患越积越多，逐渐从量变达到质变的过程。例如，前一个阶段产生的潜在风险传导到下一阶段并激发潜在风险共同作用，逐渐出现一个或两个风险量能不断积聚最后占主导地位，离最终风险发生越来越近。可以将这里各个风险间传染率设为 α，类似于相互担保、民间借贷等会大大提高传染率 α，如前所述，它们间因存在相互联动、相互交织的关系而形成的多层次复杂联动回路，且各风险间相互交叉影响反复传导，随着时间推移原先细小的潜在风险隐患越积越多，此外内部存在的信用风险、经营风险和市场风险都会影响传染率的大小；β 可以考虑为在信贷风险传染后，各个体自愈率与还款率，而还款率越高，则表明这个信贷风险传染源的自愈率越高，自愈率也同时涉及信用风险、经营风险和市场风险。而此处可得出 $\lambda = \dfrac{\alpha}{\beta}$ 为最终有效信贷风险传染率。将以上参数代入 SIS 传染病模型具体如式（3-1）、式（3-2）所示：

$$\begin{cases} \dfrac{ds(t)}{dt} = -\alpha i(t)s(t) + \beta i(t) \\ \dfrac{di(t)}{dt} = \alpha i(t)s(t) - \beta i(t) \end{cases} \quad (3-1)$$

$$\begin{cases} \dfrac{di(t)}{\beta dt} = i(t)\left[(\lambda-1) - \lambda i(t)\right] \\ i(0) = i_0 \end{cases} \quad (3-2)$$

联立两个方程组可以解得方程，方程的解如式（3-3）所示：

$$i(t) = \frac{1 - \dfrac{1}{\lambda}}{1 + \left(\dfrac{\lambda - 1 - \lambda i_0}{\lambda i_0}\right)e^{-\alpha\left(1 - \frac{1}{\lambda}\right)\beta t}} \qquad (3-3)$$

由最终解得 $i(t)$ 可知，在信贷风险产生过程中存在阈值 $\lambda_c =$ 1，即 $\lambda = \dfrac{\alpha}{\beta} = 1$。现实中，传染率与还款解决信贷坏账率是一致的，就会进入一个动态稳定区间。此时令 T 代表达到稳态所需经历的时间，当 $\lambda < \lambda_c$ 时，稳态解 $i(T) = 0$，这是由于传染期内经有效接触，使易感染个体变为感染个体的数目，最终不超过初始原有感染的个体数，说明当前传染率较低，市场上的坏账及风险感染个体都很快得到控制及补救，类似于相互担保主体在产业内部或产业链上下游没有产生链接效应，将自身坏账风险转移到其他担保主体上，同时依靠其自身第一还款来源为基础的经营实力，利用后续经营所得降低传染率，从而控制了传染；而当 $\lambda \geq \lambda_c$ 时，$i(t)$ 的增减则取决于 i_0 的大小，极限值 $i(\infty) = 1 - \dfrac{1}{\lambda}$；随着 λ 的增加而增加，当稳态解 $i(T) = c > 0$，此时说明传染率过高，这类与担保主体互相牵连，将整个担保链或现金链都进行了传染，同时内部信用风险加剧，经营风险、市场风险相继叠加，个体风险进一步加大，从而反馈到传染率受到个体风险的裹挟进一步变化升高，最终导致整个农业供应链或联合授信体的崩溃，整体风险急剧加大，此时控制风险的方法是控制传染源主体，切断传染源间的联系，降低个体内部的经营风险和市场风险，从而控制传染率变化，解决被链接主体资金链等问题，防止风险传染。

最后，在风险传导过程中经过时间的延续和量能的积聚后，各种风险又会相互影响产生多种传导效应，同时各种潜在风险源会不断被激发，它们又通过一定载体不断进行传导直至发生共振，此时如羊群效应等现象会极大地发挥其传染和跟风效应，如果这一过程不及时采取有效措施进行管理或控制，最终各类风险会暴发积累已久的能量和破坏力，给信贷主体带来巨大损失并最终导致信贷违约。

　　由此可见，基于上述传导过程分析可以做一个信贷风险传染演化过程的模拟。首先，将新型农业经营主体划分为履约的、违约的和传染后恢复履约的三类，横轴代表演化的时间维度，纵轴代表各类主体涉及担保链的比例，以此来模拟各主体风险传染随时间的演化过程；其次，假设将传染率 α 设置为 0.2，恢复率 β 设置为 0.5，通过图 3-4 的传染演化过程分析可以发现，在上述条件下经过一段时间的演化，最终所有的新型农业经营主体都会成为履约的新型农业经营主体；最后，再假设当传染率 α 远远大于恢复率 β 时，通过图 3-5 的传染演化过程分析可以发现，经过一段时间的演化，市场上将会充斥着已违约但无法偿还本息的新型农业经营主体，这将导致群体或行业受风险传染概率的提高，最终导致羊群效应的发生。

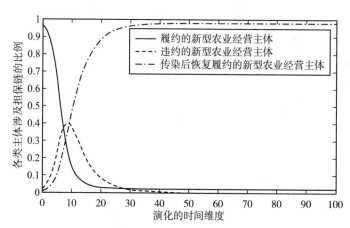

图 3-4　传染率小于恢复率的信贷风险传染演化过程

资料来源：笔者基于风险传导过程分析绘制。

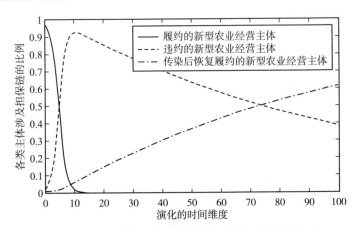

图 3 - 5   传染率大于恢复率的信贷风险传染演化过程

资料来源：笔者基于风险传导过程分析绘制。

　　基于 SIS 模型我们可以判断要控制信贷风险的传染：

　　首先，通过 SIS 模型分析可知，在信贷风险传导过程中，起初要控制传染源 I，即源头风险事件，这是控制的核心和关键。因此，在后续的风险识别、评估与控制过程中，要对上述可能和容易成为风险传染源的影响因素进行重点关注，有针对性地设计相应的风险识别与评估指标体系，以尽早地发现风险传染源。

　　其次，要通过控制传播途径来降低传染率，一方面，通过加大对产品、订单、价格、资金和信息等显性载体的识别与评估，尤其是控制经营主体之间的现金流复杂交叉，使交叉可控，从源头上降低传染率 α；另一方面，通过加大对基于供应链交易关系形成的互保和联保等容易引发风险传染的隐性载体的控制，尤其要识别发现民间借贷或网络借贷等隐性负债，以防在风险发生时可以及时采取相应措施有效控制传播的速度和广度，并抑制下一次风险发生，最终降低风险的传染率。

　　最后，要重视传染链中经营主体在风险传染后自愈率 β 的考察，例如，在风险识别与评估过程中，通过加大对经营主体自身经营能力和预防风险能力的考察，着重关注并控制相关非系统性风险指标，通过引导经营主体提高管理水平增加现金流，控制和降低负债率，尽量通过盈利水平的提高来进一步增强恢复率 β，最终以自身免疫能力的提高减少相关风险的传染。

综上所述，通过对风险生成和传导机理的分析可知，风险传导加大了新型农业经营主体信贷风险生成的范围与概率，并不是简单地通过担保或抵押就可以解决信贷风险传导的问题，而是要从风险的传播源头、渠道进行研究。如何有效识别传染过程中的各项风险因素，如何准确控制传染源，需构建一个新的风险识别与评估指标体系。因此，要想利用新型农业经营主体信贷风险评估指标体系有效控制信贷风险的发生发展，首先，必须从内部与外部、静态与动态多个角度，准确识别引发各类风险的传染源即风险影响因素，尤其要重视对经营风险和市场风险影响因素的识别；其次，要对识别出的重要风险影响因素，尤其针对民间借贷、互保联保等容易引发信贷违约的传染渠道进行重点评估，为后续采取有效措施降低传染率奠定基础；最后，不仅要对传染源和传染渠道有针对性地采取控制手段，从源头上控制其传播概率，而且要注重对信贷主体经营能力等第一还款来源指标的评估，将考察其自身免疫能力和感染后恢复率等提高到风险预防与控制的重要地位，从而创新风险识别、评估与控制的理论和方法，最终为缓解信贷约束提供支持。

3.5

本章小结

本章内容通过结合理论分析与实证调查，首先，分别从宏观与微观两个层面，政府部门、金融机构和新型农业经营主体三个角度，深入分析了新型农业经营主体信贷约束的生成机理；其次，基于农业行业、风险来源与过程等视角，深入分析了新型农业经营主体信贷风险影响因素；最后，沿着"风险要素—风险生成—风险控制"的路径,基于信贷场景分析反推,借助传染病模型对信贷风险生成和传导机理进行深入分析。本章研究,不仅以问题为导向分析了新型农业经营主体信贷约束的生成机理,而且提出了通过提高信贷风险管理效率来解决这一问题的路径,尤其通过深入分析信贷风险影响因素和生成传导机理,为后续信贷风险的识别与评估问卷设计、参数筛选及指标体系的设计等研究奠定了良好的基础。

通过本章研究发现,第一,当下新型农业经营主体主要面临供给型信贷约束,交易成本高、信息不对称和缺少有效抵押担保等导致风险无法有效识别、评估与控制是主要原因,因此需要从有效提高风险管理能力和水平入手来缓解信贷约束;第二,农业行业差异对新型农业经营主体信贷风险带来的影响,要远大于规模和类型,而且经营风险和市场风险跟信用风险具有同等重要的影响,因此需要基于行业场景对新型农业经营主体信贷风险进行分类研究;第三,新型农业经营主体信贷风险往往呈动态变化,因此对其风险影响因素和生成机理的研究,需要从风险来源与风险过程两个视角进行分析,尤其需要结合一线信贷人员访谈重构信贷场景进行分析;第四,新型农业经营主体信贷风险的传导,具有类似于医学研究中传染病传导的机理,因此通过利用 SIS 模型进行建模推导,并从内源性与外源性两个方面来分析其传导机理和路径,从根本上对新型农业经营主体信贷风险的生成和传导有一个全面深刻的认识,从而为后续风险影响因素的识别奠定基础。

然而,本章对新型农业经营主体信贷风险的生成和传导机理分析,主要还是基于银行高管访谈等定性的角度进行的,要准确深入地对其信贷风险影响因素进行识别,则还需要通过模型构建和量化分析等定量的角度予以进一步的确认,尤其是通过采集大量的信贷样本数据并通过实证分析来提高风险识别能力和效率。

第4章

新型农业经营主体
信贷风险的识别

第3章分析了新型农业经营主体信贷风险影响因素及其生成和传导机理，虽然取得初步认识，但由于风险影响因素种类繁多，对可能影响因素的提取缺乏完整性，且银行高管的访谈大部分停留在主观层面等定性判断上，参数和相关因子的筛选在实际运算过程中会有较大变化；虽然初步了解哪些影响因素会对信贷风险造成影响，但在已知参数中，存在的问题是预设参数无法确定数据的可获得性、风险间的关联关系及对信贷违约发生发展的影响程度。因而，如何根据新型农业经营主体信贷样本数据，提取完整的风险发生发展可能影响因素，从中遴选出重要影响因素，并计算出各重要因素影响权重和发生概率，已成为农业信贷风险管理深入研究过程中亟待解决的重要问题。因此，本章开始的后续研究，将通过对参数的筛选与预测试，对测试后参数进行建模实证与数据模拟回测，最后利用控制模型对参数进行有效控制，最终达到风险的有效识别、评估与控制等来缓解信贷约束。

本章针对现有问题，首先，通过各阶段实证调查搜集的近2000份浙江新型农业经营主体信贷样本数据，整理筛选1165份有效数据，同时基于前期行业场景分析，初选了33个可能影响因素；其次，运用德尔菲法等多次反馈，严格遴选了若干重要影响因素及其层次结构，初步构建了风险识别参数表；然后，依据描述性统计数据信息与专家打分的参数表，采用模糊层次分析法（FAHP）对重要参数进行权重构造分析，揭示变量间的内在联系，选取风险核心影响因子进行预测，得到明确的研究方向；再次，采用个体固定效应模型进行显著性和有效性分析，确认选取的各个体参数对主体间存在较为显著的作用关系，确保所选参数的有效性；最后，采用 probit 模型对信贷风险影响因素进行检验和识别，进一步明确各要素与最终风险间的关系，同时得出初步的线性风险概率模型。因此本章运用一系列风险识别模型与方法组合，在对参数的选取和有效性、显著性进行确定，以及对风险概率的计算上应用多模型和多次验证，既降低了农业信贷数据质量不高导致对一线信贷人员较高识别能力和经验的要求，同时在具备较好操作性和可行性基础上大大提高了风险识别效率，从而为后续风险评估与控制提供依据。

4.1

研究数据的获取方法与途径

前期理论分析表明，影响新型农业经营主体信贷风险的因素既有客户基本情况、品行情况和偿债能力等静态因素，也有自然、财务、技术、生产管理、政策、价格和供求等动态因素，而且不同的信贷风险其影响因素和生成传导机理也各不相同，尤其是不同风险之间还会存在相互传染和交叉影响的可能性，从而给风险识别带来了较大的现实障碍。因此，设计科学合理的调查问卷以及访谈提纲，全方位、多角度地对新型农业经营主体各类信贷风险进行深入的调查和分析，同时搜集和整理合格样本数据，是有效识别新型农业经营主体信贷风险的基础。

4.1.1 调查设计与样本采集

如前所述，新型农业经营主体信贷风险既具有一般小规模农户信贷风险特征，又具有规模企业信贷风险特征，且呈现周期性、复杂性、传染性和关联性等。同时信贷活动贯穿于产前、产中和产后整个农业生产过程，且不同环节其主要风险及其影响因素也各不相同，这就需要对每一阶段每一类别的风险进行深入调查。

因此，本书先利用文献法寻找相关的标准规范，然后通过实证调查和德尔菲法进行初步筛选和完善。首先，在搜索大量文献资料后，基于国家风险分类标准，结合农业生产特点，一方面，根据第2章理论基础将新型农业经营主体信贷风险划分为信用风险、经营风险和市场风险三大类；另一方面，按照产前、产中和产后三个环节的信贷特征，从风险来源与风险过程两个视角，同时基于众多违约行为反推，初步设计了新型农业经营主体信贷风险影响因素基础调查问卷。其次，结合实地调查与访谈结果，初步修正前期问卷，使得问卷设计更加符合新型农业经营主体实际发展情况，且更具科学性、严谨性和可操作性。然而，根据前期理论分析和后期实证调查发现，我国各地现有的新型农业经营主体按照规模大小分布中，主要以种养殖大户、家庭农场和专业合作社为主，这三类主体的数量总体占比至少达98%以上，因此农业企业占比非常少。现实中由于农业企业相对来说一般拥有较好的抵押和担保、较规范的管理和经营，金融机构往往将其归为正常的企业范畴进行授信，相对来说其受的信贷约束要比其他三类主体要小很多，且从实证调查和高管访谈来看，农业企业的信贷风险特征与其他三类主体一样受行业影响更大，弱化了其作为法人组织的影响，因此在问卷设计过程中适当考虑其部分特征后，大部分还是按照其他三类经营主体的特征进行设计，详细问卷见附录1。

为获取真实有效且具代表性的信贷样本数据，在前期调研基础上，以新型农业经营主体发展相对成熟和农村金融改革相对活跃的浙江省信贷样本为主要研究对象，于2018～2019年通过对除舟山市外10个地级市下辖的35个县（市、区），采取分层抽样方法，一方面，更加深入细致地对105家涉农信贷银行的高管、一线信贷人员进行访谈，将之前对信贷风险影响因素的分类等情况，与实际信贷业务操作经验进行交叉验证并完善,共获得105份访谈记录,访谈问题具体见附录3;另一方面,根据实际调研情况,不仅设计新型农业经营主体信贷风险管理参数数据收集表(见附录2),委托或现场协助信贷人员从银行信贷数据库中摘取研究所需数据信息,这部分数据属于客观数据,且占主要部分,同时通过田野调查对新型农业经营主体进行问卷调查,这部分数据相对来说可能存在一定的主观性,但占比相对较少,共获得了近2000份信贷样本数据。由于新型农业经营主体经营者普遍存在文化程度不高且经营管理不规范等现象,加上现有涉农信贷银行业务数据和档案管理不规范,所搜集的很多样本数据存在信息缺失和不规范等各种问题,与本书期望搜集的数据信息完整性相差较大,尤其是从银行信贷数据库中采集的样本数据与经营主体问卷调查所得数据之间存在一定偏差,因此后期根据实际信贷情况整理分析,对有疑问数据咨询相关信贷人员进行验证和处理,最终获得1165份有效信贷样本数据,从而使客观与主观数据更稳健地识别和检验信贷风险影响因素。

4.1.2 专家打分与参数筛选

(1)专家打分。

根据前面设计的参数和调查问卷,采用德尔菲法请专家们对每大类风险的重要性进行打分,并对问卷设置的合理性提出改进意见。德尔菲法又称为专家意见法,通常采用背对背的通信方式来征询专家小组成员意见,各专家要求采用匿名发表意见的方式,即专家间不得相互讨论,也不发生横向联系,且只能与调查人员间发生联系,这样经过几次反复征询与反馈,等到专家小组成员间的意见逐步趋于集中,直到最后获得具有很高准确率的集体判断的结果。相较于其他预测方法,德尔菲法具有更好的匿名性、反馈性以及统计性,更能满足本书的统计需求。

本项目中,共向6位农业领域资深专家教授、6位来自商业银行、农信联社等的风险管理专家，分别发送了风险分类参数表和调查问卷，请专家们各自提出意见，汇总的问卷修改建议归纳如下两种。

第一种是农业专家意见汇总：①农业是我国的基础产业，随着对农业产业的进一步支持，其潜力将被进一步激发，该问卷契合国家农业发展意见，具有广阔的市场前景，对提升农业产业化有积极影响，具有很强的现实意义；②问卷所调研内容非常系统，设计较详细，基本涵盖了农业生产的方方面面，且对风险的分析较全面，从农业生产的产前、产中和产后综合考虑生产过程中面临的种种风险；③农业生产涉及范围广，品种较多，该问卷只是做了一个笼统的统计，没有结合农业生产实际，将农业中的养殖业和种植业进行细分，考虑各自产业的独特风险；④问卷中部分问题可能不符合农业生产实际且问法模糊，加上内容太多，考虑到从业人员的知识水平有限，可能造成统计数据失真，不便于后续数据的处理，建议先实地调查，根据实际情况修改问卷；⑤从问卷调研的角度来讲，此问卷设计过于细致，问题偏多，且很多内容涉及经营户个人隐私，实际调研时可能会产生许多困难和障碍，建议根据调研目的精简问卷，删去部分不重要的问题。

第二种是风险专家意见汇总：①该问卷基于国家风险分类标准，在进行风险分类时考虑全面，同时从产前、产中和产后三个方面来考虑农业生产风险，较为全面；②该问卷内容较为全面，总体风险分类准确，且风险点覆盖全面，能从多个角度对新型农业经营主体信贷风险进行全方位的调查；③问卷选项设计太过复杂，对一些同质化问题没有很好地合并，可能会影响问卷有效性，希望加入截面数据类型可能会使整个数据分析更准确；④希望能对甄别对象进行分类，如养殖与种植的分类，以及各下级分支的分类，或进行转换分类，另外对销售渠道类的风险点需要修改增加，减少对个人信用风险的权重，突出第一还款来源的权重赋值；⑤已对问卷详细修改，如农村金融服务机构设置，无法获得足额还款需求等没有很好的设置等，有些问题过于理论化，希望在调研后再次修改。

随后又经过几轮反复征询和反馈，专家们的意见逐渐趋同于以下几点：问卷内容设计复杂、覆盖面较广、对风险认知较到位，但涉及的隐私信息较多不易获得，建议根据实地调研情况进行修改。之后根据专家意见进行几轮修改，并选择浙江省农业大市衢州市下辖的江山市进行预调研，经调研发现之前设计的参数有些与实际情况背离，且有些参数难以调查获得，因此删去部分参数，原因如以下三点。

①不具有可比性。新型农业经营主体按照规模大小划分的四种类型中，调研得到样本中家庭农场占比极高，且家庭农场无工商手续，大部分无规范的财务报表数据记录，主要依靠个人经营，所以删除"工商手续是否齐全""报表规范程度"这两个参数。

②数据难以获得。由于部分参数涉及个人隐私，调研过程中难以获得，所以删除"人行征信""拒贷逾期记录""负面信息""土地流转经营权可持续性"等参数。

③数据同质化。一方面，由于国家支农政策力度加大，所以删除"外部融资渠道支持力度""现代技术推广程度""社会化服务体系支持力度""政策的连续性"；因为大部分对象获得过补贴，删除"农业补贴未覆盖品种比率（％）"；经过前几年的联保风波，现阶段大家风险意识很强，所以删除"是否参与联保"；原料采购很多为货到付款，不存在供应商欺诈现象，删除"上游原料供应商欺诈（＊）"指标；另一方面，由于近年来国家加大对失信人员的处罚力度，大部分民众信用意识增强，主观上不愿意违约，因此删除"违约后果了解""对待违约态度"两个指标，并且预调研中新型农业经营主体经营者表示工人生产经验丰富，极少出现操作失误，而且自动化设备定期检修，也几乎不发生故障，因此删除"生产人员操作不当引起的损失（＊）""自动化系统设备故障引起的损失（＊）"两个指标。

（2）参数筛选。

首先，根据上述专家打分，并参考大量现有农业信贷风险识别指标体系基础上，基于国家风险分类标准，结合农业生产特点，根据第 2 章理论基础将新型农业经营主体信贷风险划分为信用风险、经营风险和市场风险三个一级指标，从而使整体指标在风险大类划分上更加科学、全面；同时根据第 3 章信贷风险影响因素、风险生成和传导机理等分析，按照产前、产中和产后三个环节不同信贷特征，从风险来源与风险过程两个视角，对一级指标进一步细分，将信用风险划分为客户基本情况、偿债能力和道德风险等三个二级指标，将经营风险划分为自然风险、财务风险、技术风险、生产管理风险和政策风险等五个二级指标，将市场风险划分为价格风险和供求风险两个二级指标，从而使一二级指标结构更加完整、合理。

其次，根据上述一二级指标的划分，一方面，对现有研究使用的传统指标参数进行统一分类，将性别、年龄、婚姻状况、文化程度、家庭总资产、尚未偿还银行借款、其他借款数额、有无违约记录、总资产负债率和是否对外担保等三级指标直接吸收加入新建识别指标体系中；另一方面，根据前期实证调查中对涉农信贷银行高管、新型农业经营主体经营者以及专家学者的访谈，同时基于行业场景视角，不仅通过对众多信贷违约行为进行分析、总结和反推，而且主要基于生产经营收益等第一还款来源，更加深入全面地筛选经营风险和市场风险的三级指标。

再次，根据实地调研边访谈、边整理、边完善的原则，在搜集调查的众多三级指标基础上进行分类筛选：

①将健康状况、有无管理经验、有无企事业单位工作经历、从业年限和兼业/专业等纳入信用风险—基本情况下面的三级指标中，同时将贷款是否为熟人介绍和当地信用环境等纳入信用风险—道德风险下面的三级指标中，因为这些反映经营者以往管理能力、经验水平和道德水平的静态指标，将在很大程度上影响新型农业经营主

体信用风险发生的概率；

②将是否购买农业保险纳入经营风险—自然风险下面的三级指标中，将销售利润率、农业生产设施投入、是否有对外投资等纳入经营风险—自然风险下面的三级指标中，将有无技术人员、有无机械自动化设备等纳入经营风险—技术风险下面的三级指标中，将生产规模、有无简单的电子化管理等纳入经营风险—生产管理风险下面的三级指标中，将有无环保等政策风险、土地流转年限等纳入经营风险—政策风险下面的三级指标中，因为这些反映新型农业经营主体当下管理能力、技术水平和风险应对能力等动态不确定指标，将在很大程度上影响其经营风险发生的概率；

③将对市场价格行情的把握、产品是否为当地名优特产、是否注册商标和"三品一标"认证情况等纳入市场风险—价格风险下面的三级指标中，以及将有无长期稳定的生产资料购买渠道、有无长期稳定的销售渠道等纳入市场风险—供求风险下面的三级指标中，因为这些反映新型农业经营主体应对市场供求和价格波动等能力水平的动态不确定指标，将在很大程度上影响其市场风险发生的概率。

最后，综合上述分析，得到完整的新型农业经营主体信贷风险识别参数体系。然而，当下新型农业经营主体主要以种养殖大户、家庭农场和专业合作社等自然人主体为主，他们不像农业企业这样的法人主体具有规范和独立的组织特征，经营者的个体基本情况与经营主体的生产经营情况紧密相关，尤其是经营者性别、年龄、婚姻状况、文化程度及从业年限等参数与信用风险有着密切的联系，因此将经营者个人基本情况作为信用风险部分的参数，加入整体风险识别参数体系中，同时结合专家打分意见进行统一汇总，使得问卷设计更加符合新型农业经营主体实际发展情况，且更具科学性、严谨性和可操作性，对应变量按顺序编注，此后分析同样按此顺序进行，前后相互对应，具体专家参数如表 4 -1 所示。

表 4 - 1 专家参数

一级指标	二级指标	三级指标
信用风险	基本情况	X_1：性别（男 =0；女 =1）、X_2：年龄、X_3：婚姻状况（未婚 =0；已婚 =1；离婚 =2）、X_4：文化程度（初中及以下 =1；高中及中专 =2；大专及以上 =3）、X_5：健康状况（健康 =0；亚健康或疾病 =1）；X_6：有无管理经验（有 =0；无 =1）、X_7：有无企事业单位工作经历（有 =0；无 =1）、X_8：从业年限、X_9：兼业/专业（专业 =0；兼业 =1）
	偿债能力	X_{10}：家庭总资产、X_{11}：尚未偿还银行借款、X_{12}：其他借款数额
	道德风险	X_{13}：有无违约记录（有 =0；无 =1）、X_{14}：贷款是否熟人介绍（有 =0；无 =1）、X_{15}：当地信用环境
经营风险	自然风险	X_{16}：是否购买农业保险（有 =0；无 =1）
	财务风险	X_{17}：总资产负债率、X_{18}：销售利润率、X_{19}：农业生产设施投入、X_{20}：是否有对外担保（有 =0；无 =1）、X_{21}：是否有对外投资（有 =0；无 =1）
	技术风险	X_{22}：有无专业技术人员（有 =0；无 =1）、X_{23}：有无机械自动化设备（有 =0；无 =1）
	生产管理风险	X_{24}：生产规模、X_{25}：有无简单的电子化管理（有 =0；无 =1）
	政策风险	X_{26}：有无环保等政策风险（有 =0；无 =1）、X_{27}：土地流转年限

一级指标	二级指标	三级指标
市场风险	价格风险	X_{28}：对市场价格行情的把握（不了解 = 0；了解 = 1；有把握 = 2）、X_{29}：产品是否为当地名优特产（是 = 0；否 = 1）、X_{30}：是否注册商标（有 = 0；无 = 1）、X_{31}："三品一标"认证情况（有 = 0；无 = 1）
	供求风险	X_{32}：有无长期稳定的生产资料购买渠道（有 = 0；无 = 1）、X_{33}：有无长期稳定的销售渠道（有 = 0；无 = 1）

资料来源：笔者根据调研问卷整理。

4.1.3 描述性统计与数据处理

根据第 3 章的分析，农业行业差异对新型农业经营主体信贷风险的影响比规模类型要大很多，因此我们将调查的信贷样本数据按照农业行业分为经济作物、大田作物、畜牧养殖和水产养殖四类。而由于实证调查所得样本中，水产养殖类的样本较少，且无法形成有效的统计效应，故后续研究主要对其他三类主体信贷样本进行分析，后续为了表述方便，均以行业名称代称该类新型农业经营主体。其中经济作物样本种类和数量最多，差异最大，相较于其他两类数据情况最复杂。

首先，我们对整体样本的参数分布以及个体分布进行分析。通过图 4 - 1 可知，以经济作物为主的新型农业经营主体参数与所选样本分布较为集中，而图 4 - 1 中的数据较为突出的是一些经营主体的个人在经营过程中，经营能力较为突出，收益率较高，个人或者公司资产较大，才会造成一些参数较为突出，其他的分布较为平衡。

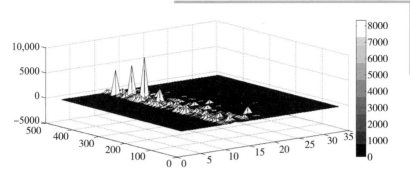

图 4 - 1　新型农业经营主体经济作物参数分布

资料来源：笔者根据调查经济作物样本数据绘制。

其次，由图 4 - 2 可知，以水稻、小麦等大田作物生产为主的新型农业经营主体样本与参数分布也较为一致，与经济作物类的主体类似，其中有少数样本经营能力较为突出，总规模与亩均产出较多，故资产等较为突出。但是由于水稻等大田作物属于国家粮食收储对象，有最低收购价，所以整体收益率较为一致。

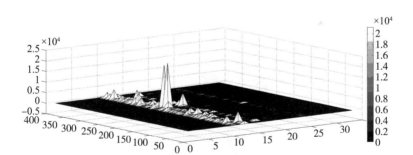

图 4 - 2　新型农业经营主体大田作物参数分布

资料来源：笔者根据调查大田作物样本数据绘制。

最后，由图 4 - 3 可知，以畜牧养殖类生产经营为主的新型农业经营主体样本分布基本可以保持一致。而其中有一个非常突出的样本是因为这个参数为家庭总资产，此样本家庭拥有其他收入来源，故该参数值较大，而此数值较大一定程度上对未来预测也有一定贡献，加上银行审批较重视，故未将其作为异常数据剔除。

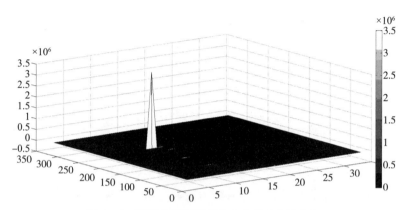

图 4 – 3　新型农业经营主体畜牧养殖参数分布

资料来源：笔者根据调查畜牧养殖样本数据绘制。

在完成对各类新型农业经营主体样本数据的大致分析后，接下来将利用 R 语言对数据进行描述性统计分析，具体分析的内容如表 4 – 2、表 4 – 3、表 4 – 4 所示。

表 4 – 2　　　　　　　　经济作物数据描述性统计结果

项目	最小值	1/4 值	中间值	平均值	3/4 值	最大值
X_1	0	0	0	0.1092	0	1
X_2	23	40	47	46.14	52	66
X_3	0	1	1	1.026	1	2
X_4	0	1	2	1.574	2	3
X_5	0	0	0	0.1179	0	3

续表

项目	最小值	1/4 值	中间值	平均值	3/4 值	最大值
X_6	0	0	1	0.6288	1	1
X_7	0	0	0	0.4039	1	1
X_8	1	5	8	9.939	11	47
X_9	0	0	0	0.1201	0	1
X_{10}	5	20	50	146.4	130	5000
X_{11}	0	0	1.0000	0.7402	1	1
X_{12}	2	70	135.5	263.3	300	8311
X_{13}	-0.81	0.13	0.25	0.3186	0.4675	3
X_{14}	-0.5000	0.1325	0.3	0.4705	0.5	11.67
X_{15}	0	20	30	76.13	70	1350
X_{16}	0	1	1.0000	0.8341	1	1
X_{17}	0	0	1.0000	0.7336	1	1
X_{18}	0	0	0	12.9500	0	1500
X_{19}	0	1	1.0000	0.7576	1	1
X_{20}	0	1	1.0000	0.8406	1	1
X_{21}	0	0	1.00	0.6900	1.00	1
X_{22}	1	1	2	1.8620	2	3
X_{23}	0	1	1.0000	0.8242	1	15
X_{24}	0	2.5	5	9.5050	10	147
X_{25}	0	6	10	12.5300	15	50
X_{26}	0	0	1.0000	0.5852	1	1.0000
X_{27}	0	0	1.0000	0.7467	1	1.0000

续表

项目	最小值	1/4 值	中间值	平均值	3/4 值	最大值
X_{28}	0	1	1.0000	0.8297	1	1.0000
X_{29}	0	0	0	0.2729	1	1
X_{30}	0	0	0	0.4847	1	1
X_{31}	0	1	1	0.8777	1	1
X_{32}	0	1	1	0.8624	1	1
X_{33}	0	1	1	1.194	2	2
Y	0	0	0	0.2227	0	1

资料来源：笔者根据 R 软件描述性统计结果绘制。

表 4 – 3　　　　　大田作物数据描述性统计结果

项目	最小值	1/4 值	中间值	平均值	3/4 值	最大值
X_1	0	0	0	0.1111	0	1
X_2	23	42	48	47.1600	52.5	67
X_3	0	1	1	0.8553	1	2
X_4	0	1	2	1.5710	2	3
X_5	0	0	0	0.2455	0	3
X_6	0	0	1	0.6460	1	1
X_7	0	0	0	0.2894	1	1
X_8	2	6	10	11.6700	15	40
X_9	0	0	0	0.2119	0	1
X_{10}	10	137	300	507	622.5	4811
X_{11}	0	1	1.0000	0.7571	1	1
X_{12}	10	110	200	494.9000	404.5	21,151

项目	最小值	1/4 值	中间值	平均值	3/4 值	最大值
X_{13}	-0.5	0.1503	0.25	0.2867	0.375	1.4706
X_{14}	0	0.1148	0.2222	0.3791	0.4167	12.4167
X_{15}	0	30	43.69	114.6400	85	6150
X_{16}	0	1	1	0.8992	1	1
X_{17}	0	0	1	0.5866	1	1
X_{18}	0	0	0	6.0570	0	180
X_{19}	0	0	1	0.6641	1	1
X_{20}	0	0	1	0.7106	1	1
X_{21}	0	0	0	0.4109	1	1
X_{22}	1	1	2	1.6430	2	3
X_{23}	0	0	1	0.7301	1	20.6430
X_{24}	0	5	16.2	35.4400	41.6	800
X_{25}	0	5	10.0000	11.7700	15	50
X_{26}	0	0	0	0.4109	1	1
X_{27}	0	0	0	0.3669	1	1
X_{28}	0	0	1	0.7261	1	1
X_{29}	0	0	0	0.1628	0	1
X_{30}	0	0	0	0.2171	0	1
X_{31}	0	1	1	0.8165	1	1
X_{32}	0	1	1	0.7674	1	1
X_{33}	0	1	2	1.496	2	2
Y	0	0	0	0.08786	0	1

资料来源：笔者根据 R 软件描述性统计结果绘制。

表 4 - 4 畜牧养殖数据描述性统计结果

项目	最小值	1/4 值	中间值	平均值	3/4 值	最大值
X_1	0	0	0	0.09062	0	1
X_2	25	42	49	47.13	53	66
X_3	0	1	1	1.012	1	2
X_4	0	1	1	1.462	2	3
X_5	0	0	0	0.1938	0	3
X_6	0	0	1	0.6937	1	1
X_7	0	0	0	0.4375	1	1
X_8	1	6	9	10.57	13	47
X_9	0	0	0	0.1281	0	1
X_{10}	10	110	289	11,915	700	3,500,000
X_{11}	0	1	1	0.7906	1	1
X_{12}	10	72	130	431.5	432.5	21,570
X_{13}	-1	0.1316	0.25	0.2421	0.3846	1.6667
X_{14}	0	0.1732	0.32	0.5175	0.4642	10
X_{15}	0	20	30	114	70	6900
X_{16}	0	1	1	0.7562	1	2
X_{17}	0	0	1	0.725	1	1
X_{18}	0	0	0	10.84	10	1000
X_{19}	0	0	1	0.7312	1	1
X_{20}	0	1	1	0.78719	1	1
X_{21}	0	0	1	0.5594	1	1
X_{22}	1	1	1	1.446	2	3

项目	最小值	1/4 值	中间值	平均值	3/4 值	最大值
X_{23}	0	1	1	0.8	1	1
X_{24}	0	1	2	8.384	250	800
X_{25}	0	8	10	15.1	25	50
X_{26}	0	0	1	0.5031	1	1
X_{27}	0	0	1	0.6594	1	1
X_{28}	0	0	1	0.6312	1	1
X_{29}	0	0	0	0.2031	0	1
X_{30}	0	0	0	0.2844	1	1
X_{31}	0	1	1	0.8094	1	1
X_{32}	0	1	1	0.8500	1	1
X_{33}	0	1	1	1.2970	2	2
Y	0	0	0	0.2812	1	1

资料来源：笔者根据 R 软件描述性统计结果绘制。

通过对 1165 份有效信贷样本分类归纳，经济作物类 458 个，总体占比 39.3%，其中违约样本 102 个；大田作物类 387 个，总体占比 33.2%，其中违约样本 35 个；畜牧养殖类 320 个，占比 27.5%，其中违约样本 90 个。

（1）信用风险影响因素分析。

①基本情况。有效样本中经营者以男性居多，占比为 90% 左右，年龄分布在 23～67 岁，平均年龄为 47 岁；婚姻状况为已婚。占 96.2%；身体状况处于亚健康或疾病的占 9.8%；文化程度普遍不高，初中和高中学历居多；40.7% 的经营者有一定的管理经验，而有企事业单位工作经历的占 35.12%；平均从业年限为 10.85 年，且大部分专业从事农业生产，兼业只占 15.19%。

②偿债能力。由于样本中个别主体资产相对较高，拉高了平均水平，造成家庭总资产平均为385万元，尚未偿还银行贷款平均为90万元，而从样本众数和分布看，大部分家庭资产在60万~100万元，贷款额20万~30万元的占68.2%；民间借贷平均余额9万元，说明新型农业经营主体资金需求尚未完全得到满足。

③道德风险。由于银行对征信记录审核较严，所以大部分信贷主体无违约记录，即使有主要是信用卡逾期，不到1%；在银行越少且竞争越不充分地区，信贷主体希望通过熟人介绍获得贷款的欲望越强烈；当地信用环境与经济发展水平和人们的信用意识相关，因而差异较大，越发达地区的违约成本越高、信用环境越好。

（2）经营风险影响因素分析。

①自然风险。购买保险能有效降低新型农业经营主体自然风险损失的概率，但目前，部分新型农业经营主体的参保意识不强，尚未意识到保险的重要性。

②财务风险。新型农业经营主体的资产负债率相对偏高，平均为43.13%；很多经营主体为获得贷款往往会夸大其项目盈利能力，因而统计的销售利润率平均达到28.3%；农业生产设施投入由于具体行业不同因而情况差异较大，以土地流转平均支出为例，经济作物类为9.5万元，大田作物类为35万元，畜牧养殖类为8.38万元；是否有对外担保的样本占比为28.4%，说明互保情况较以往大幅下降但仍存在；存在对外投资行为的占比19.4%，说明部分经营主体存在跨界经营活动。

③技术风险。很多经营者从业年限较长，已具备专业技术等技能，因而只有49.4%的经营主体配备了技术人员；59.5%的经营主体未曾配备机械自动化设备。

④生产管理风险。经济作物类平均种植规模为146.4亩，大田

作物类为 507 亩，畜牧养殖类按照投入成本统一折算成猪，① 平均生产规模为 283 头，低于 200 头的只占 33.3%；可见，新型农业经营主体的规模化程度相对较高，但仅有 24% 的经营主体进行了简单的电子化管理，这说明现阶段规范化管理程度有待提高。

⑤政策风险。畜牧养殖类环保风险影响较大，但近年来全国各地拆违整治，关停了大部分环保不达标的中小养殖主体，因而环保风险影响持续减小；土地流转支出根据地区发达程度不同每亩在 600 ~ 1000 元不等，流转年限平均数为 12.67 年，说明新型农业经营主体生产经营的持续性、稳定性相对比较强。

（3）市场风险影响因素分析。

①价格风险。对市场价格行情的把握程度均值为 1.78，经济作物类种类繁多、价格波动较大，畜牧养殖类由于存在生长周期等情况，对市场行情的把握难度较大；产品是否为当地名优特产均值为 0.78，说明各地农业特色产业尚未形成规模和集聚；80% 的主体都没有注册商标，仅 16% 的主体生产的产品认证了"三品一标"，说明大部分经营主体仍以普通农产品生产为主，产品整体品质有待提高。

②供求风险。有长期稳定生产资料购买渠道的新型农业经营主体占比为 67%，而有长期稳定销售渠道的经营主体占比为 80%，其中大田作物由于有国家保底收购销售情况最稳定，大部分主体或多或少参与了一定程度的供应链体系，因而在生产资料供应和销售渠道建设方面优于其他行业，从而生产经营更稳定。

总的来说，现阶段新型农业经营主体规模化、集约化和机械化程度有待提高，资产实力弱，抗风险能力不强，很多仍停留在低层次粗放型的作业模式，经营者个人素质和信用水平不高，且农业保

---

① 根据 2019 年浙江部分养殖主体调查成本并参考网上数据，初步以鸡的平均成本 10 元/只，鸭的平均成本 30 元/只，猪（非母猪且自繁自养）的平均成本为 1000 元/头，羊（非母羊且自繁自养）的平均成本 800 元/头，牛（非母牛）的平均成本 7000 元/头，将各养殖品种以此数据为基础转换为猪的头数，即猪当量。

险参保意识不高，加上产品品质和品牌意识不高，市场和价格风险较大，因而存在一定的信用风险、经营风险和市场风险。

4.2

基于模糊层次分析法的参数权重计算

在数据实证前，需分析各影响因素相互间的作用关系，然而由于以上参数体系还未确定与验证结构性特征，虽然模糊层次分析法（FAHP）的主观性成分比较高，但当选择经验丰富的资深专家时，其计算筛选能力将会增强，所以为了初步的研究与预判，选取模糊层次分析法进行计算较合适。因此，首先，需对有效问卷及参数表进行初步的权重分析，在权重分析前，需结合前一节专家参数指标确定每一层级的指标；其次，在确定相关层级指标后，需要邀请资深专家对每一层级指标进行评级打分，从而确定判断矩阵；最后，在判断矩阵确定后，依据描述性统计的数据信息与专家打分的参数表，对新型农业经营主体的重要参数进行权重构造分析，计算各层级中参数的权重，从而给后续模型计算提供相应的参考与支持，同时优化参数结构，增加参数细节，完善参数内核，补全参数的覆盖度。后续分析可依据图 4 - 4 新型农业经营主体参数体系结构模型展开。

4.2.1 模糊层次分析模型的构建

模糊层次分析法是一种定性和定量相结合的、系统的、层次化的分析方法。这种方法的特点就是在对复杂决策问题的本质、影响因素及内在关系等进行深入研究基础上，利用较少的定量信息使决策思维过程数学化，从而为后续基于此开展多目标、多准则或无结构特性的复杂决策问题提供简便的决策。在模糊层次分析中，做因

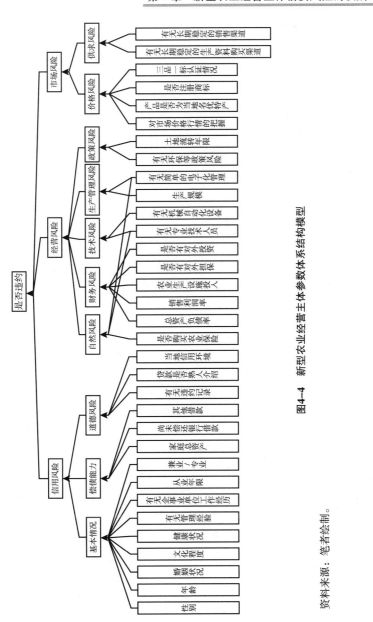

图4-4　新型农业经营主体参数体系结构模型

资料来源：笔者绘制。

素间的两两比较判断时，采用一个指标因素比另一个指标因素的重要程度比来定量表示，得到模糊判断矩阵 A，如式（4-1）所示：

$$A = (a_{ij})_{n \times n} \qquad (4-1)$$

其中，$a_{ij} + a_{ii} = 1$，这两者为模糊互补判断矩阵，为了使任意两个方案关于某准则的相对重要程度得到定量描述，通常采用 0.1~0.9 标度法给予数量标度，0.5 以下为前者重要，0.5 以上为后者重要，依据模糊判断的要素标度构建模糊互补判断矩阵如式（4-2）所示：

$$A = \begin{pmatrix} a_{11} & \cdots & a_{1n} \\ \vdots & \ddots & \vdots \\ a_{m1} & \cdots & a_{mn} \end{pmatrix} \qquad (4-2)$$

而针对第 n 个决策者时，需要在增加第 An 个判断矩阵进行判断，最后利用模糊互补判断矩阵权重的公式进行计算，得出最后的矩阵权重，具体如式（4-3）所示：

$$w_i = \frac{\sum_{j=1}^{n} a_{ij} + \dfrac{n}{2} - 1}{n(n-1)} \qquad (4-3)$$

在构建判断矩阵之初，将参数表发送给 2 位资深农业专家、3 位资深风险管理专家，请专家们分别对参数表进行权重打分。同时将每位专家的权重赋值为 0.2。由于整体的风险识别将以风险专家为主要赋值导向，农业专家的意见为辅助赋值，故整体专家比为 3:2。通过构建一个模糊层次分析结构模型，来分析阐述各级指标与各参数的权重占比及结构变化。根据图 4-4 新型农业经营主体参数体系结构模型，整体模型构建步骤如下：首先，基于模糊层次分析模型将各级参数进行分级处理，接着将每一级参数加入层级关系；其次，连接各级指标间的上下关系，依次利用判断矩阵对参数进行赋值，构建出含参数判断矩阵，在计算与判断一致性全部通过后，利用单排法计算方案层即参数层的权重值；最后，利用模糊判断法引入模糊量推演出各层级间的权重。由以上计算过程发现，每个层级指标层下都有参数判断矩阵，造成了 5 位专家矩阵过多。

但由于运算过程相对雷同，所以下面运算过程将只展示专家 1 的判断矩阵，同理亦可得出其他 4 位专家的判断矩阵。最终的计算结果将把 5 位专家的全矩阵进行一个加权计算，这样可以更加完善地考虑全权重的分布问题。在第 1 级目标层是否违约的矩阵中，专家 1 给出了不同的赋值如表 4 - 5 所示，即依次对信用风险、经营风险与市场风险进行了赋值，同时对所有矩阵进行一致性检验，检验结果需小于 0.1 才能通过，而所有矩阵都通过了一致性检验，其中 W_i 为模糊互补判断矩阵权重。

表 4 - 5　　　　　　　　　一级目标层矩阵

是否违约	信用风险	经营风险	市场风险	W_i
信用风险	1	0.3333	0.5	0.1571
经营风险	3	1	3	0.5936
市场风险	2	0.3333	1	0.2493

注：一致性比例为 0.0516；λ_{max} 为 3.0536；W_i 为模糊互补判断矩阵权重。
资料来源：笔者根据第 1 位专家的参数判断矩阵绘制。

然后在二级中间层对信用风险，即对基本情况、偿债能力与道德风险等进行建模得出中间矩阵，具体如表 4 - 6 所示；对经营风险，即对自然风险、财务风险、技术风险、生产管理风险和政策风险等进行建模得出中间矩阵，具体如表 4 - 7 所示；对市场风险，即对价格风险和供求风险等进行建模得出中间矩阵，具体如表 4 - 8 所示。

表 4 - 6　　　　　　　　　二级中间层矩阵（1）

信用风险	基本情况	偿债能力	道德风险	W_i
基本情况	1	6	2	0.5769
偿债能力	0.1667	1	0.2	0.0811

信用风险	基本情况	偿债能力	道德风险	W_i
道德风险	0.5	5	1	0.342

注：一致性比例为 0.0279；λ_{max} 为 3.0291；W_i 为模糊互补判断矩阵权重。
资料来源：笔者根据第 1 位专家的参数判断矩阵绘制。

表 4 - 7   二级中间层矩阵（2）

经营风险	财务风险	技术风险	生产管理风险	政策风险	自然风险	W_i
财务风险	1	1	5	0.2	0.25	0.1169
技术风险	1	1	4	0.2	0.25	0.1079
生产管理风险	0.2	0.25	1	0.2	0.25	0.0485
政策风险	5	5	5	1	1	0.3887
自然风险	4	4	4	1	1	0.338

注：一致性比例为 0.0858；λ_{max} 为 5.3846；W_i 为模糊互补判断矩阵权重。
资料来源：笔者根据第 1 位专家的参数判断矩阵绘制。

表 4 - 8   二级中间层矩阵（3）

市场风险	价格风险	供求风险	W_i
价格风险	1	0.1667	0.1429
供求风险	6	1	0.8571

注：一致性比例为 0；λ_{max} 为 2.0000；W_i 为模糊互补判断矩阵权重。
资料来源：笔者根据第 1 位专家的参数判断矩阵绘制。

最后依据二级中间层矩阵排序构建三级参数层矩阵，如表 4 - 9 至表 4 - 18 所示。

表4-9　三级参数层矩阵（1）

基本情况	性别	年龄	婚姻状况	文化程度	健康状况	有无管理经验	有无企事业单位工作经历	从业年限	兼业/专业	W_i
性别	1	1	1	0.3333	0.1111	0.3333	0.3333	0.25	0.25	0.0234
年龄	1	1	1	1	0.1111	0.5	0.5	0.3333	0.25	0.0298
婚姻状况	1	1	1	1	0.1111	0.25	0.3333	0.3333	0.3333	0.0235
文化程度	3	1	1	1	0.1111	0.1111	0.3333	0.25	0.5	0.0421
健康状况	9	9	9	9	1	9	9	9	9	0.4955
有无管理经验	3	2	4	9	0.1111	1	1	1	0.3333	0.0794
有无企事业单位工作经历	3	2	3	3	0.1111	1	1	1	1	0.0733
从业年限	4	3	3	4	0.1111	1	1	1	0.3333	0.1106
兼业/专业	4	4	3	2	0.1111	3	1	3	1	0.1223

注：一致性比例为0.0995；λ_{max} 为10.1617；W_i 为模糊互补判断矩阵权重。
资料来源：笔者依据二级中间层矩阵排序构建三级参数层矩阵绘制。

表 4 - 10 三级参数层矩阵（2）

偿债能力	家庭总资产	尚未偿还银行借款	其他借款	W_i
家庭总资产	1	4	5	0.6586
尚未偿还银行借款	0.25	1	3	0.1852
其他借款	0.2	0.3333	1	0.1562

注：一致性比例为 0.0279；λ_{max} 为 3.0291；W_i 为模糊互补判断矩阵权重。
资料来源：笔者依据二级中间层矩阵排序构建三级参数层矩阵绘制。

表 4 - 11 三级参数层矩阵（3）

道德风险	有无违约记录	贷款是否熟人介绍	当地信用环境	W_i
有无违约记录	1	9	9	0.8142
贷款是否熟人介绍	0.1111	1	1	0.0718
当地信用环境	0.1111	1	1	0.114

注：一致性比例为 0.0516；λ_{max} 为 3.0536；W_i 为模糊互补判断矩阵权重。
资料来源：笔者依据二级中间层矩阵排序构建三级参数层矩阵绘制。

表 4 - 12 三级参数层矩阵（4）

财务风险	总资产负债率	销售利润率	农业生产设施投入	是否有对外担保	是否有对外投资	W_i
总资产负债率	1	1	6	3	5	0.1177
销售利润率	1	1	4	1	5	0.1311
农业生产设施投入	0.1667	0.25	1	0.25	1	0.0364
是否有对外担保	0.3333	1	4	1	2	0.6709
是否有对外投资	0.2	0.2	1	0.5	1	0.0439

注：一致性比例为 0.0926；λ_{max} 为 5.4147；W_i 为模糊互补判断矩阵权重。
资料来源：笔者依据二级中间层矩阵排序构建三级参数层矩阵绘制。

表 4 - 13　　　　　　　三级参数层矩阵（5）

技术风险	有无专业技术人员	有无机械自动化设备	W_i
有无专业技术人员	1	6	0.8333
有无机械自动化设备	0.1667	1	0.1667

注：一致性比例为 0；λ_{max} 为 2.0000；W_i 为模糊互补判断矩阵权重。
资料来源：笔者依据二级中间层矩阵排序构建三级参数层矩阵绘制。

表 4 - 14　　　　　　　三级参数层矩阵（6）

生产管理风险	生产规模	有无简单的电子化管理	W_i
生产规模	1	0.3333	0.25
有无简单的电子化管理	3	1	0.75

注：一致性比例为 0；λ_{max} 为 2.0000；W_i 为模糊互补判断矩阵权重。
资料来源：笔者依据二级中间层矩阵排序构建三级参数层矩阵绘制。

表 4 - 15　　　　　　　三级决策层矩阵（7）

政策风险	有无环保等政策风险	土地流转年限	W_i
有无环保等政策风险	1	9	0.9
土地流转年限	0.1111	1	0.1

注：一致性比例为 0；λ_{max} 为 2.0000；W_i 为模糊互补判断矩阵权重。
资料来源：笔者依据二级中间层矩阵排序构建三级参数层矩阵绘制。

表 4 - 16　　　　　　　三级参数层矩阵（8）

自然风险	是否购买农业保险	有无专业技术人员	有无简单的电子化管理	W_i
是否购买农业保险	1	4	5	0.6738
有无专业技术人员	0.25	1	3	0.2255
有无简单的电子化管理	0.2	0.3333	1	0.1007

注：一致性比例为 0.0825；λ_{max} 为 3.0858；W_i 为模糊互补判断矩阵权重。
资料来源：笔者依据二级中间层矩阵排序构建三级参数层矩阵绘制。

表 4 – 17 三级参数层矩阵（9）

价格风险	对市场价格行情的把握	产品是否为名优特产	是否注册商标	"三品一标"认证情况	W_i
对市场价格行情的把握	1	0.2	0.5	0.2	0.0662
产品是否为名优特产	5	1	5	4	0.5737
是否注册商标	2	0.2	1	0.25	0.0962
三品一标认证情况	5	0.25	4	1	0.2639

注：一致性比例为 0.0958；λ_{max} 为 4.2558；W_i 为模糊互补判断矩阵权重。
资料来源：笔者依据二级中间层矩阵排序构建三级参数层矩阵绘制。

表 4 – 18 三级参数层矩阵（10）

供求风险	有无稳定的生产资料购买渠道	有无稳定的销售渠道	W_i
有无稳定的生产资料购买渠道	1	1	0.5
有无稳定的销售渠道	1	1	0.5

注：一致性比例为 0；λ_{max} 为 2.0000；W_i 为模糊互补判断矩阵权重。
资料来源：笔者依据二级中间层矩阵排序构建三级参数层矩阵绘制。

4.2.2 AHP 下各参数权重求取及分布

在确定各专家的判断矩阵后，将矩阵进行转换计算，得出矩阵的权重分布，如表 4 – 19 所示（参数排序按字母顺序）。

表 4 – 19 专家参数权重分布

参数	专家1权重	专家2权重	专家3权重	专家4权重	专家5权重	综合权重
产品是否为当地名优特产	0.0204	0.005	0.0078	0.0111	0.0172	0.0135
从业年限	0.0100	0.0195	0.0064	0.0063	0.0041	0.0066

续表

参数	专家 1 权重	专家 2 权重	专家 3 权重	专家 4 权重	专家 5 权重	综合 权重
贷款是否熟人介绍	0.0039	0.0119	0.0034	0.0203	0.0141	0.0086
当地信用环境	0.0061	0.0119	0.0053	0.0203	0.0141	0.0109
对市场价格行情的把握	0.0024	0.0036	0.0036	0.0111	0.0082	0.0034
婚姻状况	0.0021	0.0074	0.0065	0.0031	0.0045	0.0032
家庭总资产	0.0084	0.0231	0.0217	0.0118	0.0151	0.0174
兼业/专业	0.0111	0.0312	0.0203	0.0071	0.0097	0.0134
健康状况	0.0449	0.1264	0.0963	0.0729	0.0733	0.1030
年龄	0.0027	0.0085	0.0065	0.0032	0.0048	0.0039
农业生产设施投入	0.0025	0.0034	0.0021	0.001	0.0013	0.0017
其他借款	0.0020	0.0034	0.0041	0.0118	0.0066	0.0056
"三品一标"认证情况	0.0094	0.0101	0.0065	0.0083	0.014	0.0104
尚未偿还银行借款	0.0024	0.0077	0.0095	0.0118	0.0057	0.0077
生产规模	0.0072	0.0086	0.0139	0.0034	0.0044	0.0059
是否购买农业保险	0.1352	0.0962	0.0303	0.0151	0.0306	0.0550
是否有对外担保	0.0466	0.0094	0.0162	0.0167	0.0067	0.0183
是否有对外投资	0.0030	0.0041	0.0012	0.0015	0.0008	0.0009
是否注册商标	0.0034	0.0024	0.0017	0.0028	0.0039	0.0038
土地流转年限	0.0231	0.0281	0.0419	0.0338	0.0277	0.0330
文化程度	0.0038	0.0091	0.0058	0.0048	0.0079	0.0024
销售利润率	0.0091	0.0180	0.0066	0.0024	0.0027	0.0043
性别	0.0021	0.0064	0.0062	0.0032	0.0045	0.0033
有无管理经验	0.0072	0.0242	0.0162	0.0173	0.0193	0.0149
有无环保等政策风险	0.2077	0.1965	0.377	0.2365	0.2495	0.2682

参数	专家1 权重	专家2 权重	专家3 权重	专家4 权重	专家5 权重	综合 权重
有无机械自动化设备	0.0107	0.0051	0.0039	0.0069	0.0031	0.0055
有无简单的电子化管理	0.0418	0.0259	0.0581	0.0165	0.0312	0.0301
有无企事业单位工作经历	0.0066	0.0181	0.0222	0.023	0.0175	0.0151
有无违约记录	0.0437	0.1072	0.0381	0.183	0.1265	0.0983
有无长期稳定的生产 资料购买渠道	0.1068	0.021	0.0326	0.0556	0.0542	0.0509
有无长期稳定的销售渠道	0.1068	0.084	0.0651	0.1111	0.1625	0.1098
有无专业技术人员	0.0986	0.0414	0.0578	0.0633	0.0523	0.0641

资料来源：笔者根据专家判断矩阵进行转换计算权变矩阵而绘制。

　　在三级结构层中比较主要的几大权重值为：有无环保等政策风险、是否购买农业保险、有无长期稳定的销售渠道、有无长期稳定的生产资料购买渠道、有无专业技术人员、是否有对外担保六项，而这六项体现出以第一还款源为主的经营风险和市场风险的参数；当然，信用风险的众多参数中如健康状况、有无违约记录、专业/兼业等权重也较为突出，这也说明了整体参数体系的有效性和可靠性。

　　根据表4-19的计算，可以得出所有专家对信用风险、经营风险和市场风险的权重打分，前两个为农业专家的权重分布，后三个为风险专家的权重分布。在对参数进行打分测试过程中，农业专家在风险考量上比较重视经营风险，而风险专家在风险考量上相对比较平衡，这样既有经营风险的考虑，又有传统风险的反向验证，对整体风险都进行有效考虑，更加完善了原参数体系，如表4-20所示。

表 4 – 20　　　　　　　　　　　专家指标权重分布

	信用风险	经营风险	市场风险
专家 1	0. 1571	0. 5936	0. 2493
专家 2	0. 2684	0. 6144	0. 1172
专家 3	0. 4161	0. 4579	0. 1260
专家 4	0. 4000	0. 4000	0. 2000
专家 5	0. 3275	0. 4126	0. 2599
总专家权重	0. 3370	0. 3834	0. 2796

资料来源：笔者根据专家参数权重分布计算绘制。

　　由表 4 – 20 可知，作为农业专家，专家 1 的判断矩阵运算出的结果认为，经营风险的权重应该占到 0. 5936，市场风险权重占到 0. 2493，而信用风险的权重只占 0. 1571；同样作为同行业的专家 2 的判断矩阵运算结果也认为，经营风险的权重应该占到 0. 6144，而信用风险权重占到 0. 2684，市场风险权重仅占到 0. 1172；由此可见，农业专家比较注重对生产经营过程中发生风险的关注。

　　然而，作为金融风险领域的专家，他们在对风险的认知上有不同的侧重点，风险专家认为在权重选择时，除了要考虑传统的信用风险外，还要均衡考虑经营风险和市场风险的影响。因此，作为金融风险领域的专家，专家 3 认为信用风险的权重应该占到 0. 4161，而经营风险的权重应该占到 0. 4579，基本处于持平状态，而市场风险的权重应该占 0. 1260；同样专家 4 的判断矩阵计算结果认为信用风险的权重应该占 0. 4000，经营风险的权重应该占 0. 4000，市场风险的权重应该占 0. 2000；最后专家 5 的判断矩阵计算结果认为信用风险的权重应该占 0. 3275，而经营风险的权重应该占 0. 4126，而市场风险的权重应该占 0. 2599。由此可见，风险专家的意见是相对比较均衡的，这也说明了他们在考虑风险问题时比较全面。

　　而综合所有专家进行一个群决策判断加权赋值，可以发现信用风险的权重为 0.3370，经营风险的权重为 0.3834，而市场风险的权重为 0.2796。

4.2.3 模糊层次分析模型下各参数权重分布

完成 AHP 层次分析后，为更好避免出现的主观性，进一步利用模糊数来表达其偏好，同时利用其因素构建模糊评价矩阵，然后利用模糊评价矩阵计算出相关比较模糊值与模糊矩阵，构建相关的模糊判断矩阵如表 4-21 所示，由于 FAHP 为初始判断，故将部分矩阵进行展示，最终将以后续神经网络为主要研究手段进行判断。

表 4-21　　　　重要影响参数第二级层次模糊判断矩阵

项目	信用风险	经营风险	市场风险
信用风险	(1, 1, 1) (1, 1, 1) (1, 1, 1)	(1/1, 2/1, 3/1) (2/1, 5/4, 2/1) (1/1, 3/2, 2/1)	(1/1, 2/1, 2/1) (2/1, 5/3, 2/1) (1/1, 3/2, 1/1)
经营风险	(1/1, 1/2, 3/1) (1/2, 4/5, 1/2) (1/1, 2/3, 1/2)	(1, 1, 1) (1, 1, 1) (1, 1, 1)	(1/1, 1/1, 3/1) (2/1, 5/3, 1/1) (1/1, 3/2, 2/1)
市场风险	(1/1, 1/2, 1/2) (1/2, 3/5, 1/2) (1/1, 2/3, 1/1)	(1/1, 1/1, 1/3) (1/2, 3/5, 1/1) (1/1, 2/3, 1/2)	(1, 1, 1) (1, 1, 1) (1, 1, 1)

资料来源：笔者根据 AHP 因素构建的模糊评价矩阵绘制。

对于三级层次模糊判断矩阵与参数层模糊判断矩阵也依据之前的专家模糊判断产生的打分继续构建，由于总共 33 参数较多导致计算过程篇幅过长，这里不做具体展示，最后展示利用 MAT-LAB2016a 进行程序计算得出最后的权重数值。由于同样的原因，下面也只展示部分运算代码。

先利用计算机代码 function ［B］= fuzzy_FAHP（model，F，R），其中 F 为分析矩阵，R 为判断矩阵（非全部运行代码，需要调参及加入其他衔接代码进行逻辑衔接），计算模糊一致矩阵，而后使用计算机代码 V（:，i+1）= E * V（:，i）；V（:，i+1）= V（:，i+1）/max（abs（V（:，i+1）））；多次迭代，V、E 为虚拟函数。从而得出最下层指标的总权重，如表 4-22 所示。

表 4-22　　　　　基于 FAHP 的参数权重分布

指标	权重
性别	0.0032
年龄	0.0038
婚姻状况	0.0033
文化程度	0.0056
健康状况	0.0913
有无管理经验	0.0165
有无企事业单位工作经历	0.0172
从业年限	0.0099
兼业/专业	0.0151
家庭总资产	0.0174
尚未偿还银行借款	0.0077
其他借款	0.0056
有无违约记录	0.0959
贷款是否熟人介绍	0.0099

指标	权重
当地信用环境	0.0120
总资产负债率	0.0066
销售利润率	0.0045
农业生产设施投入	0.0018
是否有对外担保	0.0173
是否有对外投资	0.0019
有无专业技术人员	0.0641
有无机械自动化设备	0.0055
生产规模	0.0059
有无简单的电子化管理	0.0301
有无环保等政策风险	0.2682
土地流转年限	0.033
是否购买农业保险	0.055
对市场价格行情的把握	0.0034
产品是否为当地名优特产	0.0135
是否注册商标	0.0038
"三品一标"认证情况	0.0104
有无长期稳定的生产资料购买渠道	0.0509
有无长期稳定的销售渠道	0.1098

资料来源：笔者根据 MATLAB 2016a 计算结果绘制。

表 4 - 22 给出了各级模糊层次影响因素的权重，由此表可以看出，已遴选出的各个重要影响因素总的权重。其中信用风险中的有

无违约记录和健康状况，经营风险中的是否购买农业保险、有无环保等政策风险、有无专业技术人员以及市场风险中的有无长期稳定的销售渠道，这些为最主要的权重参数。而按权重排序所有参数依次为：有无环保等政策风险、有无长期稳定的销售渠道、有无违约记录、健康状况、有无专业技术人员、是否购买农业保险、有无长期稳定的生产资料购买渠道、土地流转年限、有无简单的电子化管理、家庭总资产、是否有对外担保、有无企事业单位工作经历、有无管理经验、兼业/专业、产品是否为当地名优特产、当地信用环境、"三品一标"认证情况、贷款是否熟人介绍、从业年限、尚未偿还银行借款、总资产负债率、生产规模、文化程度、其他借款、有无机械自动化设备、销售利润率、是否注册商标、年龄、对市场价格行情的把握、婚姻状况、性别、是否有对外投资和农业生产设施投入，所有权重的比例都相对较高。

4.3

基于固定效应模型的样本参数有效性检验

上文虽然通过田野调查法、德尔菲法及模糊层次分析法对问卷及参数做了初步的评判，分别对新型农业经营主体信贷风险影响因素进行了定性与定量分析，并在此基础上做了描述性统计与数据处理，但是这些仅仅停留在面上对样本数据的采集和筛选进行了分析，对每个参数以及参数对结果的显著性尚未进行深入分析和讨论，所以需进一步验证每个个体参数对是否违约的有效性与显著性。此外，由于搜集的样本数据为截面数据，有一定的约束性，为进一步验证所选参数和样本数据的有效性，还需运用个体固定效应模型方法对参数进行定量分析，将每个参数独立出来考虑其与被解释变量的关系，这样才能真正了解相互间的关系。

4.3.1 固定效应模型的构建

固定效应模型包括时点固定效应模型、个体固定效应模型及双固定效应模型，其假定所有结果方向与效应大小基本上相同，即各自变量对被解释变量的影响相同，可通过一致性检验证明其是否显著。本书使用个体固定效应模型，该模型可有效降低不同时间段数据对结果产生的影响，这样被解释变量的其他所有确定性变量效应只是随个体的变化而不随时间变化。

$$y_{it} = \lambda_i + X'_{it}\beta + u_{it}, \ i=1, \ \cdots, \ N, \ t=1, \ \cdots, \ T \quad (4-4)$$

其中，因变量 y_{it} 设置为是否违约，自变量 X_{it} 设置为信贷参数，λ_i 为截距，u_{it} 为误差干扰项，而 X_{it} 中包含了 N 个随着时间变化，随着个体变化，或随着时间和个体同时变化的随机变量。先对两边的参数中包含时间的参数求平均消除时间对整体的影响，而后利用公式计算个体效应，从而突出个体对最终结果的显著性影响。由于所得数据主要以参数为主的截面数据，同时为验证个体参数对是否违约这一最终结果的影响，故使用个体固定效应模型进行检验它们间的相关性。

4.3.2 基于固定效应模型的检验

在信贷风险识别过程中，为了检验问卷数据的效果及参数的有效性，需对被识别对象进行数据处理后，利用固定效应模型进行检验。下面将根据章节 4.1.3 有关样本数据的统计标准，同样将种植业根据流转土地亩数计算生产规模，畜牧养殖统一转化为猪进行计算（具体转化如上所述），然后使用 EViews10.0 软件对各类新型农业经营主体参数进行固定效应模型检验，如表 4-23 所示。

表 4 - 23　新型农业经营主体信贷风险影响因素固定效应模型检验结果

参数	经济作物类		大田作物类		畜牧养殖类	
	系数	标准误差	系数	标准误差	系数	标准误差
C	0.7387 ***	0.0263	0.2093 ***	0.0203	0.2945 ***	0.033926
X_1	-0.0073 ***	0.0009	-0.0594 ***	0.0058	-0.0324 ***	0.009165
X_2	-0.0034 ***	0.0003	0.0026 ***	0.0002	0.0028 ***	0.000385
X_3	-0.0701 ***	0.09	0.1720 ***	0.0051	-0.0748 ***	0.011362
X_4	0.0435 ***	0.004	0.0228	0.0027	0.0046 **	0.00478
X_5	0.0002 ***	0.007	0.0002 ***	0.0052	0.0026 ***	0.007313
X_6	0.0995 ***	0.0052	0.0668 ***	0.0046	0.0648 ***	0.006684
X_7	0.0314 ***	0.0056	0.1135 ***	0.0046	0.0392 ***	0.006495
X_8	0.0024 ***	0.0004	-0.0035 ***	0.0002	-0.0019 ***	0.000408
X_9	0.0495 ***	0.0075	-0.0699 ***	0.0051	0.1002 ***	0.0091
X_{10}	-0.00005 ***	0	-0.000042 ***	0.0004	0.000025 ***	0.0001
X_{11}	0.0209 ***	0.0057	0.0286 ***	0.0051	0.0551 ***	0.0087
X_{12}	0.0001 ***	0.000006	0.00018 ***	0.00002	-0.0000241 ***	0.0006
X_{13}	-0.1099 ***	0.008	0.039 ***	0.0094	-0.0464 ***	0.0005

续表

参数	经济作物类		大田作物类		畜牧养殖类	
	系数	标准误差	系数	标准误差	系数	标准误差
X_{14}	0.0135 ***	0.0028	0.1401 *	0.0025	0.0108 ***	0.0027
X_{15}	−0.0990 ***	0.00002	0.0613	0.00009	0.0621 ***	0.0001
X_{16}	−0.0257 ***	0.0074	0.0722 ***	0.004	−0.0872 ***	0.0076
X_{17}	−0.0429 ***	0.0074	0.0480 ***	0.0009	0.0150 ***	0.0067
X_{18}	−0.0986 ***	0.0003	0.000162 ***	0.0042	−0.3504 **	0.0004
X_{19}	0.0401 ***	0.0056	−0.1202 ***	0.0046	0.0013 ***	0.0066
X_{20}	−0.001 ***	0.0073	0.0000982 ***	0.0046	−0.00014	0.0098
X_{21}	−0.0374 ***	0.0061	0.0542 ***	0.003	−0.0718 ***	0.007
X_{22}	−0.5612 ***	0.0041	−0.5292 ***	0.0017	−0.2373 ***	0.0053
X_{23}	0.0787 ***	0.0028	0.2667 ***	0.0004	0.0692 ***	0.0079
X_{24}	0.0001 ***	0.0001	0.000000048 ***	0.0002	−0.00003 ***	0.0001
X_{25}	0.0409 ***	0.0002	−0.0352 ***	0.0049	0.0073 ***	0.002
X_{26}	0.1535 ***	0.0064	−0.0421 ***	0.0047	0.0257 ***	0.0085
X_{27}	0.0045 ***	0.0069	0.0021 ***	0.0047	0.0017 ***	0.0081

续表

参数	经济作物类		大田作物类		畜牧养殖类	
	系数	标准误差	系数	标准误差	系数	标准误差
X_{28}	-0.1242 ***	0.0066	-0.1174 ***	0.0047	-0.0372 ***	0.0067
X_{29}	0.0456 ***	0.0065	-0.0920 ***	0.0061	0.020 ***	0.0084
X_{30}	0.1383 ***	0.0067	0.2883 *	0.0058	-0.0153 ***	0.0072
X_{31}	-0.0233	0.0087	-0.0984 ***	0.0054	0.1024 ***	0.0076
X_{32}	-0.0158 ***	0.0086	-0.0599 ***	0.0054	-0.0162 ***	0.0103
X_{33}	-0.0555 ***	0.005	0.0518 ***	0.0038	-0.0870 ***	0.0064

注：*、**、*** 分别代表 10%、5%、1% 的水平上显著。
资料来源：笔者根据 EViews10.0 软件对各类新型至农业经营主体参数计算结果绘制。

4.3.3 显著性与有效性分析

通过固定效应模型可以发现，所研究筛选的 33 个参数中，三个行业的新型农业经营主体变量基本都通过了显著性检验，P 值基本都小于 0.05，通过检验。其中，经济作物类新型农业经营主体信贷风险影响因素 33 个参数中，只有 "'三品一标'认证情况" 没有通过显著性检验，而其他参数的 P 值均小于 0.05，通过检验；大田作物类新型农业经营主体信贷风险影响因素 33 个参数中，"经营者文化程度" 和 "当地信用环境" 没有通过显著性检验，而其他参数的 P 值均小于 0.05，通过检验；畜牧养殖类新型农业经营主体信贷风险影响因素 33 个参数中，"是否有对外担保" 没有通过显著性检验，而其他参数的 P 值均小于 0.05，通过检验。

针对上述个别参数未通过显著性检验，再次咨询专家，有以下三点原因：一是当前经济作物种植规模相对较小，大部分新型农业经营主体更多考虑农产品的变现能力，未从长远考虑增加三品一标认证后的经济效益，从调查看，产品认证过 "三品一标" 的经营主体议价能力相对较强，发生价格风险的概率较低，因而尽管未通过检验，但对全面识别市场风险必不可少；二是水稻等大田作物作为基础粮食，经济效益不高，目前种植主体以拥有多年经验的经营者为主，但调查发现经营者逐渐向年轻化、高学历方向发展，他们的信用意识和经营能力更强，同时大田作物种植需大量土地，一般分布在经济欠发达地区，而这类地区的信用环境相对较差，信用意识淡薄、资金挪用和跟风违约等道德风险案例时有发生，因此仍需将经营者文化程度和当地信用环境列入指标体系中；三是由于畜牧养殖投入相对较大，经营者为了获取银行信贷资金担保人数较多，担保链产生连带传染效应的可能性非常高，产生信贷风险的可能性也很高，因此是否有对外担保这一参数有重要意义，需保留。

4.4

基于 probit 模型的信贷风险识别

通过模糊层次分析和固定效应模型，已基本上对新型农业经营主体信贷风险影响因素的权重结构和有效性进行了分析，同时剔除与筛选出了一套较为完善的参数体系。由于得到了有效的参数识别，故将利用判断模型对参数进行测试分析。在判断模型中，logistics 模型与 probit 模型为现行中使用最多的，而在初步判断中需利用逻辑判断模型进行初始判断，由于样本数据比较接近于正态分布，而 probit 模型在运用过程中对正态分布数据计算较为准确，所以选取 probit 模型。在判断过程中关键在于找出哪些重要影响因素，分别在多少置信区间下对信贷违约显著。因此，通过构建 probit 模型，对处理过的样本数据按照行业分类，分别进行影响因素识别，并在此基础上计算出各类经营主体的违约概率模型。

4.4.1 probit 模型的构建

probit 模型最早由加德姆和贝斯（Gaddum and Bliss）于 1933 年提出，将解释变量概率转换成对应的正态偏差思想，建立了离散数据与连续正态分布间的关系，由非线性迈入线性。芬尼（Finney）出版《概率分析》后，probit 模型开始广泛用于二分类被解释变量中，并可同时考虑多个解释变量。假设有 X 个解释变量，Y 是一个取值为 0、1 的分类变量，认为 $Y=1$ 的概率是关于 X 的函数可用式（4-5）来表示：

$$P_\tau(Y=1 \mid X) = \pi(X) \qquad (4-5)$$

假定 $\pi(X)$ 和 X 间满足式（4-6）：

$$\pi(X) = \varphi(\alpha + X'\beta) \qquad (4-6)$$

其中，α，β 是参数，$\varphi(*)$ 表示标准正态分布函数，则可表式为式（4-7）：

$$P(Y = 1 \mid X) = \varphi(\alpha + X'\beta) \qquad (4-7)$$

上述模型中，因变量 Y 为是否违约，自变量 X 为信贷风险筛选的参数。probit 模型将临界概率值（通常为 0.5）作为判定事件是否发生的标准，假如结果大于临界值则判定事件发生，反之则不会发生。对调研数据利用 probit 分析在将所有参数综合考虑情况下，哪种参数的影响会更大。而信贷风险是计算其中的临界概率和其中的逻辑风险，非违约即正常，所以 probit 模型完全适配于信贷风险测算。

4.4.2　probit 模型识别风险影响因素

（1）经济作物类新型农业经营主体信贷风险影响因素。

根据表 4-24 有关 probit 模型中经济作物类主体信贷风险影响因素结果可知，在考虑所有参数影响下共有 15 个参数较为显著。其中有无违约记录、生产规模、有无专业技术人员、健康状况、有无简单的电子化管理、土地流转年限、有无环保等政策风险 7 项参数，在 1% 和 5% 水平上显著性较高，而其他参数在 10% 的水平上为显著。有无违约记录最显著，说明信贷主体以往的信用记录，即使征信报告显示均正常，但网贷和民间借贷违约记录往往被忽视，且一般很难被发现，从而导致信用风险发生的概率较高；生产规模存在一个相对最优范围，规模太大往往会由于管理和成本控制不到位，使经营风险增大；专业技术人员的配备和简单的电子化管理，都说明生产经营的规范程度、管理能力和应对风险能力，这些与生产经营结果直接相关，与违约概率间接相关；经营者的健康状况，直接决定了生产的可持续性与经营好坏；土地流转年限的长短，会造成主体持续经营的不稳定和损失的可能性，从而增加经营风险；政策风险对于农业生产经营来说始终存在或多或少的影响，尤其对政策扶持和补贴政策的把握会直接影响经营风险大小；产品是否为当地名优特产，虽然从统计结果来看显著性不高，但从调查看，如果经济作物是当地名优特产，则市场风险发生概率比普通产品低很多。

（2）大田作物类新型农业经营主体信贷风险影响因素。

根据表 4-24 有关 probit 模型中大田作物主体信贷风险影响因素结果可知，有 9 个参数较显著。其中有无专业技术人员和是否购买农业保险，在 1% 的水平上显著，有无违约记录、是否有对外担保和有无长期稳定的生产资料购买渠道等，在 5% 的水平上显著，而其他参数在 10% 的水平上显著。有无专业技术人员在很大程度上对大田作物的产量、成本控制等生产情况产生较大影响；而农业保险的购买可有效弥补遭受自然灾害的损失，现实中部分经营主体往往出于成本考虑少买甚至不买保险，这无形中增加风险发生的可能性；有无违约记录与经济作物类经营主体情况一致，不再赘述；对外担保相当于增加了预计负债，且非常容易受担保链或担保圈的影响，因此也会增加违约概率；有长期稳定的生产资料购买渠道，则经营主体就会有相对质优价廉的生产资料供应，尤其对大田作物种植来说还可以有农资的赊销和账期，从而大大降低资金压力和成本，从源头降低经营风险和市场风险。由此可见，大田作物类新型农业经营主体信贷风险显著性影响因素最少，调查中发现信贷风险也最小。

（3）畜牧养殖类新型农业经营主体信贷风险影响因素。

根据表 4-24 有关 probit 模型中畜牧养殖类主体信贷风险影响因素计算结果可知，有 15 个参数在 10% 的水平上显著。其中，有无违约记录、有无管理经验、产品是否为当地名优特产、有无专业技术人员、对市场价格行情的把握、是否购买农业保险、当地信用环境、有无简单的电子化管理和有无长期稳定的销售渠道等显著性相对较高。有无违约记录，在各类主体信贷风险分析中都非常显著，不再赘述；管理经验对畜牧养殖有较大影响，管理经验越足，则效率越高和成本控制越好，能有效降低经营风险；产品是当地名

表 4 - 24　　新型农业经营主体信贷风险影响因素 probit 模型结果

	经济作物类					大田作物类					畜牧养殖类			
参数	标准误差	误差 Z	系数值	P 值 ($>|Z|$)	参数	标准误差	误差 Z	系数值	P 值 ($>|Z|$)	参数	标准误差	误差 Z	系数值	P 值 ($>|Z|$)
X_2	-0.0362	0.0154	-2.342*	0.0192	X_3	-0.6501	0.3688	-1.763*	0.0779	X_1	-9.1440	49.87	-1.833*	0.0668
X_5	0.0202	0.0071	2.847**	0.0044	X_5	0.01115	0.0053	2.089*	0.0367	X_2	0.2073	0.111	1.868*	0.0617
X_6	0.6714	0.2726	2.462*	0.0138	X_{13}	-0.9050	0.4300	-2.105**	0.0091	X_3	13.6900	7.251	1.888*	0.0590
X_{10}	-0.0019	0.0007	-2.539*	0.0111	X_{15}	1.4410	0.5533	2.605*	0.0353	X_6	6.4450	3.476	1.854*	0.0637
X_{13}	-2.7780	0.7253	-3.831***	0.0001	X_{16}	-1.1540	0.3470	-3.325***	0.0009	X_{13}	5.1463	2.987	1.723*	0.0849
X_{15}	-0.7591	0.3645	-2.083*	0.0373	X_{20}	1.0640	0.3877	2.744**	0.0061	X_{15}	13.4900	6.7391	2.001*	0.0454
X_{18}	-0.6791	0.3414	-1.989*	0.0467	X_{22}	-1.4030	0.4042	-3.471***	0.0005	X_{16}	4.7030	2.406	1.955*	0.0506
X_{19}	0.4004	0.1967	2.036*	0.0417	X_{31}	0.1938	0.1074	1.806*	0.0709	X_{19}	-9.1940	4.582	-2.006*	0.0448
X_{20}	0.0206	0.0098	-2.103*	0.0354	X_{32}	-0.7472	0.2780	-2.688**	0.0072	X_{20}	0.1369	0.06805	2.012*	0.0442
X_{22}	-2.2159	0.3405	-6.507*	7.6E-06						X_{22}	-11.3700	4.751	-2.393*	0.0167
X_{24}	0.0016	0.0003	4.483***	0						X_{25}	-37.2800	17.78	-2.097*	0.0360
X_{25}	0.3098	0.1202	2.578**	0.0090						X_{26}	8.0580	4.325	1.863*	0.0624
X_{26}	1.4564	0.3589	4.057***	0						X_{28}	-4.3630	2.37	-1.841*	0.0656
X_{27}	0.0421	0.0135	3.112**	0.0018						X_{29}	4.9870	2.415	2.065*	0.0390
X_{28}	-0.6426	0.2888	-2.225*	0.0261						X_{33}	-7.2280	3.978	-1.817*	0.0692

注：*、**、***分别代表 10%、5%、1% 的水平上显著。
资料来源：笔者绘制。

优特产，有可能形成产业集聚和规模效应，因而在市场供求和价格形成上都具有一定优势，这对于降低市场风险具有较好作用；有无专业技术人员，在瘟疫疾病防控、料肉比等生产成本控制及生产过程管理等方面差距很大，能在很大程度上影响经营风险的大小；由于养殖业受瘟疫疾病等自然灾害影响较多，因此购买农业保险能在一定程度上降低由于灾害疾病等不确定因素引发的经营风险；由于养殖业除了简单的电子化管理外，其他生产设施投入相对较大，这对于经营主体的资产实力要求较高，如果大部分靠银行贷款投入则其信贷风险也会相对较高；畜牧养殖产品价格波动较大，对市场价格行情的把握和有长期稳定的销售渠道显得非常重要，尤其是订单农业等模式能够有效规避市场供求和价格波动的影响，从而能降低市场风险。由此可见，畜牧养殖类新型农业经营主体信贷风险影响因素相对最多，也最复杂。

4.4.3　违约概率模型分析

经过模糊层次分析法和固定效应模型分析筛选，整体参数与德尔菲法专家打分较一致，留下显著性较高的或存在相关性的参数，最终以较为有效的参数来进行测试检验，增加后续实证的准确度。经由 probit 模型可计算出三类新型农业经营主体信贷风险影响因素改进参数概率公式，结合之前表格里的系统参数，剔除不显著的参数，只筛选显著的参数，并结合 probit 的公式模型，最终得出三种类型的新型农业经营主体违约概率模型。

经济作物类新型农业经营主体的违约概率模型如式（4-8）所示：

$$\begin{aligned} pro = 1.8661 &- 0.0362x_2 + 0.0201x_5 + 0.6713x_6 - 0.0018x_{10} \\ &- 2.7785x_{13} - 0.7591x_{15} - 0.6791x_{18} + 0.4004x_{19} \\ &+ 0.0206x_{20} - 2.2158x_{22} + 0.0016x_{24} + 0.3098x_{25} \\ &+ 1.4564x_{26} + 0.0421x_{27} - 0.6426x_{28} \end{aligned} \quad (4-8)$$

大田作物类新型农业经营主体的违约概率模型如式（4-9）所示：

$$pro = 0.1741 - 0.6501x_3 + 0.0111x_5 - 0.905x_{13} + 1.441x_{15}$$
$$- 1.154x_{16} + 1.064x_{20} - 1.403x_{22} + 0.1938x_{31} - 0.7472x_{32}$$
$$(4-9)$$

畜牧养殖类新型农业经营主体的违约概率模型如式（4-10）所示：

$$pro = -0.3728 - 9.144x_1 + 0.2073x_2 + 13.69x_3 + 6.445x_6 + 5.1463x_{13}$$
$$+ 13.49x_{15} + 4.703x_{16} - 9.194x_{19} + 0.1369x_{20} - 11.37x_{22}$$
$$- 37.28x_{25} + 8.058x_{26} - 4.443x_{28} + 4.987x_{29} - 7.228x_{33} \quad (4-10)$$

probit 模型不但可以进行显著参数系数的识别，也可以对违约概率进行建模，而违约概率模型作为 probit 模型的附属产物，也可以提供一定的参考，但是利用 probit 模型进行多参数修正信贷违约概率时，计算较为简单，可能会增加风险概率的误差，同时在参数的利用率上也不是很高，无法有效覆盖全部参数的贡献因子，这是 probit 模型的部分缺点。然而一定程度看，probit 模型可以有效降低概率模型的复杂程度，同时为后续模型嵌套计算增加了相关可行性，如复杂网络程度计算过程可以得到有效的简化。为了进一步优化信贷违约概率模型，增加风险识别的准确度，同时在利用指标体系识别后进行后续的风险评估，下面将引入 BP 神经网络与基于遗传算法的 BP 神经网络，对新型农业经营主体信贷风险概率与违约期望值进行计算，在给出模型评判结果的同时给出相关的违约期望值。

4.5

本章小结

本章先通过田野调查和德尔菲法，初步设计和完善了新型农业经营主体信贷风险调查问卷和影响因素参数表，随后通过多轮专家打分对众多影响因素进行筛选评价，得出一套较为完整的风险识别参数体系，然后在此基础上通过进一步实证调查搜集整理 1165 份浙江新型农业经营主体有效信贷样本数据，对其进行描述性统计和数据处理，分析了各参数分布的方式与范围，接着又先后通过模糊层次分析法与固定效应模型，分别对所选参数权重及显著性和有效性进行分析，最后运用 probit 模型对影响新型农业经营主体信贷风险主要影响因素进行识别。

本章研究发现：（1）通过模糊层次分析法分别对新型农业经营主体的三级指标进行权重构造分析可知，信用风险在整体信贷风险中的权重占比为 0.3370，经营风险的权重为 0.3834，市场风险的权重为 0.2796，尤其明确了有无环保等政策风险、是否购买农业保险和有无长期稳定的销售渠道等经营风险和市场风险参数指标的重要性；（2）通过固定效应模型检验可知，本书研究筛选的 33 个信贷风险影响因素中，三类新型农业经营主体的变量 P 值基本都小于0.05，通过了显著性检验，只有产品有无认证"三品一标"、经营者文化程度和当地信用环境等个别变量未通过检验，这说明本书所选变量的有效性非常高；（3）通过构建 probit 模型，分别针对不同类型的新型农业经营主体信贷样本数据进行识别，从众多影响因素中识别出，有无违约记录、有无专业技术人员、有无简单的电子化管理和是否购买农业保险等指标参数，分别在不同显著性水平上对各类新型农业经营主体信贷风险的显著性都相对较高，从而计算出各类经营主体的违约概率模型。

然而，本章虽然初步明确了新型农业经营主体信贷风险的主要影响因素，但后续仍需进一步确定出各主要影响因素分别对各信贷风险发生发展的影响程度，尤其是各风险影响因素对导致信贷违约的概率和损失期望值的大小，从而为后续新型农业经营主体信贷风险的评估与控制决策提供关系依据并奠定量化基础。

第5章

新型农业经营主体
信贷风险的评估

第4章中，虽然对新型农业经营主体信贷风险主要影响因素进行了遴选和识别，初步明确了信贷风险的触发事件，同时利用 probit 模型对参数进行有效性检验，得出了初步的信贷违约概率模型，但一些含有有效信息的参数没有得到很好的利用，尚未能确定出各主要影响因素与信贷风险发生发展间的影响关系，尤其是尚未通过模型的构建，评估其引发最后风险及造成信贷违约损失的可能性，加上风险发生和发展缺乏明确的事实证据，从而导致对它的风险评估与控制决策研究缺乏必要的分析基础。因此，如何基于遴选与计算出的不同信贷风险主要影响因素及其权重，设计主要基于第一还款来源的创新型风险评估指标体系，并采用 BP 神经网络等更加有效的机器学习方法，对各类主体信贷风险发生的可能性及造成的损失期望值进行评估，进而提高风险的有效控制，具有非常重要的意义。

本章将在综合各家银行涉农信贷业务报告、客户调查表及贷款申请表等信息基础上，一方面，归纳总结出现有银行涉农信贷风险评估指标涉及的 13 个主要信息作为参数，同时根据前面风险识别的 33 个参数指标设计创新型风险评估指标体系，分别运用 BP 神经网络对现有和新建两套指标体系，在风险评估准确率和有效性方面进行比对；另一方面，由于 BP 神经网络很容易陷入局部极值，造成训练过拟合甚至失败，因此利用遗传算法做数次基因迭代，对神经网络的权值和阈值进行修正与优化，在不同连接函数与层数间进行程序的耦合，不仅降低其收敛于局部极小问题，还增加了数据预测的准确性及灵敏度修正等问题，并且运用两类模型对新建评估指标体系再次进行测试比对，从而来选择更优的指标体系和方法来评估信贷违约期望值，最终发挥两者的优势来进一步提高风险评估效率。

5.1

新型农业经营主体信贷风险评估指标体系的设计

虽然现有很多农村金融机构都或多或少地开展了各类涉农信贷业务，但是除各地农商行（农信社）外，这块业务整体占比较低，因此对此类业务的风险评估，一方面，仍然停留在主要基于抵押和担保等第二还款来源的评估上；另一方面，与传统信贷业务共用同一套系统，没有开发专门的涉农信贷风险评估指标体系，这样难免会在风险评估的全面性、系统性、科学性和准确性方面存在较大缺陷，因此非常有必要对现有涉农信贷风险评估指标体系进行全面深入的分析并加以改进。

5.1.1　现有银行涉农信贷风险评估指标体系

为了进一步深入了解和分析现有银行涉农信贷业务风险评估工作，通过搜集各家银行涉农信贷客户调查表、贷款申请表和评级系统中的信息等进行归纳总结，尤其是通过对涉农信贷业务规模投放相对较高的各地农商行、农业银行和邮储银行的调查，基于它们诸如《农村个人生产经营贷款业务申请表》《农村个人生产经营贷款业务调查表》《个人信贷担保人情况表》《农户财务状况简表》《农村个人生产经营贷款面谈记录》及《农户小额贷款调查报告》等能真实反映现有涉农信贷业务风险评估过程的信息。因此，基于以上资料相关的指标信息，结合与涉农信贷银行高管及一线信贷人员访谈，归纳总结出核心评估指标。

表 5-1 是汇总了浙江农信系统、农业银行和邮储银行三家主要涉农信贷银行业务开展中的风险评估相关指标，各家银行的指标设计各有侧重，关注的主要指标基本接近，这反映了它们在风险评估过程中所关注的要点。然而，虽然表面上看起来各家银行的风险评估指标还是比较全面的，但是通过仔细分析发现，尤其是通过与这几家银行的高管以及一线信贷人员的访谈可以知道，对于涉农业务来讲，无论是个人贷款还是企业贷款，他们最关心的首先是足额的抵押或强有力的担保，只要这个足够其他指标面上过得去即可，其次才来关注信贷主体的偿债能力和道德风险等信用风险指标，最后才参考营收利润等较难判断的第一还款来源指标。基于此，现有涉农信贷银行风险评估指标体系中是否拥有足额抵押担保的权重最高，然后根据上述顺序依次设计权重，这就导致很多由于缺少抵押担保的新型农业经营主体较难通过其风险评估系统，尤其在申请30万~50万元以上的经营性贷款时，往往受制于现有的信贷政策而受到信贷约束，因此亟须对此指标体系进行改进。

表 5-1　　　现有银行涉农信贷业务风险评估指标汇总

业务类别	一级指标	二级指标
个人贷款	贷款信息	性别、年龄、学历、婚姻状况、政治面貌、工作年限、健康状况、贷款额度、贷款期限、个人品质、贷款用途、担保方式、贷款方式、还款方式
	家庭基本情况	家庭人数、劳动人口、供养人口、房屋情况、不良信用记录
	家庭收支情况	家庭年收入、销售收入、其他收入、家庭年支出、经营支出、生活支出
	家庭财务状况	流动资产、非流动资产、总资产、各项负债、净资产

业务类别	一级指标	二级指标
个人贷款	项目情况	经营规模、经营年限、场所面积、雇佣人数、经营周期、增信机制、产品特征、交易对象、销售情况、净利润、贷款占比
	保证人情况	保证人姓名（单位）、上年纯收入、对外担保额度、净资产
	抵/质押情况	抵/质押物名称、抵/质押物价值、抵/质押率、变现能力
企业贷款	基本情况	公司名称、注册时间、企业性质、注册资本、法人代表、生产规模、员工人数、历史沿革、关联企业、对外投资、负面信息
	经营情况	所处行业、业务结构、主要设备、固定资产投入、上下游企业
	财务情况	近三年资产负债表、存货明细、应收账款、应付账款、纳税等辅助信息、资金流水
	授用信情况	金融机构授信、授信使用情况
	担保情况	授信抵押担保情况、价值评估、对外担保情况、担保圈情况

资料来源：笔者基于《农村个人生产经营贷款业务申请表》《农村个人生产经营贷款业务调查表》《个人信贷担保人情况表》《农户财务状况简表》《农村个人生产经营贷款面谈记录》及《农户小额贷款调查报告》绘制。

5.1.2　评估指标体系的改进及设计

为进一步分析现有银行涉农信贷业务风险评估指标体系的优缺点，从而在此基础上分析如何改进和完善，现将浙江农信系统、中国农业银行和中国邮政储蓄银行三家主要涉农信贷业务银行的风险评估指标，抵押担保等除外，对银行间常用指标进行提炼，同样如章节4.1.1所述，由于农业企业样本占比很少，因此为了分析便利，在适当考虑其相关指标参数情况下，主要针对个人贷款业务进行提炼，具体如表 5 – 2 所示。

表 5 – 2　　　　　现有银行涉农信贷业务风险评估指标体系

参数		含义
因变量	是否违约	违约 =1，不违约 =0
自变量	性别	男 =0，女 =1
	年龄	连续变量
	婚姻状况	未婚 =0，已婚 =1，离婚 =2
	从业年限	连续变量
	生产规模	连续变量
	家庭总资产	连续变量
	销售利润率	利润/销售收入
	资产负债率	负债/总资产
	尚未偿还银行借款	连续变量
	其他借款数额	连续变量
	是否有对外担保	是 =0，否 =1
	有无长期稳定的销售渠道	有 =0，无 =1
	有无长期稳定生产资料购买渠道	有 =0，无 =1

资料来源：笔者绘制。

　　然而，按照前期理论梳理、实证调研和专家打分综合分析发现，现有银行涉农信贷业务风险评估指标体系存在以下三点不足，因而需要有针对性改进和完善。

　　（1）规范和完善信用风险评估指标。

　　现有银行风险评估指标体系中，除抵押担保的权重较高外，其余主要针对信用风险设计，然而新型农业经营主体信用风险在整体风险占比中相对较低，主要可能是其他几类风险通过相互间传染最终以信用风险形式表现出来。因此，为进一步规范和完善信用风险评估指标,在第4章风险识别指标基础上,按三级指标分类原则,将信用风险评估指标分为客户基本情况、偿债能力和道德风险三个二级指标,三级指标分为性别、年龄、婚姻状况、文化程度、健康状况、有无管理经验、有无企事业单位工作经历、从业年限、兼业/专业、家庭总资产、尚未偿还银行借款、其他借款数额、有无违约记录、贷款是否熟人介绍、当地信用环境。

(2)突出第一还款来源的经营风险指标。

现有银行信贷风险评估指标体系中,很少将经营风险单独作为一大风险进行设计指标,事实上根据前期的实证调研和模型分析发现,经营风险是引发新型农业经营主体信贷风险最主要的风险,而且主要基于第一还款来源的经营风险评估指标能在很大程度上准确评估出潜在的风险隐患。因此,为了进一步规范和完善经营风险评估指标,尤其突出第一还款来源的相关指标,同样在第4章风险识别指标的基础上,按照三级指标分类的原则,本书将经营风险的评估指标分为自然风险、财务风险、技术风险、生产管理风险和政策风险等二级指标,三级指标再细分为是否购买农业保险、总资产负债率、销售利润率、农业生产设施投入、是否有对外担保、是否有对外投资、有无专业技术人员、有无机械自动化设备、生产规模、有无简单的电子化管理、有无环保等政策风险、土地流转年限等。

(3)重视市场行情和价格波动等指标影响。

现有银行信贷风险评估指标体系也很少对市场风险进行单独评估,主要由于农产品市场行情和价格随季节等因素波动较大,数据难以采集且不准确导致测算比较困难,然而这些指标直接影响到新型农业经营主体的第一还款来源,并间接影响其还款和履约能力,具有非常重要的作用。因此,为进一步规范和完善市场风险评估指标,同样在第4章风险识别指标基础上,按照三级指标分类的原则,将市场风险的评估指标分为价格风险和供求风险两个二级指标,三级指标再细分为对市场价格行情的把握、产品是否为当地名优特产品、是否注册商标、"三品一标"认证情况、有无长期稳定的生产资料渠道、有无长期稳定的销售渠道等。

5.1.3 基于第一还款来源的风险评估指标体系

在前面分析基础上，结合各参数特性进行整理，并依托现有银行信贷风险评估指标体系，分别对信用风险、经营风险和市场风险等指标进行完善和确认，尤其进一步明确了大量基于第一还款来源的指标参数，使整体指标更加科学完善，从而最终设计创新型的新型农业经营主体信贷风险评估指标体系，如表 5-3 所示。

表 5-3　　　　新型农业经营主体信贷风险评估指标体系

一级指标	二级指标	三级指标
信用风险	基本情况	X_1：性别
		X_2：年龄
		X_3：婚姻状况
		X_4：文化程度
		X_5：健康状况
		X_6：有无管理经验
		X_7：有无企事业单位工作经历
		X_8：从业年限
		X_9：兼业/专业
	偿债能力	X_{10}：家庭总资产
		X_{11}：尚未偿还银行借款
		X_{12}：其他借款数额
	道德风险	X_{13}：有无违约记录
		X_{14}：贷款是否熟人介绍
		X_{15}：当地信用环境

一级指标	二级指标	三级指标
经营风险	自然风险	X_{16}：是否购买农业保险
	财务风险	X_{17}：总资产负债率
		X_{18}：销售利润率
		X_{19}：农业生产设施投入
		X_{20}：是否有对外担保
		X_{21}：是否有对外投资
	技术风险	X_{22}：有无专业技术人员
		X_{23}：有无机械自动化设备
	生产管理风险	X_{24}：生产规模
		X_{25}：有无简单的电子化管理
	政策风险	X_{26}：有无环保等政策风险
		X_{27}：土地流转年限
市场风险	价格风险	X_{28}：对市场价格行情的把握
		X_{29}：产品是否为当地名优特产
		X_{30}：是否注册商标
		X_{31}："三品一标"认证情况
	供求风险	X_{32}：有无长期稳定的生产资料购买渠道
		X_{33}：有无长期稳定的销售渠道

资料来源：笔者结合参数特征，并依托现有银行信贷风险评估体系整理而得。

5.2

BP 神经网络与基于遗传算法的 BP 神经网络比较

信贷风险评估除了要设置科学合理的评估指标体系外，如何选择合适高效的模型和工具，对于评估结果的准确性具有非常重要的作用。信贷风险评估理论，先后经历了传统主观分析、财务相关比率分析和 AI 人工智能分析等应用阶段，而上一章进行测试使用的 probit 模型就是较为普遍的财务相关比例分析工具，经常用来进行显著性分析。为了适应近年来 AI 人工智能和 IT 技术的快速发展，信贷风险评估的思路与方法也更加多样化，例如，神经网络、遗传算法及决策支持系统等先进技术，逐渐大量被引入风险评估领域，从而有效克服了传统计量分析方法对数据严格要求的假设，同时运算准确度更高。

正如前述的信贷风险管理国内外研究现状表明，BP 神经网络由于其自身可通过不断调整网络层级之间的权值和阈值，来不断调整算法以达到最优训练效果，能较高地实现评估的准确率，因此近年来被广泛应用于信贷风险评估领域。然而，由于 BP 神经网络很容易陷入局部极值，容易造成训练过拟合甚至失败，因此为了更好地实现其推广应用价值，本书主要通过调整、修正模型自身相关参数来规避其固有的应用缺陷，并将遗传算法策略与神经网络相结合，提出了运用遗传算法加强网络训练策略，通过比较两者的优劣，从而使得改进后的模型更具有应用上的可操作性和准确性，最终通过发挥两者的优势来进一步提高风险评估的效率。

5.2.1 BP 神经网络的模型构建

在得到一套较为完整的信贷参数体系后，本节需要对数据进行进一步的实证，而这里选用的 BP 神经网络模型进行进一步的实证计算。

1980 年以来，罗纳德·威廉斯（Ronald Williams）等人提出了 BP 算法，BP 算法可以非常有效地解决多层感知器如何进行学习的问题，并且为后来神经网络的发展奠定了基础。BP 神经网络是以 BP 算法为基础的一种单向传播多层前向网络，包括输入层、隐藏层和输出层。它的基本思想是梯度下降法，利用梯度搜索技术，从而使网络实际输出和期望输出值间的误差均方差达到最小。BP 神经网络的计算过程由正向和反向两种计算过程组成。正向计算过程，主要是外来信息从输入层先经过隐藏层再逐层向后处理，然后转向输出层，其中每层神经元的状态只能影响到下一层神经元的状态，但各层神经元之间都互不影响。如果计算过程在输出层得不到所期望的输出结果，则会转入反向传播，不仅将误差信号沿原来连接通路逐层返回，而且通过修改各神经元的权值进行反复计算，最终使误差信号最小。因此，BP 神经网络在对样本的逻辑判断以及分类判断上面有独特的优势，利用黑盒网络，可以有效快速地学习，到达判断函数的动态拟合效果。同时对各类不规则函数都有有效的拟合作用，理论上讲 BP 神经网络可以拟合全部函数。

神经网络的输入层为初始参数，中间层根据 $\log_2 A$ 来选择节点数，A 为输入层节点数，输出层为目标结果，其结构如图 5 - 1 所示。

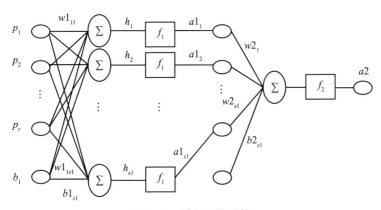

图 5 - 1　神经网络结构

资料来源：笔者根据 BP 神经网络的计算过程整理绘制。

（1）确定中间层神经元数。

目前确定中间层神经元数的方法有两种：一种是剔除法，这种方法费时费力，同时需要消耗大量的时间，易出错但是计算会更为准确；另一种是公式法，这种方法普遍性较高，同时可以有效地提高计算效率，在一定情况下比剔除法更准确，但是公式法运算时也需要进一步地筛选。具体使用筛选对比的公式包括以下三种：

①$n_1 = \sqrt{m + n} + a$，m、n 分别为输出层和输入层神经元数，a 为 $[1, 10]$；

②$n_1 = \log_2 n$，其中 n 为输入层神经元数；

③ $\sum_{i=0}^{n} C_n^i > k$，k 为样本数，n_i 为中间层神经元数，n 为输入层神经元数，其中 $i > n_i$，$C_n^i = 0$。

（2）选择最佳算法。

由于 BP 神经网络都不是现成的程序与算法，每一层神经网络的模拟与计算都需要依据结果进行调整及训练，在训练过程中算法较多，且不同组合计算出的优化性能也不尽相同。因此，在 BP 神经网络计算过程中，要对参数及算法进行排列优化，选择最佳的算法。

神经网络的初始算法为基础算法，由于基础算法无法满足新型农业经营主体信贷风险评估的要求，会造成误差较高，所以需要对基础算法进行进一步的修正与改进。另外，神经网络中的分布行数非常多，分为学习规则函数算法、性能函数算法、传输函数算法及误差函数算法。在针对众多算法进行筛选对比，同时对函数内的结构进行优化，防止出现相关算法的 bug 以及数据冲突，结合相关的误差率进行选择，而内部涉及的筛选算法过于庞大，故展示的算法为最终算法，以下算法作为运算函数的最终算法：

①学习规则函数的选择：LMS 算法。模型将使用 LMS 算法，或者称为 Widrow – Hoff（WH）的学习规则来调整网络的权值和阈值，这是一种沿着误差的最陡下降方向，从而对前一步权值向量进行修正的方法。更好地减少权值变化时候产生的梯度误差：

对于 Q 个训练样本

$$\{p_1, t_1\}, \{p_2, t_2\} \cdots \{p_Q, t_Q\} \tag{5-1}$$

Widrow – Hoff 学习规则的主要思想是要找到最佳的 W 和 b, 从而使得各神经元输出的均方误差最小。神经元的均方误差如式 (5-2) 所示:

$$mse = \frac{\sum_{k=1}^{Q} (t_k - a_k)^2}{Q} = \frac{\sum_{k=1}^{Q} e_k^2}{Q} \tag{5-2}$$

其中, Q 表示训练的样本数, a 表示神经元输出的实际值, t 表示神经元输出的期望值。

②性能函数的选择: LM 算法。LM 算法与拟牛顿法类似, 目的都是在以近似二阶训练速率进行修正时, 为了避免计算海塞矩阵而设计的, 而当误差性能函数具有平方和误差的形式时 (训练前馈网络的典型误差函数), 则海塞矩阵可以近似地表示为式 (5-3):

$$H = J^T J \tag{5-3}$$

同时梯度的计算表达式为式 (5-4):

$$g = J^T e \tag{5-4}$$

其中, H 是指包含网络误差函数, 对权值和阈值一阶导数的雅可比矩阵, 而 e 是网络的误差向量。其中, 雅可比矩阵可通过标准前馈网络技术进行计算, 它比海塞矩阵的计算要简单很多。类似于牛顿法, 可以对 LM 算法, 用上述近似海塞矩阵按照式 (5-5) 进行修正:

$$x(k+1) = x(k) - [J^T J + \mu I]^{-1} J^T e \tag{5-5}$$

当系数 μ 为 0 时, 式 (5-5) 即为牛顿法; 而当系数 μ 的值很大时, 式 (5-5) 则变为步长较小的梯度下降法。由于牛顿法逼近最小误差的速度更快且更精确, 应尽可能使算法接近牛顿法, 当每一步成功迭代后 (即误差性能减小), 使 μ 减小; 只在尝试性迭代后的误差性能出现增加情况下, 才使 μ 增加。如此, 该算法每一步经过迭代后误差性能总是最小。LM 算法主要为了训练中等规模的前馈神经网络而提出的最快速算法 (最多达数百个连接权), 它对

MATLAB 实现也是相当有效的，因为矩阵的计算在 MATLAB 中是以函数实现，所以属性在设置时变得非常明确。

③传输函数的选择：sigmoid 函数。BP 神经网络中所采用的传输函数通常为 sigmoid 函数，如式（5-6）所示：

$$f(x) = \frac{1}{1+e^{-x}} \qquad (5-6)$$

当然在某些特定情况下，还可采用纯线性（pureline）函数。加入 BP 神经网络的最后一层为 sigmoid 函数，则整个网络的输出就限制在 0~1 的连续量；假如最后一层是纯线性函数，则整个网络的输出可以取任意值。

④误差函数的选择：MSE（均方误差）函数。该函数主要用来描述模型输出结果和真实结果差距，即量化其回归损失，如式（5-7）所示：

$$MSE(y, y_-) = \frac{\sum_{i=1}^{n}(y_- - y)^2}{n} \qquad (5-7)$$

其中，y 为真实结果，y_- 为输出结果，n 为样本个数。

完成以上特定步骤后，对模型进行试运算，根据模型的运行时间、反应速度、计算效率以及准确度进行程序及算法上的微调，得到最终的运行实证模型。

然而，相对来说优化后的 BP 神经网络计算对信贷风险评估的优势有以下六点。

①神经网络弥补了传统计量模型固有的劣势，可有效处理拥有非线性模式的数据；从而降低了对数据的要求，能够更好地处理现实生活中实际发生的数据，尤其像农业信贷评估过程中搜集的碎片化、不连续和不规则的信贷样本数据。

②优化后的神经网络有效减少了运算时间，原本需要 4 秒，现减少到 1~2 秒。

③优化后的神经网络在计算过程中误差相较基础算法下降了

30% 以上。

④提高预测结果的精确度。神经网络拥有通用的逼近能力，例如，强大的表达能力和计算能力，是一种理想的模式和规则的发现及学习器，能较好地掌握已有数据的发展规律并对未来的发展趋势进行分析。依据已有的违约实例，抓取关键性的违约因子，形成判断，对于防御防范信贷风险的发生具有较强的理论意义。

⑤神经网络对比 logistic 与 probit 在处理逻辑判断时，不仅有较快、较准的计算优势，而且内生演算与突变激发功能较为明显。

⑥神经网络在信贷风险评估领域的应用，是传统实践问题与最新理论成果的跨学科结合，对于传统信贷风险评估问题的突破是一次很好的尝试，也是未来相关风险评估研究的发展方向之一。

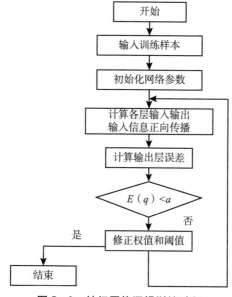

图 5 - 2　神经网络逻辑训练过程

资料来源：笔者整理绘制。

5.2.2 基于遗传算法的 BP 神经网络模型构建

遗传算法作为 BP 神经网络的进阶版，可以更加准确有效地评估新型农业经营主体信贷风险情况，在后期计算时，将选用遗传算法作为优化的函数。

遗传算法来源于达尔文的自然选择说，在不同的生活条件下往往会表现出不同的个体差异，而且可能存在过度繁殖。在环境变化和生存斗争中，能适应环境变化的个体生存下来并且能不断繁衍后代，而不能适应环境的个体则会被淘汰。生存下来的个体则拥有有利于适应当下环境的基因，并且淘汰了大部分不适应环境的基因。利用这种选择策略并模拟个体间的变异和繁殖，从而提出了遗传算法。

1975 年，密西根大学约翰·霍兰德（John Hollandt）教授首次提出了遗传算法，这是模仿自然生物进化原理发展起来的，随机全局搜索与优化的方法，它借鉴生物进化学说，具有极强的鲁棒性和稳定性，从而被广泛应用于语音识别、图像处理、遗传编码、机器学习等众多前沿学科。与神经网络的局部搜索算法不同的是，遗传算法主要采用一种高效且并行全局搜索算法，在搜索转化过程中自动获取并积累有关被计量空间的知识，因此具有良好的全局寻优能力，从而避免陷入局部极小值，在拥有较快运算速度的同时，还可以有效处理任意形式的目标函数和约束，并在全局范围内操作任意结构对象。基于以上特点，部分学者对该算法进行研究用于调节神经网络的初始权值和阈值，期待得到更快的收敛速度，避免陷入局部极小值。

遗传算法搭载 BP 神经网络来优化模型的优势也非常明显，将遗传算法引入 BP 神经网络，其高度并行的全局搜索算法，两者的结合不仅可以克服 BP 神经网络自身的不足，有助于避免 BP 神经网络陷入局部极小值的问题，而且还可以提高网络的收敛速度，增强它的学习能力以及模型泛化的推广能力，从而使模型具有更好的表现。与标准 BP 神经网络相比，基于遗传算法改进 BP 神经网络主要包含三个部分，首先是确定 BP 神经网络结构，其次是以遗传算法为基础进行多次迭代来获得最优初始权值和偏置值，最后是利用 BP 神经网络对数据进行预测。在模型结构的确定部分，主要根据所要解决的问题来确定模型的输入输出参数，而遗传算法确定初始权重和偏置值则主要是计算个体适应度值，主要通过选择、交叉和变异等操作来确定最优个体所对应的权值和偏置值；在运算过程中，由于每个参数个体都包含神经网络的全部权值和阈值，所以只需将该参数个体的值赋予 BP 神经网络的权值和阈值，而 BP 神经网络预测则主要根据前两步来确定网络最终结构，从而对新数据进行预测以得出结果。遗传算法主要步骤如下：

（1）生成初始种群。对随机产生初始化种群进行编码以构成染色体，即个体。

（2）测算种群中个体的适应值。

适应值（fitness）主要用于衡量每个个体在种群中对环境适应好坏的程度。在样本种群中，抽取每个个体所有可能的解都有其对应的适应值，适应度函数就是用来计算适应值而设计的，一般是根据目标函数的要求进行设定，因而可以反映需要解决的问题。当求目标函数最小值时，适应度函数表示为式（5-8）：

$$F = k\left[\sum_{i=1}^{n} abs(y_i - o_i)\right] \qquad (5-8)$$

其中，n 为节点数，y_i 则为神经网络第 i 个节点的期望输出值；而 o_i 为第 i 个节点的预测输出值，k 为系数。

（3）选择进入下一代的个体。

选择（select）根据生物进化论中的"适者生存"法则，使用特定的原则选择种群中优良个体的遗传信息并传递到下一代，淘汰低质个体的遗传信息。遗传算法中使用的选择操作算子属于轮盘法选择，首先通过计算种群的总适应度，然后计算每个个体的累计适应度，假设为第 i 个个体的适应度，累计适应度的计算公式如式 (5-9) 所示：

$$q_i = \sum_{j=1}^{i} P(x_j) \qquad (5-9)$$

接着随机生成 n 个在 $[0, 1]$ 范围内的随机数，假设随机数的值落在该区之间，那么选择第 i 个个体来作为下一代种群中的个体。

(4) 按交叉概率进行交叉 (crossover) 操作。

交叉操作来源于生物学中基因重组的过程，这里主要采用单点交叉算法，它的思想是：首先，随机挑选两个个体作为父代为交叉操作做好准备；其次，随机选择染色体上的其中一点作为交叉点。如果挑选的两个父代已经达到了目标交叉概率，则两个染色体交叉点后的基因就都会相互交换。单点交叉的优点，不仅不会对作为亲本的优秀基因造成较大破坏，而且可以提高遗传算法搜索的能力。具体交叉过程如图 5-3 所示。

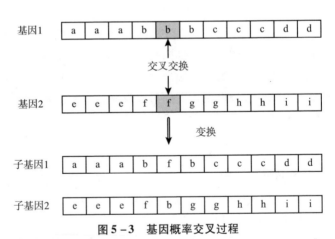

图 5-3　基因概率交叉过程

资料来源：笔者整理绘制。

（5）按照变异概率进行变异操作。

由于遗传算法的变异操作同样是为了适应新的生活环境，因而模拟生物随着环境的变化而变化。单点突变的思想主要是随机选择个体，按照设定的突变概率来改变染色体上相应的基因，以获得新的个体（见图 5－4）。适度的变异操作不仅可以加强整个算法的局部搜索能力，而且可以加速收敛到最优解，来保持种群的多样性，从而防止算法的过早收敛。

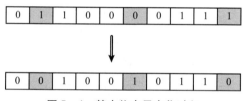

图 5－4　基本位变异变化过程

资料来源：笔者整理绘制。

（6）遗传算法的终止。

当种群中的最优个体适应度一旦达到算法对目标函数设定的阈值，或迭代数达到预设值，则算法终止。一般将迭代数设在 100～500。

（7）遗传算法的实现。

①种群的初始化。个体编码方法为实数编码，每个个体为一个实数串，它们由输入层与隐藏层连接权值、隐藏层阈值、隐藏层与输出层连接权值及输出层阈值 4 个部分组成。个体包含了神经网络的全部权值和阈值，当在网络结构已知的情况下，可以构建一个结构、权值和阈值确定的神经网络。

②适应度函数。通过个体得到的 BP 神经网络初始权值和阈值，运用训练数据来训练 BP 神经网络后以预测系统输出，同时将预测输出和期望输出间的误差绝对值 E 及作为个体适应度值的 F，计算公式如式（5－10）所示：

$$F = k\Big[\sum_{i=1}^{n} abs(y_i - o_i)\Big] \qquad (5-10)$$

其中，n 为网络输出的节点数，而 y_i 为 BP 神经网络第 i 个节点的期望输出值，o_i 为第 i 个节点的预测输出值，k 为系数。

③选择操作。遗传算法选择操作属于轮盘赌法，是基于适应度比例的选择策略，而每个个体 i 的选择概率 p_i 为：

$$f_i = \frac{k}{F_i} \qquad (5-11)$$

$$p_i = \frac{f_i}{\sum\limits_{j=1}^{N} f_i} \qquad (5-12)$$

其中，F_i 为个体 i 的适应度值，因为适应度值越小则越好，所以在个体进行选择前，对适应度值求倒数，其中 k 为系数，N 为种群个体的数目。

④交叉操作。由于个体主要采用实数编码，因此交叉操作方法采用实数交叉法，而第 k 个染色体 a_k 与第 l 个染色体 a_l，它们在 j 的交叉操作方法如式（5 - 13）、式（5 - 14）所示：

$$a_{kj} = a_{kj}(1-b) + a_{lj}b \qquad (5-13)$$
$$a_{lj} = a_{lj}(1-b) + a_{kj}b \qquad (5-14)$$

其中，b 是 [0，1] 之间的随机数；交叉操作有效增加数据随机性，减少单一规律数据对结果产生指定性偏导。

⑤变异操作。选择第 i 个个体中的第 j 个基因 a_{lj} 进行变异操作，如式（5 - 15）所示：

$$a_{ij} = \begin{cases} a_{ij} + (a_{ij} - a_{max}) \times f(g) \times r > 0.5 \\ a_{ij} + (a_{min} - a_{ij}) \times f(g) \times r \leqslant 0.5 \end{cases} \qquad (5-15)$$

其中，a_{max} 为基因的上界，而 a_{min} 为基因下界；$f(g) = r_2\Big(1 - \dfrac{g}{G_{max}}\Big)^2$，$r_2$ 为一个随机数，g 为当前迭代次数，G_{max} 为最大的进化次数，r 为 [0，1] 间的随机数。

此操作在交叉变异的基础上进一步优化权值和阈值的随机性与

变异性，从而选择更有效的数据。

⑥代入 BP 神经网络优化。在完成一系列操作后，将最优配解的权值和阈值代入 BP 神经网络中进行循环迭代计算，得出较优解。

遗传算法最优解的具体流程如图 5-5 所示。

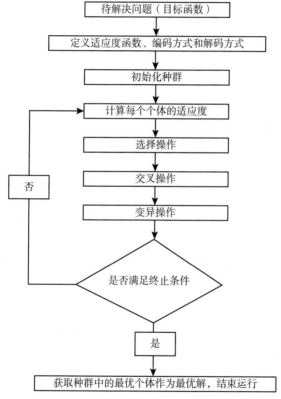

图 5-5　遗传算法最优解流程

资料来源：笔者整理绘制。

5.2.3 两种模型的比较分析

BP 神经网络运算时，可以利用三层神经网络以任意精度逼近任何非线性连续函数，同时 BP 神经网络在训练时，能够通过学习自动提取输入、输出数据间的"合理规则"，并自适应地将学习内容记忆于网络的权值中，即 BP 神经网络具有高度自学习和自适应的能力。同时可以有效优化分类，可以利用新的规则对结果进行分析及自我调节。除此之外容错率也比较高，即使局部或者部分神经元受损，对全局的训练结果不会造成较大的影响，就是说即使系统在受到局部损伤时还是可以正常工作的，即 BP 神经网络具有一定的容错能力。而在信贷风险评估上，对于违约与不违约的目标结果，BP 神经网络可以更加快速、准确地对目标群体进行分析，前提需要具备一定量的标的变量以达到权值和阈值的准确性。

基于遗传算法的 BP 神经网络，优化了 BP 神经网络的局部搜索能力，对其初始权值进行了局部改善与优化。在未优化前，BP 神经网络很容易陷入局部极值，权值容易收敛到局部极小点，从而导致整体 BP 神经网络训练过拟合甚至失败。而遗传算法修正了 BP 神经网络对初始网络权重非常敏感的问题，在提高评估准确度及拟合度过程中，首先，对神经网络权值阈值进行修正与手动调优，在不同的连接函数与层数间进行程序的耦合，而且在权值和阈值优化前通过做数次基因迭代，以达到最优适应度后输出初始权值和阈值；其次，对新的初始权值和阈值做一个相互交叉迭代，确定新的层数与层间的关系，这样有效降低了 BP 神经网络收敛于局部极小问题，虽然仍存在一定的小概率进入局部极小问题，但概率有非常大的降低；最后，利用遗传算法控制种群的初始化状态、规模、变异概率、交叉置换的风险参数编码、进化代数及成熟度的特性优化 BP 算法。此外，拥有更高的算法收敛度，不易丢失迭代变异过程中有效信息的能力，以及在种群有效更新的同时减少高阶模式被破坏的概率等优势，都让遗传算法在一系列混合提优过程中，相较于 BP 神经网络增加了数据的预测准确性及灵敏度修正等问题。

而具体分析遗传算法计算过程，其较为突出的能力有以下四个：第一，与问题领域无关，切换快速随机的搜索能力非常强；第二，搜索从群体出发，具有潜在的并行性，可以进行多个个体的同时比较，运算更加地稳健；第三，使用概率机制进行迭代，具有计算的随机性；第四，可拓展性更强，可嵌套到其他模型。相较一般的 BP 神经网络或者人工神经网络，遗传算法改进神经网络在运算时可以更有效地降低其中的误差，但是需要从每一个权重权值和阈值进行调整，这样为信贷风险评估更精准、高效提供了相关的基础。然而遗传算法自身也存在一定问题，没有能够及时利用网络的反馈信息，故算法的搜索速度比较慢，要得到较精确的解需要较多的训练时间；同时遗传算法的编程实现比较复杂，最初需要对问题进行编码，找到最优解之后还需要对问题进行解码，因此整体消耗时间太长，运算过程中也无法中断等，所以在实际应用中需对上述问题加以注意。

5.3

基于 BP 神经网络的信贷风险评估指标体系检验

为了验证 BP 神经网络在信贷风险评估中的应用条件和效果，在上文各家银行涉农信贷业务报告、客户调查表及贷款申请表等信息基础上，归纳总结出现有银行涉农信贷风险评估指标涉及的 13 个主要信息作为参数，同时与表 5 - 3 上新建的 33 个指标参数分别进行实证与模拟。通过神经网络模型构建、训练和结果分析，按照经济作物、大田作物和畜牧养殖三类新型农业经营主体将信贷样本数据分三组，在相同测试条件下，按照训练集和测试集，分别对上述银行参数和新建参数两套指标体系进行检验评估效果，最终通过比较两套指标体系下各类主体信贷样本神经网络分析的权值和阈值，比较出双方在拟合度、预测准确度上的优劣，从而为进一步提高神经网络在信贷风险评估中的应用找到理论与实证依据。

5.3.1 数据整理、样本选取与实证

将现有银行涉农信贷调查表中涉及的有关农业信贷风险评估的13个主要信贷指标作为参数进行分析求解，为便于区别传统银行信贷风险评估指标体系与本书新建的新型农业经营主体信贷风险评估指标体系，下文均以银行参数与自建参数两者命名相关图表以示区别，具体银行参数预测信息如表5－4所示。

表5－4　　现有银行涉农信贷业务风险评估指标体系预测

	参数	含义	预测方向
因变量	是否违约	违约＝1，不违约＝0	
自变量	性别	男＝0，女＝1	＋
	年龄	连续变量	＋
	婚姻状况	未婚＝0，已婚＝1，离婚＝2	－
	从业年限	连续变量	－
	生产规模	连续变量	＋
	家庭总资产	连续变量	＋
	销售利润率	利润/销售收入	＋
	资产负债率	负债/总资产	－
	尚未偿还银行借款	连续变量	－

续表

参数		含义	预测方向
自变量	其他借款数额	连续变量	-
	是否有对外担保	是 = 0，否 = 1	+
	有无长期稳定的销售渠道	有 = 0，无 = 1	-
	有无长期稳定生产资料购买渠道	有 = 0，无 = 1	-

资料来源：笔者整理而得。

新型农业经营主体信贷风险调查表中，经济作物类、大田作物类以及畜牧养殖类产品使用相同的参数，同样用 MATLAB R2019a 构建 BP 神经网络，并对样本信贷风险进行预测。将上述 13 个风险因素作为网络训练的输入层，是否违约作为输出层，即输入层节点为 13 个，输出层节点为 1 个，隐含层个数为 round（$\log_2 13$），值为 4，对 BP 神经网络进行多次训练，找到训练精度最高、误差最小的模型。

整体的计算思路如下六个步骤。

（1）首先对数据进行分离分组。

为防止数据的有序性对整体数据结果产生影响，现将整体数据进行随机打乱样本顺序并转秩而后利用。

（2）分离自变量与因变量后建立训练集和测试集。

将整体自变量与因变量数据分为 80% 与 20%，其中 80% 作为训练集，剩下的 20% 为测试集，同理，将划分好的训练集也进行再一次划分，而为了增加计算的普遍适用性，在设置筛选训练集和测试集时，对算法进行调整，将固定筛选训练集及测试集变为随机筛选。

（3）进行分组分类后将数据进行归一化处理。

（4）对归一化的数据进行隐藏层与输出层的计算。

（5）对神经网络体进行参数设置，将筛选优化后的算法写入目标程序中去。

（6）为增加计算的准确性及普遍性，这里将测试集的运算及训练集的运算进行 10 次循环迭代计算，最后得到 net 网络最后输出结果。

在运算过后，需要对数据的可靠度和预测能力进行评价，在此引入混淆矩阵。混淆矩阵也称误差矩阵，是表示精度评价的一种标准格式，用 n 行 n 列的矩阵形式表示，其中会产生准确度、精确度、灵敏度以及特异度。准确率也可称为预测准确度，其定义为预测正确的结果占总样本的百分比，是对模型预测能力及拟合优度的最直接、最直观的评判标准；精确度又叫精准度、查准率，它是针对预测结果而言的，它的含义是在所有被预测为正的样本中实际为正的样本的概率，意思就是在预测为正样本的结果中，有多少把握可以预测正确；灵敏度表示的是所有正例中被分对的比例，衡量了模型或分类器对正例的识别能力；特异度表示的是将负例识别为正例的情况占所有负例的比例，衡量了模型或分类器对负例的识别能力。因此，通过这几项变化度可以了解模型的可靠性以及对数据的预测能力。

5.3.2 基于银行参数评估指标体系的实证与数据模拟

（1）银行参数经济作物类样本 BP 神经网络分析结果。

对经济作物样本信贷风险进行分析，只包含上述 13 个参数，共 458 个样本数据。选取 366 个样本作为训练集，剩余 92 个样本作为测试模拟集进行预测模拟。由模型得出的结果可知，366 条训练样本中，被判断正确的概率达 88.50%；做预测时，经济作物 BP 神经网络的预测准确率为 69%，具体结果如图 5-6 所示。

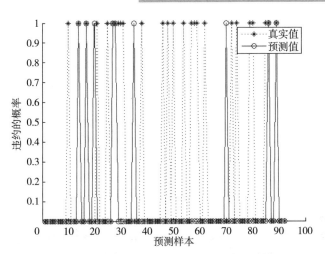

图 5 - 6　银行参数经济作物 BP 神经网络预测准确率

注：准确率为仿真结果与原始数据对比准确度，acc = 0.69。

资料来源：笔者根据 MATLAB R2019a 软件计算结果绘制。

　　进一步通过实证结果进行分析，由图 5 - 7 可知，BP 神经网络在预测经济作物的银行参数时需要进行训练模型，而训练完的模型也不一定能 100% 拟合原数据，故利用产生的混淆矩阵来观测误差与匹配度，训练模型认为样本是正向反馈值（positive）并与实际值保持一致的数量为 273，占整体数量的 74.6%，认为是负向反馈值的数量为 51，占整体数量的 13.9%，而产生二类错误的数量是 25，占整体数量的 6.8%，而剩下的为一类错误，数量为 17，占整体数量的 4.6%。训练模型对训练数据的预测准确度为 88.5%，精确度为 91.6%，灵敏度为 94.1%，特异度为 67.1%，F1 分数为三级指标其计算方法为二倍的精确度与灵敏度的积除以两者之和，F1 分数的取值范围从 0 到 1，1 代表模型的输出最好，0 代表模型的输出结果最差，最后计算出 F1 分数的值为 0.928，说明该模型输出结果较好。

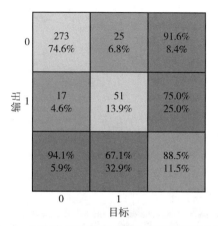

图 5 - 7   银行参数经济作物 BP 神经网络混淆矩阵

资料来源：笔者根据 MATLAB R2019a 软件计算结果绘制。

　　为了防止出现过拟合现象，再次将训练数据集合划分成三组：训练集、验证集、测试集，其中训练集为总体训练数据集合的 75%，验证集为总体训练数据集合的 15%，测试集为剩下的所有数据集合，占整体总体集合的 10%。其中只有训练集数据即训练集合参加 BP 神经网络训练，其他两部分数据集合均不参加训练，而是用于后面的检验说明。而由图 5 - 8 可知，训练集合 R 为 0.705，验证集合 R 为 0.795，测试模拟集合 R 为 0.640 拟合效果较差，整体拟合度为 0.709。

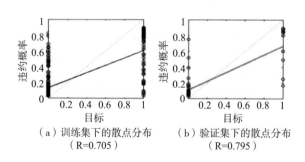

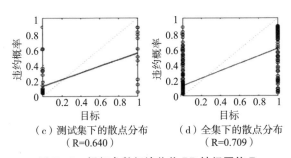

（c）测试集下的散点分布　　　　（d）全集下的散点分布
（R=0.640）　　　　　　　　（R=0.709）

图 5 - 8　银行参数经济作物 BP 神经网络 R

资料来源：笔者根据 MATLAB R2019a 软件计算结果绘制。

由图 5 - 9 可知，根据梯度下降法（gradient）函数，在全步长为 6 的情况下，系统通过判断这个误差是否存在连续 6 次检验后不下降，假如不下降或者出现上升，这说明训练集的误差已不再减小，从而不存在更好的效果，这时应停止训练，没必要再继续了。由图 5 - 10 可知每代均方误差（MSE）的变化过程，由于经过 10 次循环训练模型的，均方误差在一开始就达到了最优，最后输出结果为首次进化结果。同时，由图 5 - 11 可知预测模型的方差误差基本集中在 - 0.1 ~ 0，误差率较小。

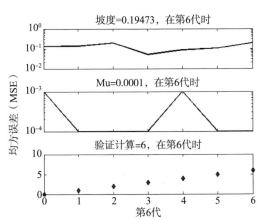

图 5 - 9　银行参数经济作物 BP 神经网络坡度

资料来源：笔者根据 MATLAB R2019a 软件计算结果绘制。

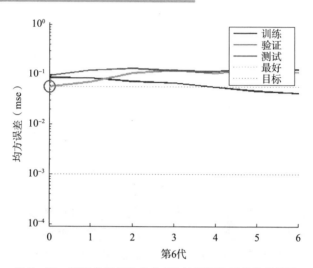

图 5 - 10   银行参数经济作物 BP 神经网络最佳迭代效果

资料来源：笔者根据 MATLAB R2019a 软件计算结果绘制。

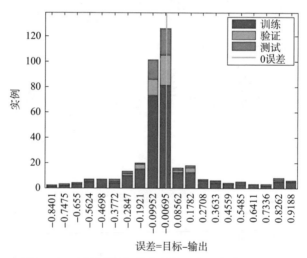

图 5 - 11   银行参数经济作物训练验证检验误差直方

资料来源：笔者根据 MATLAB R2019a 软件计算结果绘制。

将经济作物相关参数代入即可求得最终的概率函数，具体如式（5-16）所示：

$$Pro = purelin\big[\, w_{11}^{(4,5)} \cdot tansig(\sum_{n=1}^{13} w_{n1}^{(1,2)} + b_1^{(2)}) + w_{21}^{(4,5)}$$

$$\cdot tansig(\sum_{n=1}^{13} w_{n2}^{(1,2)} + b_2^{(2)}) + w_{31}^{(4,5)} \cdot tansig(\sum_{n=1}^{13} w_{n3}^{(1,2)}$$

$$+ b_3^{(2)}) + w_{41}^{(4,5)} \cdot tansig(\sum_{n=1}^{13} w_{n4}^{(1,2)} + b_4^{(2)}) + w_{51}^{(4,5)}$$

$$\cdot tansig(\sum_{n=1}^{13} w_{n5}^{(1,2)} + b_5^{(2)}) + b_1^{(4)}\,\big] \qquad (5-16)$$

其中，w 为权值 b 为阈值，$w_{ij}^{(k,h)}$ 代表该权值为第 k 层的第 i 个节点到第 h 层的第 j 个节点的权值，$tansig = \dfrac{2}{1+e^{-x}} - 1$。

银行参数经济作物新型农业经营主体相应权值阈值数值，见表5-5所示。

表5-5　　　　银行参数经济作物相关权值阈值系数

$W(ij)$	1	2	3	4	5	6	7
1	-0.215	0.208	0.587	0.166	-0.718	-0.730	-1.239
2	-0.255	-0.054	1.604	2.437	3.148	-2.861	0.827
3	0.648	-1.033	-0.094	0.204	0.829	-2.506	-0.574
4	-0.575	-1.783	1.140	1.616	0.527	-0.018	-4.689

$W(ij)$	8	9	10	11	12	13	14	bi
1	0.158	-0.108	1.063	-0.732	0.170	-1.127	0.158	1.056
2	0.725	-0.095	-0.997	-0.070	-0.237	0.012	0.725	-1.264
3	0.164	0.475	-2.356	-0.678	1.047	-1.608	0.164	-0.711
4	0.482	0.221	1.228	-0.771	2.203	1.280	0.482	0.103

资料来源：笔者根据 MATLAB R2019a 软件计算结果绘制。

（2）银行参数大田作物类样本 BP 神经网络分析结果。

同样对大田作物样本信贷风险进行分析，只包含上述 13 个参数，共 387 个样本数据。选取 310 个样本作为训练集，剩余 77 个样本作为测试模拟集进行模拟测试。由模型得出结果可知，310 条训练样本中，被判断正确的概率达 98.40%；由图 5 - 12 可知，在做预测时，大田作物 BP 神经网络预测准确率仅为 45%。

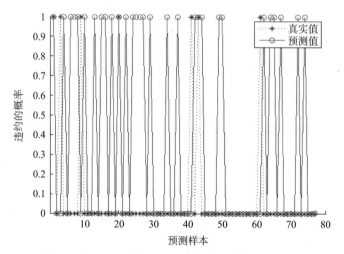

图 5 - 12　银行参数大田作物 BP 神经网络预测准确率

注：预测准确率由仿真结果与原始数据对比准确度来测量，acc = 0.45。
资料来源：笔者根据 MATLAB R2019a 软件计算结果绘制。

进一步分析，由图 5 - 13 可知，BP 神经网络在预测大田作物银行参数时需要进行训练模型，认为样本中是正向反馈值（positive）并与实际值保持一致的数量为 280，占整体样本数量的 90.3%，认为是负向反馈值（negative）的样本数量为 25，占整体样本数量的 8.1%，而产生二类错误的样本数量是 2，占整体样本数量的 0.6%，剩下为一类错误，数量为 3，只占 1.0%。训练模型对训练数据的预测准确度为 98.4%，精确度为 99.3%，灵敏度为

98.9%，特异度为92.6%，F1 分数为三级指标其计算方法为 2 倍的精确度与灵敏度的积除以两者之和，计算出 F1 分数的值为 0.991，说明该模型的输出结果较好。

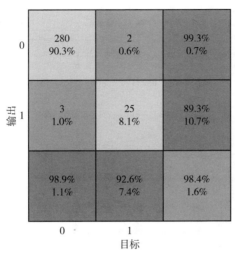

图 5 - 13　银行参数大田作物 BP 神经网络混淆矩阵

资料来源：笔者根据 MATLAB R2019a 软件计算结果绘制。

　　同样为了防止出现过拟合现象，再次将训练数据集合划分成三组：训练集、验证集、测试集，其中训练集为总体训练数据集合的 75%，验证集为总体训练数据集合的 15%，测试集为剩下的所有数据集合，占整体总体集合的 10%。其中只有训练集数据合参加 BP 神经网络训练，其他两部分数据集合均不参加训练，而是用于后面的检验说明。而由图 5 - 14 可知，训练集合 R 为 0.872，验证集合 R 为 0.984，测试模拟集合 R 为 0.992 拟合效果较好，整体拟合度 0.907。

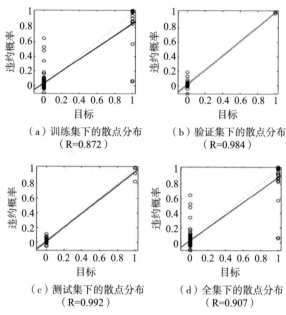

图 5 - 14　银行参数大田作物 BP 神经网络 R

资料来源：笔者根据 MATLAB R2019a 软件计算结果绘制。

　　图 5 - 15 为根据梯度下降法函数计算结果可知，在全步长为 6 的情况下，系统判断误差连续 6 次检验后不下降，停止训练。由图 5 - 16 可知每代均方误差（mse）的变化过程，同样也是经过了 10 次循环训练最后为首次最优。由图 5 - 17 可知预测模型的方差误差基本集中在 - 0. 070 ~ 0. 026，误差率较小，集中在 0 附近。

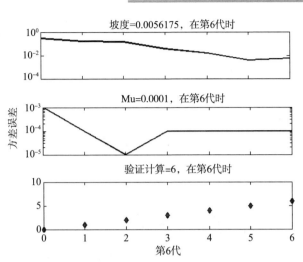

图 5-15　银行参数大田作物 BP 神经网络坡度

资料来源：笔者根据 MATLAB R2019a 软件计算结果绘制。

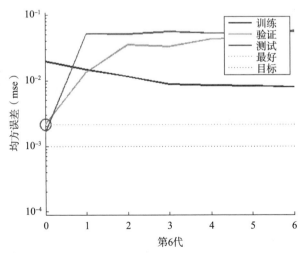

图 5-16　银行参数大田作物 BP 神经网络最佳迭代效果

资料来源：笔者根据 MATLAB R2019a 软件计算结果绘制。

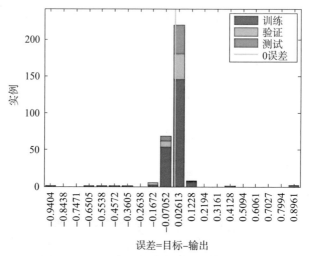

图 5 - 17　银行参数大田作物训练验证检验误差直方

资料来源：笔者根据 MATLAB R2019a 软件计算结果绘制。

同样，将大田作物相关参数代入即可求得最终的概率函数，如式（5 - 17）所示：

$$
\begin{aligned}
Pro = purelin\Big[& w_{11}^{(4,5)} \cdot tansig\Big(\sum_{n=1}^{13} w_{n1}^{(1,2)} + b_1^{(2)}\Big) + w_{21}^{(4,5)} \\
& \cdot tansig\Big(\sum_{n=1}^{13} w_{n2}^{(1,2)} + b_2^{(2)}\Big) + w_{31}^{(4,5)} \cdot tansig\Big(\sum_{n=1}^{13} w_{n3}^{(1,2)} \\
& + b_3^{(2)}\Big) + w_{41}^{(4,5)} \cdot tansig\Big(\sum_{n=1}^{13} w_{n4}^{(1,2)} + b_4^{(2)}\Big) + w_{51}^{(4,5)} \\
& \cdot tansig\Big(\sum_{n=1}^{13} w_{n5}^{(1,2)} + b_5^{(2)}\Big) + b_1^{(4)}\Big]
\end{aligned}
$$

(5 - 17)

其中，

$$
tansig = \frac{2}{1 + e^{-x}} - 1
$$

银行参数大田作物新型农业经营主体相应的权值和阈值数值，见表 5 - 6 所示。

表 5 - 6　　　　　　银行参数大田作物相关权值和阈值系数

$W(ij)$	1	2	3	4	5	6	7
1	0.142	0.199	- 0.399	0.275	- 0.538	- 0.439	0.613
2	- 0.461	0.237	- 0.754	- 0.205	0.449	- 0.015	- 0.416
3	0.333	- 1.112	0.420	0.649	- 0.167	- 0.049	2.953
4	- 0.406	- 0.594	0.114	0.222	0.000	0.665	- 0.594

$W(ij)$	8	9	10	11	12	13	14	bi
1	0.135	1.214	0.476	- 0.907	- 0.317	- 0.587	0.135	- 1.470
2	- 0.728	- 0.416	- 0.360	- 0.720	0.415	- 0.017	- 0.729	0.678
3	- 1.120	- 0.078	- 1.043	1.113	- 0.770	- 1.179	- 1.120	0.358
4	0.294	- 0.399	- 0.370	0.812	- 0.118	0.058	0.294	- 1.701

资料来源：笔者根据 MATLAB R2019a 软件计算结果绘制。

（3）银行参数畜牧养殖类样本 BP 神经网络分析结果。

同样对畜牧养殖类样本信贷风险进行分析，只包含上述 13 个参数，共 320 个样本数据。选取 256 个样本作为训练集，剩余 64 个样本作为测试集。由模型得出的结果可知，256 条训练样本中，被判断正确的概率达 95.30%；但做预测时，图 5 - 18 显示畜牧养殖 BP 神经网络的预测准确率仅仅为 32%，效果一般。

由图 5 - 19 可知，BP 神经网络在预测畜牧养殖类银行参数时需要进行训练模型，认为样本中是正向反馈值（positive）并与实际值保持一致的数量为 183，占整体数量的 71.5%，认为是负向反馈值（negative）的数量为 61，占整体数量的 23.8%，而产生二类错误的数量是 8，占整体的 3.1%，而剩下的为一类错误，数量为 4，占整体数量的 1.6%。训练模型对训练数据的预测准确度为 95.3%，精确度为 95.8%，灵敏度为 97.9%，特异度为 88.4%，F1 分数为三级指标其计算方法为 2 倍的精确度与灵敏度的积除以两者之和，计算出 F1 分数的值为 0.968，说明该模型的输出结果相对较好。

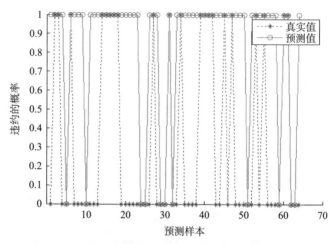

图 5 – 18　银行参数畜牧养殖 BP 神经网络预测准确率

注：预测准确率由仿真结果与原始数据对比准确度来测量，acc = 0.32。

资料来源：笔者根据 MATLAB R2019a 软件计算结果绘制。

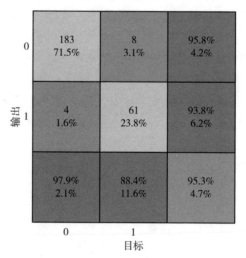

图 5 – 19　银行参数畜牧养殖 BP 神经网络混淆矩阵

资料来源：笔者根据 MATLAB R2019a 软件计算结果绘制。

同样为了防止出现过拟合现象，再次将训练数据集合划分成三组：训练集、验证集、测试集，其中训练集数据为总体的 75%，验证集数据为总体的 15%，测试集数据为剩下的 10%。其中只有训练集数据参加训练，其他数据均不参加训练，而是用于后面的检验说明。而由图 5－20 可知，训练集合 R 为 0.863，验证集合 R 为 0.857，测试模拟集合 R 为 0.995 拟合效果较好，整体拟合度为 0.879。

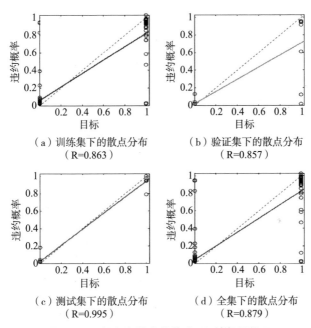

（a）训练集下的散点分布
（R=0.863）

（b）验证集下的散点分布
（R=0.857）

（c）测试集下的散点分布
（R=0.995）

（d）全集下的散点分布
（R=0.879）

图 5－20　银行参数畜牧养殖 BP 神经网络 R

资料来源：笔者根据 MATLAB R2019a 软件计算结果绘制。

图 5－21 为根据梯度下降法函数（gradient）计算结果可知，同样在设置 6 段步长的时候，系统停止训练。由图 5－22 可知每代均方误差（mse）的变化过程，而畜牧养殖的函数同样也是经过了 10 次循环训练最后得首次最优。由图 5－23 可知预测模型的方差误差基本集中在 －0.12～0.03 之间，误差率相对较大。

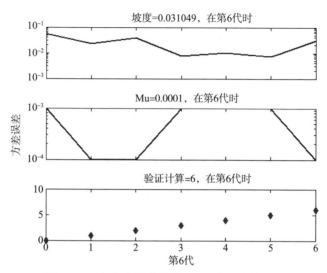

图 5－21　银行参数畜牧养殖 BP 神经网络坡度

资料来源：笔者根据 MATLAB R2019a 软件计算结果绘制。

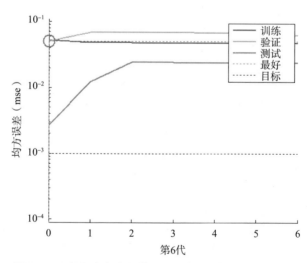

图 5－22　银行参数畜牧养殖 BP 神经网络最佳迭代效果

资料来源：笔者根据 MATLAB R2019a 软件计算结果绘制。

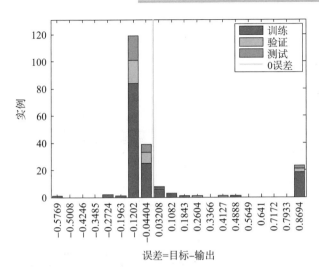

图 5 – 23　银行参数畜牧养殖训练验证检验误差直方

资料来源：笔者根据 MATLAB R2019a 软件计算结果绘制。

　　同样，将畜牧养殖相关参数代入即可求得最终的概率函数，具体如式（5 – 18）所示：

$$
\begin{aligned}
Pro = purelin\Big[& w_{11}^{(4,5)} \cdot tansig\big(\sum_{n=1}^{13} w_{n1}^{(1,2)} + b_1^{(2)} \big) + w_{21}^{(4,5)} \\
& \cdot tansig\big(\sum_{n=1}^{13} w_{n2}^{(1,2)} + b_2^{(2)} \big) + w_{31}^{(4,5)} \cdot tansig\big(\sum_{n=1}^{13} w_{n3}^{(1,2)} \\
& + b_3^{(2)} \big) + w_{41}^{(4,5)} \cdot tansig\big(\sum_{n=1}^{13} w_{n4}^{(1,2)} + b_4^{(2)} \big) + w_{51}^{(4,5)} \\
& \cdot tansig\big(\sum_{n=1}^{13} w_{n5}^{(1,2)} + b_5^{(2)} \big) + b_1^{(4)} \Big]
\end{aligned}
\tag{5 – 18}
$$

其中，
$$
tansig = \frac{2}{1 + e^{-x}} - 1
$$

　　银行参数畜牧养殖新型农业经营主体相应的权值阈值数值，如表 5 –7 所示。

表 5 - 7 银行参数畜牧养殖相关权值阈值系数

$W(ij)$	1	2	3	4	5	6	7
1	0.007	- 0.006	1.108	- 0.282	0.683	1.028	0.145
2	0.876	0.363	- 1.363	- 0.228	- 0.793	0.629	0.394
3	0.085	- 0.303	0.232	1.008	- 0.375	- 0.722	- 3.600
4	- 0.163	0.102	- 0.164	0.182	- 0.379	1.601	0.411
$W(ij)$	8	9	10	11	12	13	14	bi
1	- 0.1157	- 0.7138	0.011	0.107	- 0.1716	0.2903	- 0.1157	1.4357
2	- 2.7706	- 0.2272	- 1.8389	0.3478	0.318	2.8429	- 2.7706	0.3815
3	- 0.4643	0.8536	0.5035	0.7196	1.826	1.1005	- 0.4643	0.8241
4	- 0.1265	- 0.3746	0.7206	0.6185	0.4941	1.2597	- 0.1265	- 1.741

资料来源：笔者根据 MATLAB R2019a 软件计算结果绘制。

5.3.3 基于自建参数评估指标体系的实证与数据模拟

（1）自建参数经济作物类样本 BP 神经网络分析。

使用 MATLAB R2019a 构建 BP 神经网络，共 458 个样本，对 366 个新型农业经营主体信贷风险进行预测，具体流程包括确定训练样本、选择网络参数及相关函数、分析训练结果和预警网络风险。

①神经网络构建。将上述 33 个风险因素作为网络训练的输入层，是否违约作为输出层，即输入层节点为 33 个，输出层节点为 1 个，隐含层个数为 $\log_2 33$，取整后为 5。

②神经网络训练。设定好神经网络结构后，对训练参数进行设定，以混淆矩阵来说明训练集的准确度，其中 2×2 矩阵中的数据总和代表训练样本数据总量，百分比代表精度，以预测准确度 acc 来衡量测试模拟集的准确度，acc 为模拟结果与真实值相等的总测试集个数。对原经济作物样本信贷风险进行分析，包含之

前经过调研及专家打分筛选出来的 33 个参数，共 458 个样本数据。选取 366 个样本作为训练集，剩余 92 个样本作为测试集。由模型得出结果可知，366 条训练样本中，被判断正确概率达 93.7%；由图 5 - 24 可以发现做预测时，经济作物 BP 神经网络预测准确率为 73%，相较于之前银行传统信贷表提取参数做出的 69.3% 要高 3.7%。

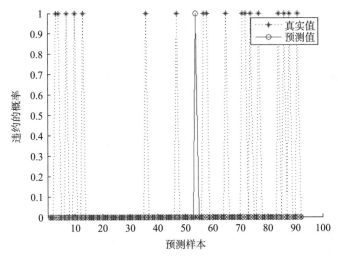

图 5 - 24 自建参数经济作物 BP 神经网络预测准确率

注：预测准确率由仿真结果与原始数据对比准确度来测量，acc = 0.73。
资料来源：笔者根据 MATLAB R2019a 软件计算结果绘制。

进一步通过实证结果分析，由图 5 - 25 可知，BP 神经网络在预测经济作物自建信贷参数时需进行训练模型，而训练完的模型也不一定能 100% 拟合原有数据，故利用产生的混淆矩阵来观测误差与匹配度，训练模型认为样本中是正向反馈值（positive）并与实际值保持一致的数量为 281，占整体数量的 76.8%，认为是负向反馈值（negative）的数量为 62，占整体数量的 16.9%，而产生二类错误的数量是 18，占整体数量的 4.9%，而剩下的为一类错误，数量为 5，占整体数量的 1.4%。训练模型对训练数据的预测准确度为 93.7%，精确度为 94.0%，灵敏度为 98.3%，特异度为 77.5%，F1 分数为三级指标其计算方法为 2 倍的精确度与灵敏度的积除以两者之和，F1 分数的取值范围为（0 ~ 1），1 代表模型的输出最好，0 代表模型的输出结果最差，最后计算出 F1 分数的值为 0.96101，以上分析说明该模型输出结果较好。

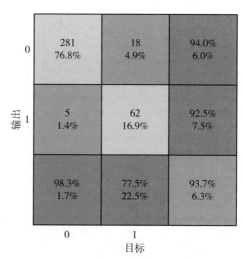

图 5 - 25　自建参数经济作物 BP 神经网络混淆矩阵

资料来源：笔者根据 MATLAB R2019a 软件计算结果绘制。

为了防止出现过拟合现象，再次将训练数据集合划分成三组：训练集、验证集、测试集，其中训练集为总体数据的 75%，验证集为总体数据的 15%，测试集为剩下的 10%。其中只有训练集数据参加训练，其他数据均不参加训练，而是用于后面检验说明。而由图 5 - 26 可知，训练集合 R 为 0.980，验证集合 R 为 0.854，测试模拟集合 R 为 0.942，拟合效果相对之前效果更好，整体拟合度为 0.953。

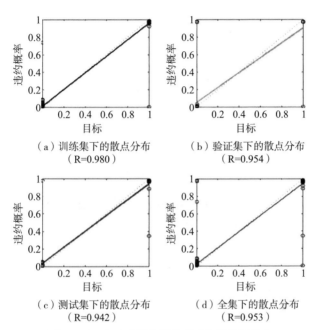

（a）训练集下的散点分布
（R=0.980）

（b）验证集下的散点分布
（R=0.954）

（c）测试集下的散点分布
（R=0.942）

（d）全集下的散点分布
（R=0.953）

图 5 - 26　自建参数经济作物 BP 神经网络 R

资料来源：笔者根据 MATLAB R2019a 软件计算结果绘制。

由图 5 - 27 可知，梯度下降法函数在设置连续 6 次迭代后误差趋于不变，为防止过度拟合。由图 5 - 28 可知每代 mse 的变化过程，由于经过 10 次循环训练模型，均方误差（mse）在一开始就达到最优，最后输出结果为首次进化结果。由图 5 - 29 可知预测模型的方差误差基本集中在 - 0.05 ~ 0.06，误差率较小。

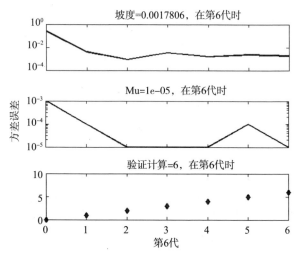

图 5 – 27　自建参数经济作物 BP 神经网络坡度

资料来源：笔者根据 MATLAB R2019a 软件计算结果绘制。

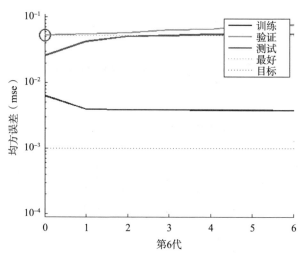

图 5 – 28　自建参数经济作物 BP 神经网络最佳迭代效果

资料来源：笔者根据 MATLAB R2019a 软件计算结果绘制。

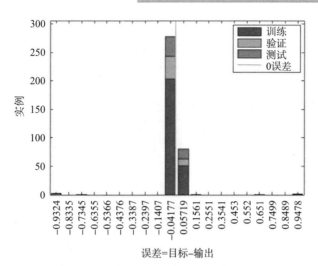

图 5 - 29　自建参数经济作物训练验证检验误差直方

资料来源：笔者根据 MATLAB R2019a 软件计算结果绘制。

将经济作物相关参数代入式（5 - 19）即可求得最终的概率函数。

$$
\begin{aligned}
Pro = purelin\big[\, & w_{11}^{(4,5)} \cdot tansig\big(\sum_{n=1}^{33} w_{n1}^{(1,2)} + b_1^{(2)}\big) + w_{21}^{(4,5)} \\
& \cdot tansig\big(\sum_{n=1}^{33} w_{n2}^{(1,2)} + b_2^{(2)}\big) + w_{31}^{(4,5)} \cdot tansig\big(\sum_{n=1}^{33} w_{n3}^{(1,2)} \\
& + b_3^{(2)}\big) + w_{41}^{(4,5)} \cdot tansig\big(\sum_{n=1}^{33} w_{n4}^{(1,2)} + b_4^{(2)}\big) + w_{51}^{(4,5)} \\
& \cdot tansig\big(\sum_{n=1}^{33} w_{n5}^{(1,2)} + b_5^{(2)}\big) + b_1^{(4)}\,\big]
\end{aligned} \tag{5 - 19}
$$

其中，
$$
tansig = \frac{2}{1 + e^{-x}} - 1
$$

自建参数经济作物新型农业经营主体相应权值阈值数值，如表 5 - 8 所示。

表 5 – 8　　　　　自建参数经济作物 BP 神经网络参数优化下权值阈值表

$W(ij)$	1	2	3	4	5	6	7	8	9	10	11
1	- 0.23	- 0.29	0.05	- 0.39	0.50	0.45	0.35	0.43	- 0.31	0.32	0.08
2	- 0.07	- 2.31	- 0.04	0.30	- 0.48	0.61	0.82	0.77	0.65	0.90	0.16
3	- 0.32	0.22	- 0.05	0.21	- 0.41	- 0.00	0.00	- 0.26	- 0.11	- 0.03	0.48
4	0.28	- 0.12	- 0.13	0.21	0.37	- 0.11	0.25	- 0.33	- 0.26	- 0.02	0.02
5	- 0.08	- 0.03	- 0.30	- 0.40	- 0.21	0.16	0.05	0.07	- 0.30	- 0.40	- 0.46

$W(ij)$	12	13	14	15	16	17	18	19	20	21	22
1	0.91	0.97	0.05	- 0.26	0.07	0.12	0.45	0.24	- 0.00	- 0.43	0.04
2	1.85	0.14	- 0.23	- 0.13	0.10	0.22	- 1.64	0.44	- 0.60	0.90	- 0.05
3	0.47	- 0.40	- 0.12	0.21	- 0.29	- 0.24	0.00	- 0.31	0.28	0.22	0.21
4	- 0.07	- 0.08	0.45	0.42	- 0.26	- 0.24	- 0.26	0.14	- 0.39	0.29	- 0.18
5	- 0.18	- 0.21	- 0.01	- 0.23	0.15	0.13	- 0.38	- 0.26	0.17	- 0.04	0.01

$W(ij)$	23	24	25	26	27	28	29	30	31	32	33	bi
1	- 0.38	0.65	0.12	0.49	0.00	0.54	- 0.75	0.20	0.27	- 0.95	0.22	- 1.29
2	0.02	- 0.52	0.97	0.70	0.34	0.23	0.20	1.46	- 0.20	- 0.59	0.35	0.93
3	0.01	0.42	0.30	0.15	- 0.11	0.13	0.07	0.60	0.23	0.28	- 0.33	0.05
4	- 0.18	- 0.37	0.33	- 0.09	0.17	0.21	0.31	- 0.15	0.08	- 0.23	- 0.36	0.65
5	- 0.38	- 0.36	- 0.27	- 0.39	- 0.29	- 0.02	0.11	0.17	- 0.22	0.13	- 0.13	1.41

资料来源：笔者根据 MATLAB R2019a 软件计算结果绘制。

（2）自建参数大田作物 BP 神经网络分析。

与经济作物分析原理相同，使用 MATLAB R2019a 构建 BP 神经网络，大田作物共 387 个样本，对 310 个新型农业经营主体信贷风险进行预测。由模型得出的结果可知，310 条训练样本中，被判断正确的概率达 99.4%，所以认为训练的结果较好。由图 5 – 30 可知做预测时，大田作物 BP 神经网络的预测准确率为 67%。

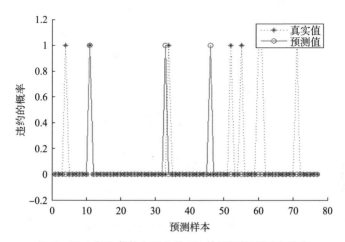

图 5 – 30　自建参数大田作物 BP 神经网络预测准确率

注：预测准确率由仿真结果与原始数据对比准确度来测量，acc = 0. 67。

资料来源：笔者根据 MATLAB R2019a 软件计算结果绘制。

分析实证结果，由图 5 – 31 可知，BP 神经网络在预测自建参数大田作物时需进行训练模型，认为样本中是正向反馈值（positive）并与实际值保持一致的数量为 283，占整体数量的 91. 3%，认为是负向反馈值（negative）的数量为 25，占整体数量的 8. 1%，而产生二类错误的数量为 1，占整体数量的 0. 3%，而剩下的为一类错误，数量为 1，占整体数量的 0. 3%。训练模型对训练数据的预测准确度为 99. 4%，精确度为 99. 5%，灵敏度为 99. 6%，特异度为 96. 2%，F1 分数为三级指标其计算方法为 2 倍的精确度与灵敏度的积除两者之和，计算出 F1 分数的值为 0. 996，说明该模型输出结果较好。

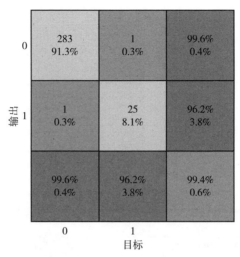

图 5 - 31　自建参数大田作物 **BP** 神经网络混淆矩阵

资料来源：笔者根据 MATLAB R2019a 软件计算结果绘制。

　　同样为了防止出现过拟合现象，再次将训练数据集合划分成三组，其中训练集为总体数据的 75% ，验证集为总体数据的 15% ，测试集为剩下的 10% 。其中只有训练集数据参加训练，其他数据均不参加训练，而是用于后面检验说明。而由图 5 - 32 可知，训练集合 R 为 0.962，验证集合 R 为 0.996，测试模拟集合 R 为 0.942 拟合效果较好，整体拟合度为 0.965 。

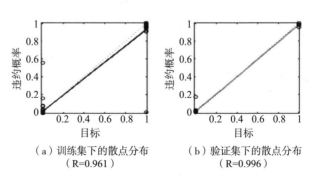

（a）训练集下的散点分布　　　　（b）验证集下的散点分布
（R=0.961）　　　　　　　　　（R=0.996）

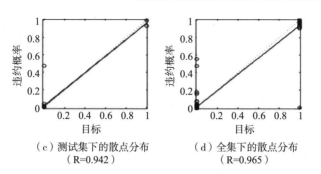

（c）测试集下的散点分布
（R=0.942）

（d）全集下的散点分布
（R=0.965）

图 5－32　自建参数大田作物 BP 神经网络 R

资料来源：笔者根据 MATLAB R2019a 软件计算结果绘制。

同理，图 5－33 是根据梯度下降法函数（gradient）计算结果所做，可知在 6 次连续检验后，停止训练。由图 5－34 可知每代 mse 的变化过程，同样也是经过了 10 次循环训练最后得首次最优。由图 5－35 可知预测模型的方差误差基本集中在 0～0.03，误差率较小，集中在 0 附近。

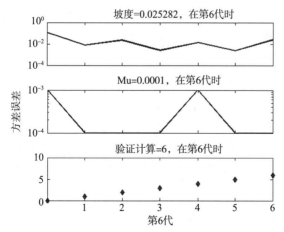

图 5－33　自建参数大田作物 BP 神经网络坡度

资料来源：笔者根据 MATLAB R2019a 软件计算结果绘制。

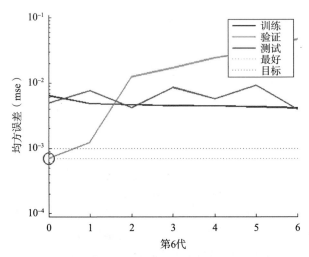

图 5 – 34　自建参数大田作物 BP 神经网络最佳迭代效果

资料来源：笔者根据 MATLAB R2019a 软件计算结果绘制。

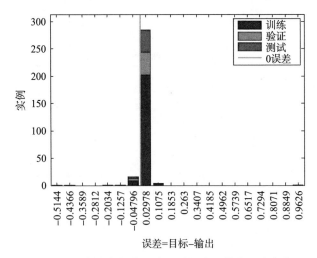

图 5 – 35　自建参数大田作物训练验证检验误差直方

资料来源：笔者根据 MATLAB R2019a 软件计算结果绘制。

同样，将大田作物相关参数代入下式即可求得最终的概率函数：

$$
\begin{aligned}
Pro = purelin\Big[\, & w_{11}^{(4,5)} \cdot tansig\big(\sum_{n=1}^{33} w_{n1}^{(1,2)} + b_1^{(2)}\big) + w_{21}^{(4,5)} \\
& \cdot tansig\big(\sum_{n=1}^{33} w_{n2}^{(1,2)} + b_2^{(2)}\big) + w_{31}^{(4,5)} \cdot tansig\big(\sum_{n=1}^{33} w_{n3}^{(1,2)} \\
& + b_3^{(2)}\big) + w_{41}^{(4,5)} \cdot tansig\big(\sum_{n=1}^{33} w_{n4}^{(1,2)} + b_4^{(2)}\big) + w_{51}^{(4,5)} \\
& \cdot tansig\big(\sum_{n=1}^{33} w_{n5}^{(1,2)} + b_5^{(2)}\big) + b_1^{(4)}\,\Big] \quad\quad (5-20)
\end{aligned}
$$

其中，

$$
tansig = \frac{2}{1+e^{-x}} - 1
$$

自建参数大田作物新型农业经营主体相应权值阈值数值，如表 5 – 9 所示。

表 5 – 9　自建参数大田作物 BP 神经网络参数优化下权值和阈值

$W(ij)$	1	2	3	4	5	6	7	8	9	10	11
1	1.14	-0.36	-0.36	-0.74	0.99	0.64	-0.24	-0.54	-0.62	1.22	-0.21
2	1.06	0.20	-0.44	-0.66	0.08	0.17	-0.80	0.55	-0.82	-0.30	-0.11
3	-0.54	-0.49	-1.16	0.00	2.16	1.08	-1.91	0.44	-2.25	1.08	-0.09
4	0.53	0.66	-0.78	-0.11	-0.40	-1.29	0.96	0.28	0.56	-0.87	-1.22
5	0.25	0.22	0.24	0.27	0.33	0.13	0.08	-0.37	-0.32	0.02	
$W(ij)$	12	13	14	15	16	17	18	19	20	21	22
1	0.23	0.28	-0.22	-0.58	-0.55	-1.42	0.31	-0.37	-1.38	-0.57	-0.43
2	-1.37	0.83	0.19	0.47	0.19	1.13	0.66	-0.03	-0.64	-0.23	-1.08
3	1.29	2.03	-1.70	-0.83	1.80	-0.13	-3.13	1.79	-0.98	-1.10	-1.01
4	-1.12	0.52	0.06	0.78	0.62	0.37	-1.21	0.94	-0.14	-1.69	0.18
5	-0.08	0.22	0.56	0.11	-0.05	0.15	0.78	-0.10	0.66	0.27	0.45

$W(ij)$	23	24	25	26	27	28	29	30	31	32	33	bi
1	0.07	0.49	-0.74	0.60	0.39	0.07	1.09	0.85	-0.33	-0.26	-0.83	-2.06
2	0.03	0.83	-0.63	-0.91	-0.67	0.66	-0.53	0.01	-0.58	0.06	-0.23	-0.97
3	0.04	-0.04	1.11	0.87	1.52	2.03	-1.12	-0.32	-0.51	-0.60	1.51	-1.33
4	-0.76	-0.89	0.61	0.12	-1.01	0.88	-1.36	-0.43	-0.22	-0.33	0.57	0.59
5	-0.06	0.37	0.02	0.17	-0.31	-0.11	0.00	-0.08	0.04	0.13	-0.56	-1.81

资料来源：笔者根据 MATLAB R2019a 软件计算结果绘制。

（3）自建参数畜牧养殖 BP 神经网络分析。

与上述分析原理相同，使用 MATLAB R2019a 构建 BP 神经网络，畜牧养殖类共 320 个样本，对 256 个新型农业经营主体信贷风险样本进行预测。由模型得出的结果可知在 256 条训练样本中，被判断正确的概率达 99.6%，所以认为训练结果较好。但是，由于数据量的缘故，由图 5-36 在做预测时，畜牧养殖 BP 神经网络的预测准确率为 44%，相较于之前传统银行筛选参数的 32% 仍要高出 12%。

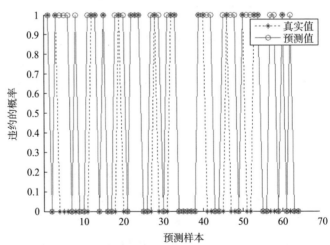

图 5-36　自建参数畜牧养殖 BP 神经网络预测准确率

注：预测准确率由仿真结果与原始数据对比准确度来测量，acc = 0.44。

资料来源：笔者根据 MATLAB R2019a 软件计算结果绘制。

　　由图 5 - 37 可知，BP 神经网络在预测自建参数畜牧养殖时需要进行训练模型，训练模型认为样本中是正向反馈值（positive）并与实际值保持一致的数量为 185，占整体数量的 72.3%，认为是负向反馈值（negative）的数量为 70，占整体数量的 27.3%，而产生二类错误的数量是 1，占整体数量的 0.4%，而剩下的为一类错误，数量为 0。训练模型对训练数据的预测准确度为 99.6%，精确度为 99.5%，灵敏度为 100%，特异度为 98.6%，由于此次计算准确度明显较高，所以就无须利用三级指标进行判断。

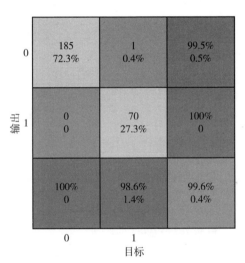

图 5 - 37　自建参数畜牧养殖 BP 神经网络混淆矩阵

资料来源：笔者根据 MATLAB R2019a 软件计算结果绘制。

　　同样为了防止出现过拟合现象，再次将训练数据集合划分成三组：训练集、验证集、测试集，其中训练集为总体数据的 75%，验证集为总体数据的 15%，测试集为剩下的 10%。其中只有训练集数据参加训练，其他数据均不参加训练，而是用于后面检验说明。而由图 5 - 38 可知，训练集合 R 为 0.986，验证集合 R 为 0.998，测试模拟集合 R 为 1.000 拟合效果较好，整体拟合度为 0.990。

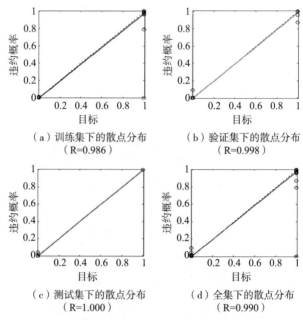

图 5 - 38　自建参数畜牧养殖 BP 神经网络 R

资料来源：笔者根据 MATLAB R2019a 软件计算结果绘制。

图 5 - 39 为根据梯度下降法函数的计算结果而做，可知，在全步长为 6 的情况下，系统判断误差连续 6 次检验后不下降，停止训练。由图 5 - 40 可知每代均方误差（mse）的变化过程，同样也是经过了 10 次循环训练最后得首次最优。由图 5 - 41 可知预测模型的方差误差基本集中在 -0.05 ~ 0，误差率较小，集中在 0 附近。

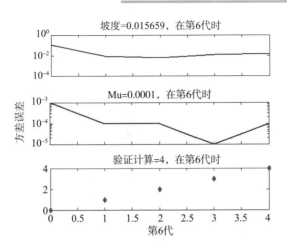

图 5 – 39　自建参数畜牧养殖 BP 神经网络坡度

资料来源：笔者根据 MATLAB R2019a 软件计算结果绘制。

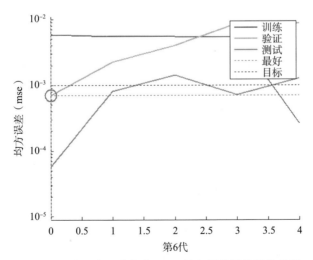

图 5 – 40　自建参数畜牧养殖 BP 神经网络最佳迭代效果

资料来源：笔者根据 MATLAB R2019a 软件计算结果绘制。

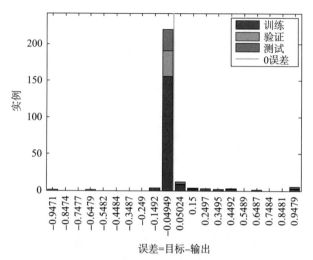

图 5 - 41   自建参数畜牧养殖训练验证检验误差直方

资料来源：笔者根据 MATLAB R2019a 软件计算结果绘制。

同样，将畜牧养殖相关参数代入即可求得最终的概率函数，具体如式（5 - 21）所示：

$$
\begin{aligned}
Pro = purelin\big[\, & w_{11}^{(4,5)} \cdot \mathrm{tansig}\big(\sum_{n=1}^{33} w_{n1}^{(1,2)} + b_1^{(2)}\big) + w_{21}^{(4,5)} \\
& \cdot \mathrm{tansig}\big(\sum_{n=1}^{33} w_{n2}^{(1,2)} + b_2^{(2)}\big) + w_{31}^{(4,5)} \cdot \mathrm{tansig}\big(\sum_{n=1}^{33} w_{n3}^{(1,2)} \\
& + b_3^{(2)}\big) + w_{41}^{(4,5)} \cdot \mathrm{tansig}\big(\sum_{n=1}^{33} w_{n4}^{(1,2)} + b_4^{(2)}\big) + w_{51}^{(4,5)} \\
& \cdot \mathrm{tansig}\big(\sum_{n=1}^{33} w_{n5}^{(1,2)} + b_5^{(2)}\big) + b_1^{(4)}\,\big]
\end{aligned}
\tag{5 - 21}
$$

其中，
$$
\mathrm{tansig} = \frac{2}{1 + e^{-x}} - 1
$$

自建参数畜牧养殖新型农业经营主体相应权值和阈值数值，如表 5 - 10 所示。

表 5 – 10　　　自建参数畜牧养殖 BP 神经网络参数优化下权值和阈值

W(ij)	1	2	3	4	5	6	7	8	9	10	11
1	-0.58	0.25	-0.58	-0.84	-1.03	-0.49	-0.38	-0.21	-0.45	-0.77	-0.08
2	-0.01	-0.25	-0.39	-0.64	-1.42	0.11	0.05	-0.30	-0.63	-2.25	-0.16
3	-0.92	0.13	-0.12	-0.40	-0.93	-0.39	-0.86	-0.40	0.29	-0.22	-0.78
4	0.30	-0.55	-0.18	0.01	0.09	-0.07	-0.14	0.05	0.48	0.21	-0.22
5	-0.35	0.96	1.34	0.07	1.50	1.15	0.20	-0.45	-0.52	0.45	0.31
W(ij)	12	13	14	15	16	17	18	19	20	21	22
1	-0.02	0.24	-0.02	-0.12	0.05	-0.29	-0.60	-0.01	-0.20	-0.37	-0.20
2	1.41	0.26	-0.37	1.20	1.10	0.18	-0.17	-0.79	-0.21	-1.01	1.54
3	0.71	0.11	-0.48	0.00	0.05	-0.12	-0.15	0.00	-0.54	-0.83	0.42
4	0.27	-0.21	0.05	0.02	-0.57	0.09	0.40	-0.36	0.05	-0.37	-0.16
5	-0.92	-2.09	-0.55	0.30	-4.30	-1.21	2.36	-0.10	1.70	0.64	0.24
W(ij)	23	24	25	26	27	28	29	30	31	32	33	bi
1	-0.17	0.09	-0.31	0.03	0.31	-0.48	-0.79	0.30	-0.47	0.29	0.10	1.56
2	0.28	-0.99	-1.72	-0.07	1.51	-0.48	-1.01	1.26	-0.53	0.47	-0.34	-0.10
3	-0.27	-0.09	-0.16	-0.58	0.14	0.04	-0.75	-0.36	-0.66	-0.55	0.47	0.06
4	0.02	0.44	-0.21	-0.38	-0.20	-0.04	0.55	0.31	-0.29	0.16	0.23	0.62
5	-0.29	-0.16	-0.02	0.88	-1.27	0.81	0.65	-0.88	2.41	1.25	-1.39	1.81

资料来源：笔者根据 MATLAB R2019a 软件计算结果绘制。

5.3.4　双参数模型评估分析结果的对比及风险概率

结合经济作物、大田作物以及畜牧养殖的数据来看，很明显在相同的测试样本数据情况下，自建参数得出的结果要远优于传统银行参数，这说明了在风险控制过程中需要尽量取得更多的有效参数。而如今随着现代农业的推进和农业生产管理能力的提升，类似于 ERP 系统、自动灌溉系统和机械自动化系统等提取的，能充分体现新型农业经营主体运营水平的众多参数都可以加入评估体系当中。这样可以更好更准确地预测信贷主体预期违约概率，有效控制其信贷风险水平。对比表 5 - 11 可知，不论从拟合度、预测准确度上，自建参数要远高于银行传统参数结果。因此，对接下来的数据将利用多参数模型进行验证对比。

表 5 - 11　　　　　经济作物银行参数与自建参数结果对比

项目	BP 类别	预测准确率/%	准确度/%	精确度/%	灵敏度/%	训练集 R	验证集 R	测试集 R	全集 R
经济作物	银行参数	69	88.50	91.60	94.10	0.71	0.79	0.64	0.71
	自建参数	73	93.70	94.00	98.30	0.98	0.85	0.94	0.95
大田作物	银行参数	45	98.40	99.30	98.90	0.87	0.98	0.99	0.91
	自建参数	67	94.40	99.50	99.60	0.96	1.00	0.94	0.97
畜牧养殖	银行参数	32	95.30	95.80	97.90	0.86	0.86	1.00	0.88
	自建参数	44	99.60	99.50	100.00	0.99	1.00	1.00	0.99

注：1. 训练集 R 值为训练集下相关程度；2. 验证集 R 值为验证集下相关程度；3. 测试集 R 值为测试集下相关程度；4. 全集 R 为所有数据下相关程度。

资料来源：笔者整理绘制。

5.4

基于遗传算法 BP 神经网络的信贷风险评估指标体系检验

由于 BP 神经网络在信贷风险评估时往往容易陷入过拟合的状态，而遗传算法在整体数据的拟合上相较于 BP 神经网络更高，且在预测方面对未知数据的判别程度较高；为了进一步探索信贷风险评估更精准高效的模型和方法，下面将从构建适应度函数开始，首先，用新建 33 个指标体系分别对三类新型农业经营主体信贷样本进行选择操作、交叉操作和变异操作，其次，再通过代入遗传算法来进行分析，并将得出的运算结果与上文 BP 神经网络模型演算结果进行比对，从而比较两者的优劣；最后，通过运用基于遗传算法的 BP 神经网络，来判断未来新型农业经营主体信贷风险期望值 ξ 及其违约概率 Pro，从而为后续的风险控制决策提供依据。

5.4.1　遗传算法下自建参数评估指标体系的实证与数据模拟

（1）构建适应度函数。

$$error = fun(x，inputnum，hiddennum1，hiddennum2，$$
$$outputnum，net，inputn，outputn)$$

该函数用来计算适应度值；自变量 x 是 input 输入型参数，其函数为个体数；inputnum 是 input 输入型参数，函数作为输入层节点数；outputnum 是 input 型变量，输入型参数，是隐含层节点数；net 是 input 输入型参数，函数是网络；inputn 是 input 输入型参数，函数是训练输入数据；outputn 也是 input 输入型参数，函数是作为训练输出数据；error 是 output 输出结果，为个体适应度值。

完成数据参数建立后，将提取神经网络模型中的权值和阈值；建模过程中，涉及第 2 层隐藏层，故需加入 w3，b3（一般的神经网络都只有 1 层隐藏层，因为在编写过程中过多会过拟合或者存在缺陷，过少则会不准确）；最后利用 newff 函数进行神经网络模拟，计算出第一区间的权值和阈值，对初始权值和阈值神经网络计算进行进化参数设置；利用之前计算出来的初始权值阈值进行筛选计算，利用多层计算出来初始的权值和阈值，代入新的遗传算法网络中进行权值和赋值；将之前生成新的权值和阈值 w1、w2、w3、b1、b2、b3，重新代入网络中进行网络训练，同时利用 sim 对权值和阈值进行模拟；最后利用函数计算最终误差，查看权值和阈值误差并代入选择函数进行调整。

（2）选择操作。

完成对权值和阈值的设定以后，将对新的权值和阈值进行一个生态模拟，利用模拟的函数变化改变权值和阈值设定的适应度，从而筛选更佳的权值和阈值。

首先，设置选择函数 function ret = select(individuals，sizepop)。其中，individuals 是 ret 函数所设置的 input 输入型参数，为种群信息；sizepop 为 ret 函数所设置的 input 输入参量，用来表示种群规模；ret 作为函数输出，为 output 输出型参数，用来表示选择后的新种群。

fitness1 = 10. /individuals. fitness；individuals. fitness 为个体适应度值对整体适应度求适应度值倒数，利用这个倒数对个体进行选择概率计算。

其次，采用轮盘赌法选择新个体，其中 sizepop 为种群数，利用轮盘赌法为纯粹随机选择，减少指向性个体选取产生的影响。

在轮盘选择后，将会有新的一批权值和阈值产生，而后利用这些新构成的数据组结合成为新的种群。

利用函数导出需要进行交叉优化的权值和阈值。

（3）交叉操作。

首先，建立函数 function ret = Cross(pcross，lenchrom，individuals，sizepop，bound) 进行 DNA 参数交叉操作，pcross 为 input 输入型参数，表示对应基因片段之间交叉概率。lenchrom 为 input 输入型参数，表示权值和阈值的染色体的长度。individuals 是 input 输入型参数，表示染色体群。sizepop 为 input 输入型参数，其代表遗传算法中权值和阈值这两个需要进化因素的种群规模；ret 为 output 输出型（算法类型）函数结果，表示交叉后得到的染色体。

for i = 1：sizepop 每一轮 for 循环中，可能会进行一次交叉操作，染色体是随机选择的，交叉位置也是随机选择的，但该轮 for 循环中是否进行交叉操作则由交叉概率决定（continue 控制）。

随机选择进行交叉的位置，就是选择第几个变量进行交叉，需要注意：两个染色体交叉的位置相同，这样避免交叉变异时造成控制变量不一致。

通过 if 循环语句来判断交叉染色体的可行性，增加可行性。

如果两个染色体不是都可行，则重新交叉。

ret = individuals. chrom；最后将输出的交叉后的染色体放入库中。

（4）变异操作。

首先，建立 function 函数来进行变异操作，将各参数依次填入变异函数 ret = Mutation（pmutation，lenchrom，individuals，sizepop，num，maxgen，bound）。

pmutation 为 ret 函数中设置的 input 型输入参数，代表变异概率，需在函数中输入对应的变量数值确定其变异的概率；而 lenchrom 为 ret 函数中设置的 input 型输入参数，代表染色体长度，需要输入对应的变量以确定染色体的长度；另外，individuals 为 ret 函数中设置的 input 型输入参数，代表染色体，此变量会在算法中自动编号对应的个体，以确认每个个体间的独立性；sizepop 为 ret 函数中设置的 input 型输入参数，代表种群规模，需要键入代表的种群规模以确定其变动范围；opts 为 ret 函数中设置的 input 型输入参数，为变异方法选择，此处需要输入判断字符以确认对应的变异方式。

其次，利用 for 循环函数循环计算变异概率，最终由变异概率来确定是否需要变异操作，确定变异操作的过程由 continue 代码控制。

设置以上对应算法的变量参数与运算逻辑后，将现有的交叉变异的染色体（即权值和阈值）导入到输出函数，开启变异操作。

（5）代入遗传算法。

在代入遗传算法函数中进行迭代计算，记录最优个体和平均适应度，从中选取最后数据组；用新的遗传算法最优个体赋值给 BP 神经网络，拟合最后函数。

①经济作物遗传算法 BP 神经网络分析。对经济作物样本信贷

风险进行分析，包含上述 33 个参数，共 458 个样本数据。选取 366 个样本作为训练集，剩余 92 个样本作为测试集。由模型得出的结果可知，366 条训练样本中，被判断正确的概率达 97.7%。由图 5 – 42 可知做预测时，经济作物遗传算法 BP 神经网络的预测准确率为 84%，相比于含 33 个参数的经济作物 BP 神经网络模型 73% 的预测准确率，明显预测效果更好。

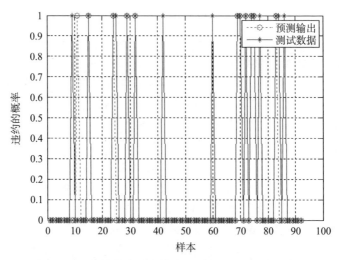

图 5 – 42　经济作物遗传算法 BP 神经网络预测准确率

注：预测准确率由仿真结果与原始数据对比准确度来测量，acc = 0.84。
资料来源：笔者根据 MATLAB R2019a 软件计算结果绘制。

由图 5 – 43 可知，遗传算法 BP 神经网络在预测经济作物的自建参数时需要进行训练模型，故利用产生的混淆矩阵来观测误差与匹配度，训练模型认为样本中是正向反馈值（positive）并与实际值保持一致的数量为 310，占整体数量的 84.7%，认为是负向反馈值（negative）的数量为 46，占整体数量的 12.6%，而产生二类错误的数量是 9，占整体数量的 2.5%，而剩下的为一类错误，数量为 1，占整体数量的 0.2%。训练模型对训练数据的预测准确度为

97.3%，精确度为 97%，灵敏度为 99.7%，特异度为 83.6%，F1
分数值的值为 0.983，说明该模型的输出结果较好。

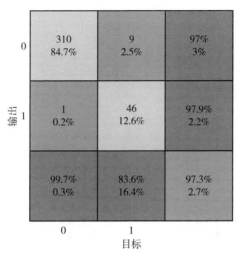

图 5 - 43　经济作物遗传算法 BP 神经网络预测混淆矩阵
资料来源：笔者根据 MATLAB R2019a 软件计算结果绘制。

在遗传算法的计算过程中，BP 神经网络的优化还是一致的，
同样为了防止出现过拟合现象，再次将训练数据集合划分成三组：
训练集、验证集、测试集，其中训练集为总体数据的 75%，验证集
为总体数据的 15%，测试集为剩下的 10%。其中只有训练集数据
参加训练，其他数据均不参加训练，而是用于后面检验说明。而由
图 5 - 44 可知，训练集合 R 为 0.897，验证集合 R 为 0.895，测试
模拟集合 R 为 0.876 拟合效果较好，整体拟合度为 0.894，没有呈
现过拟合现象。

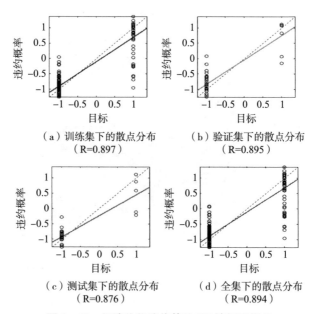

（a）训练集下的散点分布
（R=0.897）

（b）验证集下的散点分布
（R=0.895）

（c）测试集下的散点分布
（R=0.876）

（d）全集下的散点分布
（R=0.894）

图 5－44　经济作物遗传算法 BP 神经网络 R

资料来源：笔者根据 MATLAB R2019a 软件计算结果绘制。

由图 5－45 优化坡度来看，比 BP 神经网络下有明显的提升，误差及下降矩阵都有很大的提高，但是步长优化需要 8 步，在 5 次检验后整体误差趋于平稳，在 8 次检测时，进入最优化，迭代停止。由图 5－46 可知，而均方误差在第二次优化时就进入了最优状态；由图 5－47 可知，方差误差集中在 －0.09083 ~ 0.06122，趋近于 0，误差率较小。

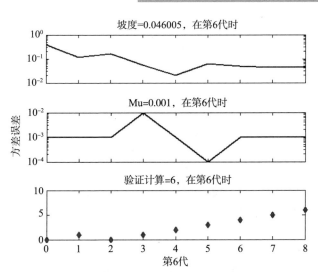

图 5 - 45　经济作物遗传算法 BP 神经网络坡度

资料来源：笔者根据 MATLAB R2019a 软件计算结果绘制。

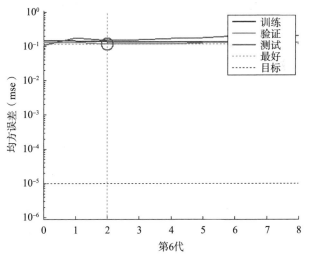

图 5 - 46　经济作物遗传算法 BP 神经网络最佳迭代效果

资料来源：笔者根据 MATLAB R2019a 软件计算结果绘制。

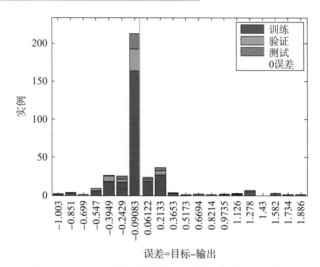

图 5 – 47 经济作物遗传算法 BP 神经网络误差直方

资料来源：笔者根据 MATLAB R2019a 软件计算结果绘制。

将经济作物相关参数代入式（5 – 22）即可求得最终的概率函数：

$$
\begin{aligned}
Pro = purelin\big[& w_{11}^{(4,5)} \cdot tansig(\sum_{n=1}^{33} w_{n1}^{(1,2)} + b_1^{(2)}) + w_{21}^{(4,5)} \\
& \cdot tansig(\sum_{n=1}^{33} w_{n2}^{(1,2)} + b_2^{(2)}) + w_{31}^{(4,5)} \cdot tansig(\sum_{n=1}^{33} w_{n3}^{(1,2)} \\
& + b_3^{(2)}) + w_{41}^{(4,5)} \cdot tansig(\sum_{n=1}^{33} w_{n4}^{(1,2)} + b_4^{(2)}) + w_{51}^{(4,5)} \\
& \cdot tansig(\sum_{n=1}^{33} w_{n5}^{(1,2)} + b_5^{(2)}) + b_1^{(4)} \big]
\end{aligned}
\tag{5 – 22}
$$

其中，

$$
tansig = \frac{2}{1 + e^{-x}} - 1
$$

通过计算相关系数得到权值阈值系数表，具体如表 5 – 12 所示。

表 5 – 12　　　经济作物遗传算法 BP 神经网络权值和阈值系数

W(ij)	1	2	3	4	5	6	7	8	9	10	11
1	1.071	2.019	-1.395	0.020	4.636	-0.259	2.494	-4.959	-2.452	-2.647	-2.623
2	4.017	1.314	-3.620	-0.786	4.323	-1.181	-5.111	-2.088	-3.323	-3.701	-0.666
3	0.150	2.363	-0.015	-5.454	-1.272	-0.576	0.187	1.078	-1.800	-1.477	1.433
4	2.878	1.544	-0.926	1.554	-4.590	0.811	0.769	0.175	-1.827	2.752	3.094
5	0.204	1.987	2.245	2.316	-3.353	2.499	1.599	-2.959	2.023	-3.435	0.677

W(ij)	12	13	14	15	16	17	18	19	20	21	22
1	1.244	1.147	0.094	-2.298	0.933	-3.792	-3.000	1.629	2.814	-2.451	5.246
2	0.667	2.966	-4.337	-7.683	7.759	-1.607	-2.754	-0.938	3.734	-5.683	-0.507
3	-1.103	2.241	-3.077	4.037	5.292	0.061	-3.288	-1.565	0.884	-0.846	-3.737
4	-1.435	1.948	1.803	1.698	-5.121	-2.545	4.046	0.280	3.262	1.872	-2.015
5	-2.206	0.924	-2.005	-1.139	0.390	2.675	0.709	-2.277	1.306	4.307	-3.547

W(ij)	23	24	25	26	27	28	29	30	31	32	33	bi
1	-1.556	-0.260	-1.984	-4.004	-2.843	-0.480	3.484	-4.744	-3.111	3.051	-0.120	0.268
2	-1.518	2.809	-4.269	0.722	5.401	-6.255	-3.551	0.729	-0.876	-3.077	1.257	-1.415
3	-2.690	-0.666	3.628	-2.485	0.950	4.764	-2.598	1.616	0.735	-3.730	-2.352	-0.822
4	-0.435	-2.050	-1.761	2.578	1.323	-1.239	-1.232	3.993	-4.464	2.029	-2.095	-5.119
5	0.600	-1.084	-2.642	0.279	1.007	0.611	-1.042	-0.765	3.866	-0.004	0.229	0.332

资料来源：笔者根据 MATLAB R2019a 软件计算结果绘制。

由图 5 – 48，遗传算法优化过程中，进化次数即迭代次数选择为 20，种群规模选择为 50，由于迭代次数和种群规模会影响到计算的时间与性能，这里选取 20 和 50 可以有效优化中间的运算时间，在选择编码交换的时候，交叉基因的概率选择为 0.3，编码变异的概率选 0.1，由于在生物学中 RNA 交叉概率会略大于自变异，且按照计算优化与性能对照过程中发现 0.3 和 0.1 的选择会有最优，故选择以上 2 种概率。由原理可知，适应度的函数数值越低，适应度越高，个体更优，在达到 20 组迭代时，个体适应度达到最高，同时得出最优的权值和阈值。

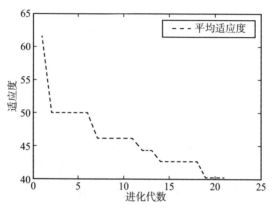

图 5 - 48　经济作物遗传算法 BP 神经网络的 20 代适应度曲线
资料来源：笔者根据 MATLAB R2019a 软件计算结果绘制。

②大田作物遗传算法 BP 神经网络分析。同样对大田作物样本信贷风险进行分析，包含上述 33 个参数，共 387 个样本数据。选取 310 个样本作为训练集，剩余 76 个样本作为测试集。由模型得出的结果可知，在 310 条训练样本中，被判断正确的概率达92.9%。由图 5 - 49 可知做预测时，大田作物遗传算法 BP 神经网络的预测准确率为 70%，相比于含 33 个参数的大田作物 BP 神经网络模型 67% 的预测准确率，效果更好更明显。

由图 5 - 50 可知，训练模型认为样本中是正向反馈值（positive）并与实际值保持一致的数量为 269，占整体数量的 86.8%，认为是负向反馈值（negative）的数量为 19，占整体数量的 6.1%，而产生二类错误的数量是 19，占整体数量的 6.1%，剩下的为一类错误，数量为 3，占整体数量的 0.1%。训练模型对训练数据的预测准确度为92.9%，精确度为 93.4%，灵敏度为 98.9%，特异度为 50%，F1 分数的值为 0.960，说明该模型的输出结果较好。

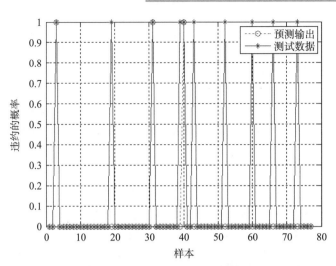

图 5 - 49　大田作物遗传算法 BP 神经网络预测准确率

注：预测准确率由仿真结果与原始数据对比准确度来测量，acc = 0.7。
资料来源：笔者根据 MATLAB R2019a 软件计算结果绘制。

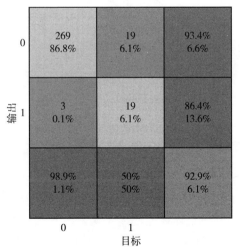

图 5 - 50　大田作物遗传算法 BP 神经网络预测混淆矩阵

资料来源：笔者根据 MATLAB R2019a 软件计算结果绘制。

为了防止出现过拟合现象，再次将训练数据集合划分成三组：训练集、验证集、测试集，其中训练集为总体数据的 75%，验证集为总体数据的 15%，测试集为剩下的 10%。其中只有训练集数据参加训练，其他数据均不参加训练，而是用于后面检验说明。而由图 5−51 可知，训练集合 R 为 0.923，验证集合 R 为 0.817，测试模拟集合 R 为 0.984，拟合效果较好，整体拟合度为 0.908。

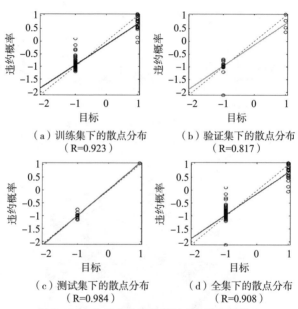

（a）训练集下的散点分布
（R=0.923）

（b）验证集下的散点分布
（R=0.817）

（c）测试集下的散点分布
（R=0.984）

（d）全集下的散点分布
（R=0.908）

图 5−51　大田作物遗传算法 BP 神经网络 R

资料来源：笔者根据 MATLAB R2019a 软件计算结果绘制。

由图 5−52 可知，从优化坡度来看，明显比 BP 神经网络下有明显的提升，误差及下降矩阵都有很高的提高，但是步长优化需要 6 步，在 4 次检验后整体误差趋于平衡，在 6 次检测时，进入最优化，迭代停止。由图 5−53 可知，均方误差（mse）在第二次优化时就进入了最优状态；由图 5−54 可知，方差误差集中在 −0.017 ~0，误差相较 BP 神经网络要更少。

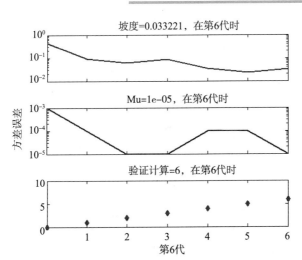

图 5 – 52　大田作物遗传算法 BP 神经网络坡度

资料来源：笔者根据 MATLAB R2019a 软件计算结果绘制。

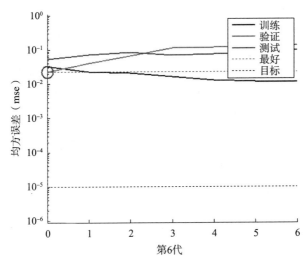

图 5 – 53　大田作物遗传算法 BP 神经网络最佳迭代效果

资料来源：笔者根据 MATLAB R2019a 软件计算结果绘制。

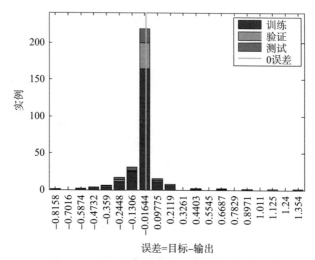

图 5 – 54　大田作物遗传算法 BP 神经网络误差直方

资料来源：笔者根据 MATLAB R2019a 软件计算结果绘制。

将大田作物相关参数代入即可求得最终的概率函数，具体如式（5 – 23）所示：

$$Pro = purelin[\, w_{11}^{(4,5)} \cdot tansig(\sum_{n=1}^{33} w_{n1}^{(1,2)} + b_1^{(2)}) + w_{21}^{(4,5)}$$

$$\cdot tansig(\sum_{n=1}^{33} w_{n2}^{(1,2)} + b_2^{(2)}) + w_{31}^{(4,5)} \cdot tansig(\sum_{n=1}^{33} w_{n3}^{(1,2)}$$

$$+ b_3^{(2)}) + w_{41}^{(4,5)} \cdot tansig(\sum_{n=1}^{33} w_{n4}^{(1,2)} + b_4^{(2)}) + w_{51}^{(4,5)}$$

$$\cdot tansig(\sum_{n=1}^{33} w_{n5}^{(1,2)} + b_5^{(2)}) + b_1^{(4)}] \qquad (5-23)$$

其中，
$$tansig = \frac{2}{1 + e^{-x}} - 1$$

通过计算相关系数得到权值和阈值系数，具体如表 5 – 13 所示。

表 5 - 13　　　大田作物遗传算法 BP 神经网络权值和阈值系数

W(ij)	1	2	3	4	5	6	7	8	9	10	11
1	-1.301	-0.660	0.342	-1.701	-2.419	-0.623	1.176	1.788	1.441	-1.926	1.445
2	0.587	1.381	-3.762	-0.949	-1.850	-3.192	-0.240	2.821	-1.967	2.851	1.202
3	-0.148	-1.391	0.320	-0.942	-0.935	0.416	-0.299	0.621	-0.889	0.335	-2.216
4	0.989	2.842	2.215	2.047	-1.989	3.877	-1.694	-0.368	-0.412	-1.871	2.820
5	-0.871	0.817	0.934	-0.822	-0.758	0.761	0.421	-1.506	-2.370	3.718	-1.860

W(ij)	12	13	14	15	16	17	18	19	20	21	22
1	-0.057	-0.509	-1.701	2.065	0.956	-0.810	0.515	3.319	1.170	-0.052	-3.420
2	-0.706	3.867	0.391	-1.086	1.822	0.387	-5.373	0.162	-2.354	-0.710	-1.468
3	-0.536	4.199	0.249	-2.661	0.557	0.720	-1.432	1.084	-0.964	0.142	0.932
4	-0.796	0.698	-0.458	-0.312	-1.914	-0.606	-0.249	2.090	-0.842	-2.337	-2.756
5	1.169	2.218	-1.835	1.925	-2.473	2.753	0.046	-0.292	-2.277	-2.968	-1.735

W(ij)	23	24	25	26	27	28	29	30	31	32	33	bi
1	0.914	-1.025	0.180	-1.195	1.415	3.290	-3.671	-4.628	-0.228	-4.796	0.844	0.914
2	2.197	-2.664	4.500	2.769	-0.200	0.648	-1.157	-1.566	-2.435	1.625	-1.580	2.197
3	1.314	1.302	-0.202	-2.422	0.139	0.750	1.114	-0.178	1.645	-0.425	1.257	1.314
4	-1.854	-1.439	-1.934	-0.414	-0.919	-0.741	0.513	1.130	2.690	-0.376	-1.947	-1.854
5	1.556	2.324	-1.936	-2.227	-1.512	-1.499	-2.630	-2.455	-0.974	-0.246	-1.761	1.556

资料来源：笔者根据 MATLAB R2019a 软件计算结果绘制。

由图 5 - 55 可知，遗传算法优化过程中进化次数即迭代次数选择为 30，种群规模选择为 50，由于迭代次数和种群规模会影响到计算时间与性能，这里选取 20 和 50 可以有效优化中间运算时间，在选择编码交换时，交叉基因的概率选择为 0.3，编码变异概率选 0.1，同经济作物中的概率选择，由于在生物学中 RNA 交叉概率会略大于自变异，且按照计算优化与性能对照过程中发现 0.3 和 0.1 的选择会有最优，故选择以上两种概率。由原理可知，适应度函数数值越低，适应度越高，个体更优，在达到 20 组迭代时，个体适应度达到最高，同时得出最优的权值和阈值，与之前的经济作物遗传算法迭代代数保持一致。

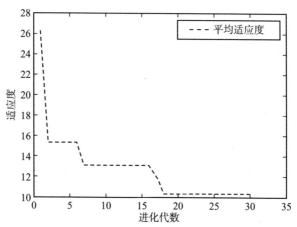

图 5 - 55　大田作物遗传算法 BP 神经网络的 30 代适应度曲线
资料来源：笔者根据 MATLAB R2019a 软件计算结果绘制。

　　③畜牧养殖遗传算法 BP 神经网络分析。同样对畜牧养殖类样本信贷风险进行分析，包含上述 33 个参数，共 320 个样本数据。选取总量的 80%，256 个样本作为训练集，剩余 64 个样本作为测试模拟集。由模型得出的结果可知，256 条训练样本中，被判断正确的概率达 88.3%。造成畜牧养殖相对于经济作物和大田作物的准确度较低的情况是养殖业数据较为特殊，且由于前期环保政策收紧以及近年来非洲猪瘟等影响，造成样本数量采集困难且相关数据波动较大。由图 5 - 56 可以看出做预测时，畜牧养殖遗传算法 BP 神

经网络的预测准确率为 60%，相比于含 33 个参数的畜牧养殖 BP
神经网络模型，效果更好，而 BP 神经网络预测时只有 44%，未达
到 50% 以上。但是由于数据量的原因，该模型预测的准确度要相较
于经济作物以及大田作物更低。

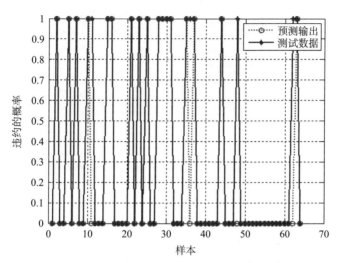

图 5-56　畜牧养殖遗传算法 BP 神经网络预测准确率

注：预测准确率由仿真结果与原始数据对比准确度来测量，acc＝0.6。
资料来源：笔者根据 MATLAB R2019a 软件计算结果绘制。

由图 5-57 可知，训练模型认为样本中是正向反馈值（posi-
tive）并与实际值保持一致的数量为 169，占整体的 66.0%，认为
是负向反馈值（negative）的为 57，占整体的 22.4%，而产生二类
错误的是 17，占整体的 6.6%，而剩下的为一类错误，数量为 13，
占整体数量的 5.0%。训练模型对训练数据的预测准确度为
88.3%，精确度为 90.9%，灵敏度为 92.9%，特异度为 22.3%，
F1 分数值为 0.919，说明该模型输出结果较好。

169 66.0%	17 6.6%	90.9% 9.1%
13 5.0%	57 22.4%	81.4% 18.6%
92.9% 7.1%	22.3% 77.7%	88.3% 11.7%

0

输出 1

0   1

目标

图 5 - 57　畜牧养殖遗传算法 BP 神经网络预测混淆矩阵

资料来源：笔者根据 MATLAB R2019a 软件计算结果绘制。

　　同样为了防止出现过拟合现象，再次将训练数据集合划分成三组，其中训练集为总体数据的 75%，验证集为总体数据的 15%，测试集为剩下的 10%。其中只有训练集数据参加训练，其他数据均不参加训练，而是用于后面检验说明。而由图 5 - 58 可知，训练集合 R 为 0.863，验证集合 R 为 0.961，测试模拟集合 R 为 0.954 拟合效果较好，整体拟合度为 0.889。

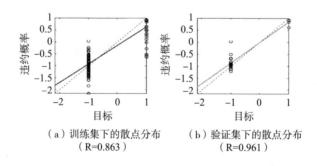

（a）训练集下的散点分布　　　　（b）验证集下的散点分布
（R=0.863）　　　　　　　　（R=0.961）

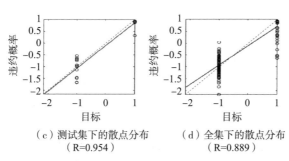

（c）测试集下的散点分布　　　　（d）全集下的散点分布
（R=0.954）　　　　　　　　（R=0.889）

图 5 – 58　畜牧养殖遗传算法 BP 神经网络 R

资料来源：笔者根据 MATLAB R2019a 软件计算结果绘制。

　　由图 5 – 59 可知在模型运行检测 18 次后，误差再没有下降，停止训练。由图 5 – 60 可知每代均方误差的变化过程，由于经过 10 次循环训练模型的，均方误差在第 12 次达到了最优，最后输出结果为首次进化结果。由图 5 – 61 可知预测模型的方差误差基本集中在 – 0.47 ~ 0.11，分布于 0 的两端，误差率较小。

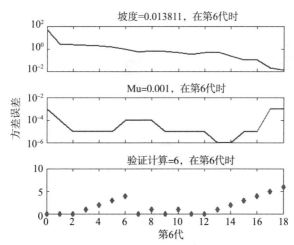

图 5 –59　畜牧养殖遗传算法 BP 神经网络坡度

资料来源：笔者根据 MATLAB R2019a 软件计算结果绘制。

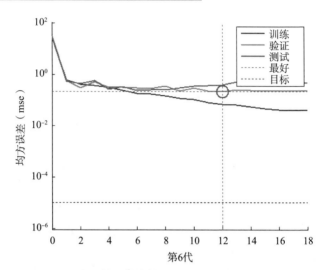

图 5 - 60　畜牧养殖遗传算法 BP 神经网络最佳迭代效果

资料来源：笔者根据 MATLAB R2019a 软件计算结果绘制。

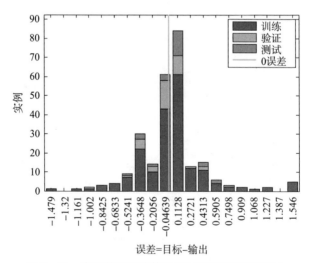

图 5 - 61　畜牧养殖遗传算法 BP 神经网络误差直方

资料来源：笔者根据 MATLAB R2019a 软件计算结果绘制。

将畜牧养殖相关参数代入即可求得最终的概率函数，如式（5-24）所示：

$$pro = purelin\left[w_{11}^{(4,5)} \tansig\left(\sum_{n=1}^{33} w_{n1}^{(1,2)} + b_1^{(2)} \right) \right.$$

$$+ w_{21}^{(4,5)} \tansig\left(\sum_{n=1}^{33} w_{n2}^{(1,2)} + b_2^{(2)} \right) + w_{31}^{(4,5)} \tansig\left(\sum_{n=1}^{33} w_{n3}^{(1,2)} \right)$$

$$+ b_3^{(2)} \right) + w_{41}^{(4,5)} \tansig\left(\sum_{n=1}^{33} w_{n4}^{(1,2)} + b_4^{(2)} \right)$$

$$+ w_{51}^{(4,5)} \tansig\left(\sum_{n=1}^{33} w_{n5}^{(1,2)} + b_5^{(2)} \right) + b_1^{(4)} \right] \qquad (5-24)$$

其中，
$$\tansig = \frac{2}{1 + e^{-x}} - 1$$

通过计算相关系数得到权值和阈值系数，具体如表5-14所示。

表5-14　畜牧养殖遗传算法 BP 神经网络权值和阈值系数

$W(ij)$	1	2	3	4	5	6	7	8	9	10	11
1	2.660	2.941	-1.124	-3.584	0.623	-5.048	-0.518	2.043	-0.717	-1.007	2.375
2	-1.548	2.320	6.032	1.726	1.728	-0.185	2.004	-3.689	-0.687	5.794	1.046
3	-2.976	3.028	1.308	1.968	-2.672	2.595	-0.133	-2.101	-0.754	-2.725	2.263
4	-2.495	-0.221	-4.786	1.554	-2.873	0.109	-0.804	-1.030	-3.488	-1.908	-2.364
5	0.945	-1.472	0.749	1.469	-3.452	-4.317	1.951	-1.915	6.452	-2.291	-0.470
$W(ij)$	12	13	14	15	16	17	18	19	20	21	22
1	-0.743	3.131	1.765	0.047	0.023	-1.780	1.937	0.376	1.318	-1.531	3.336
2	1.529	-15.645	1.551	-2.139	-3.695	-0.152	2.773	1.046	1.266	4.337	-4.863
3	-2.472	-1.620	-2.694	0.107	1.828	2.608	2.392	-0.422	0.452	-1.814	0.403
4	0.467	2.785	-2.493	0.504	8.231	0.484	0.321	-5.734	-4.273	-3.404	3.501
5	-0.520	2.129	4.813	3.825	-0.484	-2.441	2.675	-1.370	4.134	-1.348	2.956

续表

$W(ij)$	23	24	25	26	27	28	29	30	31	32	33	bi
1	−1.863	−0.168	−1.492	−2.635	−0.024	1.599	−3.710	1.029	2.998	−0.440	−2.035	−0.314
2	−1.537	3.007	0.200	0.941	−2.286	−1.470	3.091	1.054	2.252	0.135	−2.152	5.339
3	0.544	0.296	2.167	0.493	−0.161	−1.016	−0.620	1.946	1.464	0.518	1.424	−1.093
4	0.361	1.212	2.295	−2.348	3.355	0.176	−3.504	4.016	−3.975	−2.260	0.008	3.441
5	−0.974	−2.651	6.141	−2.078	2.240	−3.192	−3.517	−2.248	−3.470	−0.426	−4.975	−1.997

资料来源：笔者根据 MATLAB R2019a 软件计算结果绘制。

由图 5－62 可知，遗传算法的优化过程中，进化次数，即迭代次数选择为 30，种群规模选择为 50，在选择编码交换的时候，交叉基因的概率选择为 0.3，编码变异的概率选 0.1。由原理可知，适应度的函数数值越低，适应度越高，个体更优，在达到 25 组迭代时，个体适应度达到最高，同时得出最优的权值和阈值。

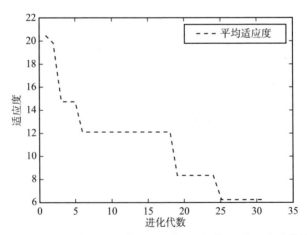

图 5－62　畜牧养殖遗传算法 BP 神经网络的 30 代适应度曲线

资料来源：笔者根据 MATLAB R2019a 软件计算结果绘制。

5.4.2　与 BP 神经网络模型结果对比及风险概率

结合上述三类新型农业经营主体信贷样本分析结果，遗传算法在整体数据拟合上相较于 BP 神经网络更高；在预测方面对未知数据判别程度较高，而 BP 神经网络容易陷入过拟合状态，所以遗传算法更适合预测分析。对已有数据进行拟合判断，选择 BP 神经网络会更准确，具体对比结果可如表 5 – 15 所示。

表 5 – 15　　经济作物 BP 神经网络与遗传算法 BP 神经网络结果对比

项目	BP 类别	预测准确率/%	准确度/%	精确度/%	灵敏度/%	训练集 R	验证集 R	测试集 R	全集 R
经济作物	银行参数	73	93.7	94	98.3	0.980	0.854	0.942	0.953
	自建参数	84	97.3	97	99.7	0.897	0.895	0.876	0.894
大田作物	银行参数	67	99.4	99.5	99.6	0.961	0.995	0.942	0.965
	自建参数	70	92.9	93.4	98.9	0.923	0.817	0.984	0.908
畜牧养殖	银行参数	44	99.6	99.5	100	0.986	0.998	0.999	0.989
	自建参数	60	88.3	90.9	92.9	0.863	0.961	0.955	0.889

注：①训练集 R 值为训练集下相关程度；②验证集 R 值为验证集下相关程度；③测试集 R 值为测试集下相关程度；④全集 R 为所有数据下相关程度。

资料来源：笔者整理而得。

由于对预测准确率要求的提高，使用遗传算法优化下的 BP 神经网络对未来风险概率进行预测，设风险违约产生的违约期望值为 ξ，而贷款金额为 ω，则可得式（5 – 25）：

$$Pro = purelin\big[w_{11}^{(4,5)} \cdot tansig(\sum_{n=1}^{k} w_{n1}^{(1,2)} + b_1^{(2)}) + w_{21}^{(4,5)}$$

$$\cdot tansig(\sum_{n=1}^{k} w_{n2}^{(1,2)} + b_2^{(2)}) + w_{31}^{(4,5)} \cdot tansig(\sum_{n=1}^{k} w_{n3}^{(1,2)}$$

$$+ b_3^{(2)}) + w_{41}^{(4,5)} \cdot \mathrm{tansig}(\sum_{n=1}^{k} w_{n4}^{(1,2)} + b_4^{(2)}) + w_{51}^{(4,5)}$$

$$\cdot \mathrm{tansig}(\sum_{n=1}^{k} w_{n5}^{(1,2)} + b_5^{(2)}) + b_1^{(4)}] \qquad (5-25)$$

其中，$\qquad \mathrm{tansig} = \dfrac{2}{1+e^{-x}} - 1$，$\xi = Pro \cdot \omega$

此时可以判断某类新型农业经营主体信贷风险期望值为 ξ，违约概率为 Pro。

5.5

本章小结

本章首先在第 4 章基础上设计了新型农业经营主体信贷风险评估指标体系，然后利用 BP 神经网络对银行参数与自建参数评估指标体系先后进行模型构建与实证模拟，分别取三类主体样本的 80% 进行实证训练，剩下 20% 进行模拟预测，得出自建参数在预测与概率计算准确度上都优于银行参数，同时得出整套权值和阈值及风险概率计算公式；随后再引入遗传算法对 BP 神经网络进行改进，对自建参数评估体系进一步内部对比测试与实证模拟，同样按照上述方法进行训练与模拟，比较两者优劣；在对结果与权值和阈值层数研究后，利用权值和阈值和概率公式得出最终遗传算法下的 BP 神经网络预测风险概率公式，以及不同模型参数下的预测准确度、灵敏度等对比表格，为后面测算期望违约损失及风险控制提供参考。

本章研究发现：（1）算法演算上，BP 神经网络略快于遗传算法优化的 BP 神经网络，而在概率准确度与预测准确度上，后者远比前者高；（2）整体数据灵敏度来看，数据较多情况下，遗传算法优化的 BP 神经网络比 BP 神经网络更高，但常规来讲 BP 神经网络的灵敏度则更高；（3）从样本本体拟合准确度上分析，BP 神经网络在本体拟合度上足够高，但会出现过拟合现象，而遗传算法优化的 BP 神经网络，在拟合新型农业经营主体样本数据时，整体不会出现过拟合，且有较好的拟合效果；（4）未来若有足够数据对整体信贷风险进行预测，使用遗传算法优化的 BP 神经网络会大大提高预测准确度，并降低误差，同时计算出未来违约期望值并给予相应授信金额，最后给目标信贷主体相应的风险评级。

　　然而，虽然本章通过 BP 神经网络对各类新型农业经营主体信贷风险重要影响因素及其违约概率进行了评估，但评估的目的是为控制决策提供依据，因此需进一步确认其准确性，以及能在多大程度上为后续风险控制提供可靠的决策依据。

第6章

新型农业经营主体信贷
风险的控制

　　第 5 章主要基于第一还款来源设计了新型农业经营主体信贷风险评估指标体系，然后分别运用 BP 神经网络和基于遗传算法的 BP 神经网络，对现有银行涉农信贷风险评估指标体系与新建评估指标体系进行对比分析，充分验证了新建评估指标体系和模型的适用性及正确性，大大提高了风险评估的效率和准确率。然而，上述评估指标体系和模型，虽有助于信贷风险的早发现、早预防，但风险评估效率和准确率的提高不是目的，最终如何利用验证的参数与计算出的违约概率来控制信贷风险才是最终期望。由第 4 章识别出的风险主要影响因素和第 5 章评估出的风险影响因素权重及预期损失可知，这些主要影响因素在不同环境下面对不同主体，有些是不可改变的、有些是可改变的，而且既相互独立，又相互交叉，甚至相互影响，相互传染。因此，如何对新型农业经营主体信贷风险主要影响因素进行详尽的控制分析，尤其是银行用何种数量模型来计算参数的权重与配比系数进行控制决策，降低授信过程中的风险，对提高风险控制水平有着重要的意义。

　　首先，本章以提高新型农业经营主体信贷风险管理控制率为目标，从信贷决策目标出发，对各风险主要影响因素做出控制分析，以进一步明确引发信贷风险的事件证据；其次，基于目标规划法，创建多目标决策模型，对各主要风险影响因素做出控制决策并确定控制值，同时综合前期的违约概率和违约期望值模型，计算出每个主体的授信金额、贷款利率等，从而为银行信贷风险控制提供决策依据；最后，以缓解信贷约束为目标，提出了多维数据排查、健全信息共享和金融科技创新等，能有效提升信贷风险识别、评估与控制能力和水平的对策与方法，从而为新型农业经营主体信贷风险管理，乃至中小企业信贷风险管理提供了良好的建议和借鉴。

6.1

新型农业经营主体信贷风险决策目标

作为盈利机构的商业银行，其信贷决策的首要目标是如何实现风险最低情况下的效益最大化。然而，效益和风险总是相辅相成的，高效益往往伴随着高风险，而过度控制风险往往会导致效益也低，因而要将两者综合起来考虑，使它们处在一个适度合理的区间并达到动态协调，这给信贷决策者提出了很高的要求。而多目标决策与风险决策具有很多的共同点，该方法能够很好地模拟信贷风险决策的实际问题，特别对于信贷风险评估与控制方面的决策，能够取得非常好的决策效果。因此，非常有必要深入分析和探讨如何运用多目标决策模型，从协调优化新型农业经营主体信贷风险决策目标入手，来进一步提高其信贷风险控制的效率。

6.1.1　商业银行效益和风险考核目标

商业银行风险考核指通过建立一系列指标体系，运用科学方法对经营中可能出现的显性和隐性风险进行客观综合评价，以确定可能面临的风险大小，从而提出防范和改进对策。一方面，由于商业银行经营管理活动的复杂性和面临风险的多样性，需要选择一组能够从收入、利润和成本等方面，全面、综合地反映其效益与风险水平的指标才能做出总的评价；另一方面，运用科学合理的方法，根据每个指标的权重进行计算，用因子分析法等确定各指标的重要程度进行综合评价。考核指标选取不仅要遵循全面、可靠和有效性等原则，而且还要充分考虑政治、经济和文化等多方面因素的影响，只有这样才能全方位、多层次综合反映风险并起到预警作用。国内外现有商业银行考核指标体系主要有美国联邦储备委员会的"CAMEL"绩效考核法，美国三大著名信用评级机构穆迪、标准·普尔和菲奇的信用考核体系以及平衡记分卡等，而国内则有中国人民银行和中国银行保险监督管理委员会等主管部门制定的《国有独资商业银行考核评价暂行办法》《国有商业银行考核评估办法》《商业银行内部控制指引》和《股份制商业银行风险评级体系（暂行)》等体系①，见表6–1。

表6–1　　　　　　　商业银行风险监管核心指标体系

指标类别		一级指标	二级指标
风险水平	流动性风险	1. 流动性比例	
		2. 核心负债依存度	
		3. 流动性缺口率	
	信用风险	4. 不良资产率	4.1 不良贷款率
		5. 单一集团客户授信集中度	5.1 单一客户贷款集中度
		6. 全部关联度	
	市场风险	7. 累计外汇敞口头寸比例	
		8. 利率风险敏感度	
	操作风险	9. 操作风险损失率	
风险迁徙	正常类贷款	10. 正常贷款迁徙率	10.1 正常类贷款迁徙率 10.2 关注类贷款迁徙率
	不良贷款	11. 不良贷款迁徙率	11.1 次级贷款迁徙率 11.2 可疑贷款迁徙率

① 来源于中国银行保险监督管理委员会网站（http：//www.cbrc.gov.cn/index.html）。

指标类别		一级指标	二级指标
风险 抵补	盈利能力	12. 成本收入比	
		13. 资产利润率	
		14. 资本利润率	
	准备金充足 程度	15. 资产损失准备充足率	15.1 贷款准备充足率
	资本充足程度	16. 资本充足率	16.1 核心资本充足率

资料来源：笔者根据中国人民银行和中国银行保险监督管理委员会等主管部门制定的《国有独资商业银行考核评价暂行办法》《国有商业银行考核评估办法》《商业银行内部控制指引》和《股份制商业银行风险评级体系（暂行）》等整理而得。

　　然而，新型农业经营主体信贷风险决策实质是效益与风险的博弈，这种博弈既可单次也可重复多次。虽然完全信息静态博弈下可得到银行与新型农业经营主体间的共赢目标，但在现实中双方信息对称的前提条件往往很难实现。一方面，由于新型农业经营主体的发展环境往往存在一定的闭塞，对于银行而言，通常并不能完全掌握其资金状况、经营规模和盈利能力等情况，很难准确判断其违约可能性，从而博弈双方往往会基于信贷资金用途和监管方面进行博弈；另一方面，由于新型农业经营主体信贷需求时机的匹配性问题，刚开始投产资金需求最大，但此时由于产品尚未产出、未形成现金流，金融机构一般本着审慎原则希望相对成熟后再投放，于是双方资金需求和关注点间存在矛盾，而等到投入开始产出时，尤其是越有经验的经营主体，经过几年积累本身资产已经有一定规模，较少需要资金，双方往往又会基于信贷金额和时间方面进行博弈。因此，如何真实把握信贷双方的风险决策目标，采取有效措施和方法来协调双方的效益与风险等多目标诉求，以真正把握信贷风险决策实质，从而有针对性地提出风险控制对策。

6.1.2　多目标决策在风险决策领域的应用

（1）多目标决策与金融风险决策。

随着金融创新活动的不断推进与深化，金融交易越来越活跃和复杂，同时面临的风险也越来越大，金融机构在进行风险决策时经常会碰到诸多相互矛盾的问题，例如，效益与风险、成本与风险等问题，尤其是决策者需要面对规模越来越大的决策系统，以及大量的不确定性和不可预测因素等。然而，现实中大量的决策问题都涉及不同层次的多个评价标准，由于受到人们的理解能力和掌握信息完备程度等方面的制约，很难找到最优的解答，只有满意解。而多目标决策理论是运筹学的一个重要分支，它依据决策背景，综合考虑多个相互分歧且可能矛盾的评价指标，利用管理学理念、统计学原理、最优化理论和运筹学方法，能够对多个备选方案进行排序和优选，从而非常好地帮助决策者进行满意决策。

事实上，多目标决策与风险决策有很多共同点，如决策目标间的矛盾性和不可公度性、定性指标与定量指标共存、风险与目标间的复杂性及自然状态和决策后果的不确定性等，并且多目标决策能很好地模拟风险决策的实际问题，特别是对风险识别与控制方面的决策，因此运用多目标决策理论和方法来解决风险决策问题，是理论与实践领域的一个重要趋势。正因为多目标决策在解决复杂决策问题中的重要作用，国内外学者建立了多种经典决策方法，如模糊层次分析法（FAHP）、数据包络法（DEA）、逼近于理想解的排序法（TOPSIS）和灰色关联分析法（GRA）等，这些理论方法近几年在风险管理领域成为研究热点，本书将多目标决策等方法应用在新型农业经营主体信贷风险控制模型构建中，具有较好的理论与实际意义。

（2）相对效益优化决策。

商业银行的效益和风险总是相辅相成的，效益并不是越大越好，风险也不是越小越好，高效益往往伴随着高风险，而过度控制风险往往会导致效益也低，因而在实际经营管理中不能一味地追求效益或者控制风险，而应将两者综合起来考虑，例如，给定效益时尽量做到风险最小化，给定风险时尽量做到效益最大化，两者应该处在一个适度合理的区间并达到动态的协调。然而，在商业银行效益和风险管理方面的早期研究大多基于单一的效益管理或风险控制目标，后期的研究才开始逐渐关注效益与风险的相互影响机制。但是，无论是效益管理基础上的风险研究还是风险约束下的效益研究，都没有达到对效益和风险进行协调优化的效果，真正的理想状态应该是让效益和风险达到一个动态协调平衡的状态，例如，在一定程度上效益水平能够承担相应的风险，而在该风险水平下也能带来适度的效益。

现实中，由于商业银行的效益指数和风险指数，都会受到诸如资产结构和业务规模等一些经营指标的影响，其中有些因素甚至会同时且同方向影响效益和风险，即提高效益的同时可能会增加风险，反之则亦然。然而，这些经营指标变动的结果往往是有利有弊的，为了权衡这些利弊需要用"相对效益"这一指标将效益和风险有机结合起来，即将这些经营指标控制在一定的变动范围内，通过效益指数/风险指数（实际研究中是利用财务指标合成效益指数和风险指数来衡量其效益和风险水平）来衡量商业银行效益与风险的协调程度，也可以理解为单位风险所能创造的效益，并且观察各指标变动时效益指数和风险指数的变动及对应的相对效益的高低，然后再寻求相对效益最大时各经营指标的状态，之后通过经营指标的优化组合达到效益与风险关系进一步优化的目的，此类做法已经被大量的理论与实践证明在商业银行效益和风险优化决策中取得了非常好的效果。

6.1.3　新型农业经营主体信贷风险决策目标优化

（1）经济效益与风险控制协调优化。

如上所述，无论开展何种业务，商业银行经营的首要目标即实现风险与效益的协调优化。然而，表面上新型农业经营主体信贷业务普遍存在风险大、收益低、投入产出不经济等问题，为大部分银行所不喜欢。经过前文的深入分析，我们发现新型农业经营主体信贷业务的效益和风险并非真正如大部分表象那样，原因很可能是由于各家银行没有区分信贷主体和用途，未能深入了解和分析此类信贷业务风险的实质，尤其未能采取切实有效的风险评估与控制方法来规避风险所致。事实上，任何业务都存在着效益与风险间的协调问题。首先，从效益的角度来分析新型农业经营主体信贷业务，根据对浙江省的实证调查发现，现阶段主要从事新型农业经营主体信贷业务的三家银行，有各地农商行（农信社）、农业银行和邮政储蓄银行，如表6-2所示，农商行的资金利率和资金成本相对较高，且此类业务占其总体信贷规模的比重相对较大，接下来是邮政储蓄银行，而农业银行最低，虽然他们的资金成本和运营成本也是按照农商行、邮政储蓄银行和农业银行从高到低这个顺序排列的，但是总的来说，投放到新型农业经营主体信贷业务上面的相对效益也是农商行最高，其他两家相对较低；其次，从风险的角度来分析，剔除掉其他业务，仅仅统计投放到各类新型农业经营主体信贷业务中发生信贷违约的数据中，农商行和农业银行风险相对较低，而邮政储蓄银行并未因为其效益不高而风险也相应较低，很多地区的邮政储蓄银行不良率很高甚至个别地区达到4%~5%；最后，从效益与风险协调优化的角度来分析，从实证调查数据统计结果来看，农商银行并未因投放了大量的涉农信贷业务而发生了较高的违约率，其相对效益指数在各家银行中仍然非常好看，而反观邮政储蓄银行虽然其涉农信贷业务规模和相对效益指数在三家银行中都居于中间水平，但是其相对风险指数却比其他两家高出一倍多。由此可见，在新型农业经营主体信贷业务中，高收益未必伴随高风险，只要风险管理得当，在相对效益指数协调优化的情况下，仍能实现收益最大而风险相对最小。

表 6 - 2　　浙江省主要农村金融机构涉农信贷效益与风险对比

农村金融机构	利率（相较于基准）	违约率
农商行	上浮 60% ~80%	不超过 0.5%
邮政储蓄银行	上浮 40% ~60%	1% 以上甚至更高
农业银行	上浮 10% ~20%	不超过 0.5%

资料来源：笔者整理绘制。

（2）经济效益与成本控制协调发展。

由于农村金融机构需要面对大量小规模农户和农业中小企业，交易成本高且信息不对称，单位信贷成本投入要远高于非农信贷业务，因而之前大部分金融机构都不愿涉足此类业务。究其原因主要是这些金融机构对涉农业务的经济效益与成本控制问题未有深入的分析和理解。首先，从经济效益角度进行分析，虽然涉农业务相对传统对公业务规模来说存在小而散的特点，但新型农业经营主体作为涉农业务中的优质客户，此类业务的经济效益不会由于其小而散而大为逊色；相反其相对效益远高于其他种类业务；其次，从成本控制角度进行分析，理论上看涉农信贷由于单笔业务投入的资源较其他业务相对较大，投入产出比较低，但信贷业务由于存在规模经济和范围经济效应，例如，当新型农业经营主体信贷业务规模达到一定量之后，便会出现单位业务成本递减即经济学意义上的规模经济，正如吴奉刚和陈国伟（2012）利用广义超越对数成本函数得出股份制商业银行的总体规模经济略好于国有控股商业银行，而范围经济则正相反,尤其是随着互联网和金融科技手段的不断发展和成熟,越来越多的银行逐渐采用推广线上线下相结合的业务办理模式,大大降低了人力和信息采集成本,因此能在很大程度上逐步显现边际成本下降以弥补业务分散带来的成本增加效应;最后,经济效益不仅体现在财务指标上的盈利能力,还有更多体现在其他方面,例如,社会效益、市场占有率等,并且随着互联网金融和金融科技手段的不断成熟和发展,未来涉农信贷成本控制在经济效益影响因素中的比重会越来越少,加上随着风控手段的不断完善,单位信贷资金的坏账率越来越低,以上这些因素都会有助于成本控制的降低。综上所述,开展新型农业经营主体信贷业务,金融机构不能仅仅从眼前短期利益出发,仅仅从盈利能力或直接成本角度去评判,而要从社会效益、市场占有率及随着科技进步单位成本的不断下降所带来效益增长,最终会导致提高经济效益和控制成本两种方案协调发展。

6.2

信贷风险重要影响因素控制分析

前面实证调查分析将新型农业经营主体信贷风险划分为信用、经营和市场三大风险,在后续风险识别和评估过程中,又根据农业行业将经营主体划分为经济作物、大田作物和畜牧养殖进行影响因素分析,综合上述两个维度的分析得到如表6-3的统计结果。下面将先分别按照风险分类分析不同的影响因素对三类经营主体带来的影响程度,从而为后续构建多目标决策模型控制分析提供参考。

表 6 - 3   **不同行业不同风险影响因素统计**

类别	信用风险	经营风险	市场风险
经济作物	X_2 年龄、X_5 健康状况、X_6 有无管理经验、X_{10} 家庭总资产、X_{13} 有无违约记录、X_{15} 当地信用环境	X_{18} 销售利润率、X_{19} 农业生产设施投入、X_{20} 是否有对外担保、X_{22} 有无专业技术人员、X_{24} 生产规模、X_{25} 有无简单的电子化管理、X_{26} 有无环保等政策风险、X_{27} 土地流转年限	X_{28} 对市场价格行情的把握度
大田作物	X_3 婚姻状况、X_5 健康状况、X_{13} 有无违约记录、X_{15} 当地信用环境	X_{16} 是否购买农业保险、X_{20} 是否有对外担保、X_{22} 有无专业技术人员	X_{31} "三品一标"认证情况、X_{32} 有无长期稳定的生产资料购买渠道
畜牧养殖	X_1 性别、X_2 年龄、X_3 婚姻状况、X_5 健康状况、X_6 有无管理经验、X_{13} 有无违约记录、X_{15} 当地信用环境	X_{16} 是否购买农业保险、X_{19} 农业生产设施投入、X_{20} 是否有对外担保、X_{22} 有无专业技术人员、X_{25} 有无简单的电子化管理、X_{26} 有无环保等政策风险	X_{28} 对市场价格行情的把握度、X_{29} 产品是否为当地名优特产、X_{33} 有无长期稳定的销售渠道

资料来源：笔者整理绘制。

6.2.1 信用风险影响因素的控制分析

根据表 6 - 3 中有关信用风险部分数据可知，健康状况、有无违约记录和当地信用环境三个影响因素，对所有行业的新型农业经营主体信用风险影响都显著，而年龄、婚姻、有无管理经验等影响因素，对其中两个行业主体的信用风险影响显著，家庭总资产只对经济作物类经营主体的信用风险影响显著，性别只对畜牧养殖类经营主体的信用风险影响显著。结合实证调研和模型测算结果分析，用以下五个方面来阐述。

（1）健康状况、有无违约记录和当地信用环境。

这三个因素对导致信用风险的影响最广泛，反过来从已经发生违约的样本来看，很大一部分经营主体要么是由于经营者健康出问题而导致无法继续经营，要么是信用意识淡薄，之前征信报告就不是很好但通过熟人关系获得贷款的，这些主体的信用风险发生率最高，因此在未来风险控制中需要对这两项指标格外重视，而当地信用环境则是个相对的概念，经济越落后的地方，老百姓信用意识越低，且其违约成本也相对较低，因而在同样情况下，这些地区发生信用风险的概率明显要比经济发达地区要高。

（2）年龄。

不是说越年轻越好、年纪越大就越不好，该指标有一个相对范围值，如图6-1、图6-2、图6-3所示，从所采集的信贷违约样本统计结果来看，容易发生信用风险的经营者年龄主要分布在40~60岁，从这个数据中可以看出相对年轻的经营者由于经验不足且缺少积累，虽然他们的文化程度较高且信用意识较强，但一旦发生亏损而导致的非主观违约比例还是较高，因此该指标在后续风险控制中要重点关注。

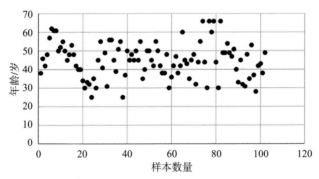

图6-1 经济作物样本年龄违约分布

资料来源：笔者根据采集的信贷违约样本统计结果绘制。

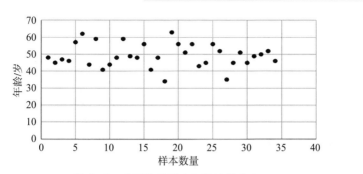

图 6 - 2　大田作物样本年龄违约分布

资料来源：笔者根据采集的信贷违约样本统计结果绘制。

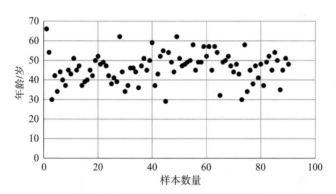

图 6 - 3　畜牧养殖样本年龄违约分布

资料来源：笔者根据采集的信贷违约样本统计结果绘制。

（3）婚姻状况。

一般来说有稳定家庭的经营主体，其家庭资产实力和抗风险能力相对都比较高，从所采集的信贷违约样本统计结果来看，很多单身或离异的经营者发生信用风险的概率非常之高，现实中金融机构对单身尤其是离婚的经营者格外谨慎，因此后续的风险控制中需要对婚姻状况格外关注。具体如图 6 - 4、图 6 - 5、图 6 - 6 所示。

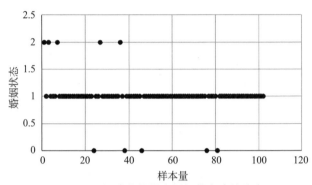

图 6 - 4　经济作物样本婚姻状态违约分布

资料来源：笔者根据采集的信贷违约样本统计结果绘制。

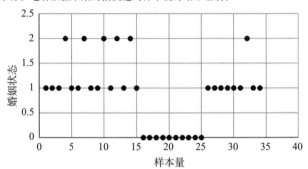

图 6 - 5　大田作物样本婚姻状态违约分布

资料来源：笔者根据采集的信贷违约样本统计结果绘制。

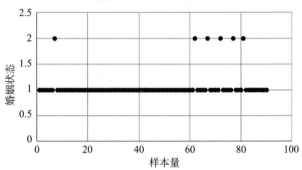

图 6 - 6　畜牧养殖样本婚姻状态违约分布

资料来源：笔者根据采集的信贷违约样本统计结果绘制。

（4）有无管理经验。

对于规模化、集约化程度相对较高的新型农业经营主体来说，有无管理经验非常重要，因为具有一定管理经验的经营者其经营管理能力和风险管控水平要比没有经验的经营者高很多，从实证调研来看，其中那些在企事业单位做过管理工作、担任过乡村干部的经营者，其经营主体发生信用风险的概率要比普通经营者低很多。

（5）性别和家庭总资产。

这两种因素虽然对个别行业新型农业经营主体有显著影响，但是由于它们涉及的范围相对较少，且从实证调查的角度来看也不是关键影响因素，因此在信贷风险控制中作为参考因素加以分析，无须重点关注。

由此可见，信用风险影响因素控制需主要针对健康状况、有无违约记录、当地信用环境、年龄、婚姻状况和有无管理经验这六个因素进行控制。其中健康状况、有无违约记录、有无管理经验相对比较简单，基本上只需判断有还是无就行，在后续模型分析中只显示（0，1），因此无须做特定分析；而当地信用环境、年龄和婚姻状况相对来说比较复杂，因为不同变量取值范围都会对信用风险的发生造成不同的后果，因此后续多目标决策模型中需要重点对这两个变量进行分析。

6.2.2　经营风险影响因素的控制分析

根据表6－3风险影响因素统计中有关经营风险部分数据可知，是否有对外担保、有无专业技术人员两个影响因素对所有行业的新型农业经营主体经营风险影响显著，其中是否购买农业保险、农业生产设施投入、有无简单的电子化管理、有无环保等政策风险等影响因素对两个行业的新型农业经营主体经营风险影响显著，而销售利润率、生产规模和土地流转年限三个影响因素只对经济作物类新型农业经营主体经营风险影响显著。结合实证调研和模型测算结果分析从以下六个方面来进行分析。

（1）是否有对外担保。

这个因素对导致经营风险的影响最广泛，反过来从已经发生违约的样本来看，之前很大一部分经营主体由于对外担保大大增加其风险受传染的概率，尤其是碰到宏观经济环境普遍较差或面对严重自然灾害时，非常容易受被担保主体影响而发生经营风险，因此在当下金融机构信贷风险控制中受到较大关注。具体如图6-7至图6-9所示。

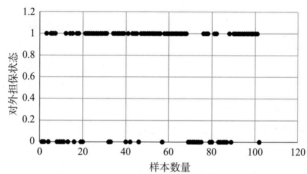

图6-7　经济作物样本对外担保分布

资料来源：笔者根据采集的信贷违约样本统计结果绘制。

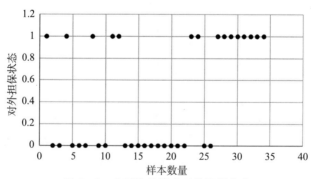

图6-8　大田作物样本对外担保分布

资料来源：笔者根据采集的信贷违约样本统计结果绘制。

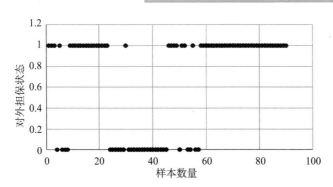

图 6 – 9　畜牧养殖样本对外担保分布

资料来源：笔者根据采集的信贷违约样本统计结果绘制。

（2）有无专业技术人员。

这个因素对导致经营风险的影响同样最广泛，由于新型农业经营主体规模化、集约化的经营模式对技术要求相对较高，尤其像养殖业对瘟疫疾病的控制非常需要专业技术人员进行管理，因而必要的专业技术人员配备能在很大程度上降低经营风险的发生概率，因此这个因素需要重点考察。

（3）是否购买农业保险。

一般情况下如果购买农业保险的话，能够在很大程度上降低自然灾害或者瘟疫、疾病带来的预期损失，但是有些经营主体出于成本的考虑，往往采取少买甚至不买，因此从风险控制的角度，要将购买农业保险与获得贷款的额度挂钩，这样才能有效降低由于突发自然灾害而引发的经营风险。

（4）农业生产设施投入和有无简单的电子化管理。

这两个因素主要包括农机设备采购等软硬件方面的支出，一般来讲新型农业经营主体在这方面的投入越大，说明经营者对自己所经营的事业越有信心，则发生经营风险的概率相对较低，而且由于管理能力的提升，其盈利水平往往比同行要高，当然也不能不顾生产实际盲目地扩大，导致资产负债率很高等情况，因此在后续控制中要把握好一定的度。

(5) 有无环保等政策风险。

对种植业经营主体来说，主要是农业扶持和补贴等政策的变动；而对于畜牧养殖经营主体来说，主要是诸如前几年的环保风暴导致大量的不规范中小养殖场被拆导致的经营风险，因此这个因素需要分类区别考察。

(6) 销售利润率、生产规模和土地流转年限等因素。

虽然对个别行业新型农业经营主体有显著影响，但由于涉及的范围相对较少，且从实证调查角度来看也不是关键影响因素，因此在信贷风险控制中作为参考因素分析，无需重点关注。

由此可见，经营风险影响因素控制需主要针对是否有对外担保、有无专业技术人员、是否购买农业保险、农业生产设施投入、有无简单的电子化管理和有无环保等政策风险六个因素进行控制。其中是否有对外担保、有无专业技术人员、是否购买农业保险和有无简单的电子化管理几个因素相对容易，一般来讲有对外担保往往会增加经营风险的可能性，而购买农业保险往往会降低经营风险的可能性，在后续模型分析中只显示 (0, 1)，因此无需做特定分析；农业生产设施投入相对比较复杂，正如上面的分析所言，不同的变量取值范围都会对经营风险的发生造成不同的后果，而有无环保等政策风险这个变量虽然前期的调查和分析表中将其划分为有或无的变量，但根据上面分析其实际上又分为好几种情况，因此在后续多目标决策模型构建中要格外考虑，这两个因素是目前金融机构不太重视的部分，但却起着至关重要的作用，因此后续多目标决策模型中需重点对这两个变量进行分析。

6.2.3 市场风险影响因素的控制分析

根据表 6-3 风险影响因素统计中有关市场风险部分数据可知，没有一个影响因素对所有行业新型农业经营主体市场风险影响显著，其中对市场价格行情的把握度对两个行业的经营主体市场风险影响显著，有无长期稳定的生产资料购买渠道和产品有无认证"三品一标"两个因素，只对大田作物类经营主体市场风险影响显著，产品是否为当地名优特产和有无长期稳定的销售合作对象，只对畜牧养殖类经营主体市场风险影响显著。结合实证调研和模型测算结果从以下五个方面进行分析。

（1）对市场价格行情的把握度。

这个因素相对来说比较难以判断，但是通过访谈可以发现，每个经营主体的市场意识、营销策略以及应对市场行情波动的对策，尤其是若市场行情价格波动应对不当，往往会导致市场风险，经营主体要能够在充分了解市场规律的基础上做好一些预防和应对措施，因此该指标在后续风险控制中要格外需要注意。

（2）有无长期稳定的生产资料购买渠道。

这个因素虽然看起来影响范围不大，由于大田作物对种子、化肥等生产资料投入较大，而稳定的生产资料购买渠道不仅可以确保生产资料的保质保量供应，而且还可以通过适当的赊销来降低资金占用成本，因而对于规模较大的大田作物经营主体来说具有比较重要的影响作用。

（3）有无长期稳定的销售合作对象。

这个因素看起来影响范围不大，但由于畜牧养殖业产品受行业周期影响导致市场供需和价格波动较大，而经营主体如能够建立起长期稳定的销售合作对象，则能非常有效地规避上述波动而引发的市场风险，虽然前期计算结果显著不强，但该因素对其他两类经营主体其实具有同样的作用。

（4）产品是否为当地名优特产。

如果是名优特产，则不仅由于产业集聚而使得农产品的生产经营具备了较为成熟的管理和技术，而且该产品的上下游供应链体系也相对较为完善，此类经营主体发生市场风险的概率往往很低，反之如果经营的是相对小众的产品，则很有可能会由于市场销路不对而导致市场风险，虽然前期计算结果显著不强，但后续风险控制中仍需对其要重视。

（5）"三品一标"认证情况。

这个因素在当下的农业生产中还不是很普遍，但是一旦某个经营主体对其生产的农产品进行了"三品一标"的认证，一方面，说明该经营主体生产的产品和质量跟同行业比有过人之处；另一方面，说明该经营者的经营理念和市场意识比同行业要高，事实证明认证过"三品一标"的经营主体相对来说发生市场风险概率相对要低，因此在后续的风险控制中同样需要关注该因素的作用。

由此可见，市场风险影响因素控制需主要针对对市场价格行情的把握度、有无长期稳定的生产资料购买渠道和有无长期稳定的销售合作对象三个因素进行控制。其中有无长期稳定的生产资料购买渠道和有无长期稳定的销售合作对象两个因素相对比较容易，一般来讲经营主体如果具备这两种要素，则其遭受市场风险的可能性要比没有的经营主体更低，在后续模型分析中只显示（0，1），因此无需做特定分析；而对市场价格行情的把握度相对则比较复杂，正如上面所言，不同的了解程度所代表的变量取值范围都会对市场风险的发生造成不同的后果，因此后续多目标决策模型中需对该变量重点进行分析。

6.3

信贷风险控制多目标决策模型

多目标决策模型应用于多个目标函数在给定区域上的最优化决策问题，对解决新型农业经营主体信贷风险控制决策具有非常好的效果，该模型适用于选择方案连续不可数，且目标属性值也是连续可变的控制决策问题。下面将从问题目标的确定、多目标决策模型参数及构建到多目标决策模型的求解分析，将对新型农业经营主体信贷风险重要影响因素的控制转变为对多目标决策模型的求解。

6.3.1 多目标决策模型及公式

多目标决策模型一般分为以下五个步骤进行建模分析：

第一步，确认问题目标并筛选对应的约束条件范围。

第二步，按照约束条件对目标进行建模。

第三步，在可以求解情况下通过量化或定性分析确定相应最优解或次优解。

第四步，根据已有现实对策以及结果，进一步优化设定对应的参数值。

第五步，运用决策支持模型或者算法，从中获得多个有效次优或最优解，或得到各解根据综合效用进行的排序结果。在一些决策环境中，决策者还需对结果的敏感性进行分析，从而判断评估指标权重的合理性以及决策结果的有效性。

设有多目标决策问题 $\max(\min)f_l(X)$，$l=1$，2，$\cdots$，L，其通常型可以表示为式（6-1）：

$$Z = F(X) = \begin{bmatrix} \max(\min)f_1(X) \\ \max(\min)f_2(X) \\ \cdots \\ \max(\min)f_L(X) \end{bmatrix}$$

$$\text{s. t.} \quad \Phi(X)\begin{bmatrix} \Phi_1(X) \\ \Phi_2(X) \\ \cdots \\ \Phi_m(X) \end{bmatrix} \leqslant B = \begin{bmatrix} b_1 \\ b_2 \\ \cdots \\ b_m \end{bmatrix} \qquad (6-1)$$

其中，$X = (x_1, x_2, \cdots, x_n)^T$ 为决策变量。可以进一步缩写为式（6-2）：

$$\max(\min)Z = F(X)$$

$$\text{s. t.} \qquad \Phi(X) \leqslant B$$

$$X \geqslant 0 \tag{6-2}$$

将其写为矩阵模式，即为式（6-3）：

$$\max(\min) Z = CX$$

s. t.

$$AX \leqslant B$$

$$X \geqslant 0 \tag{6-3}$$

多目标决策模型有多种形式，有主目标法、分层序列法、目标规划法。而后面的演算主要用到的是目标规划法。

设一决策问题有 L 个决策目标，K 个优先等级因子 $p_K(K \leqslant L)$，n 个变量。其中，$p_1 > p_2 > \cdots > p_k$，再设同一优先等级 p_k 中不同目标的正、负偏差变量权系数分别为 ω_{kl}^+、ω_{kl}^-，则其目标规划模型可表示为式（6-4）、式（6-5）、式（6-6）、式（6-7）、式（6-8）。

$$\min Z = \sum_{k=1}^{K} p_k \sum_{l=1}^{L} (\omega_{kl}^- d_l^- + \omega_{kl}^+ d_l^+) \tag{6-4}$$

$$\sum_{j=1}^{n} c_j^{(l)} x_j + d_l^- - d_l^+ = g_l (l = 1, 2, \cdots, L) \tag{6-5}$$

$$\sum_{j=1}^{n} a_{ij} x_j \leqslant (=, \geqslant) b_i (i = 1, 2, \cdots, m) \tag{6-6}$$

$$x_j \geqslant 0 \quad (j = 1, 2, \cdots, n) \tag{6-7}$$

$$d_l^+, \ d_l^- \geqslant 0 \quad (l = 1, 2, \cdots, L) \tag{6-8}$$

6.3.2 多目标决策模型参数及构建

在章节 6.2 风险重要影响因素控制分析基础上，下面根据第 4 章构建的 probit 风险识别模型所奠定的风险决策基础，依据式（4-8）、式（4-9）、式（4-10），将其在各主要影响因素共同作用下的发生概率值，即 probit（p）最小化设为控制决策目标之一，将其转化为相应的约束条件，并依据问卷、调研等结果将主要影响因素约束到一定的参考值范围内，由于经济作物、大田作物和畜牧养殖行业不同，内含参数略有不同，之后将结合所有参数进行信贷风险管理建模控制分析，具体如式（6-9）所示：

$$\min f(x) = p_1(d_1^+ + \cdots + d_n^+) + p_2(d_{n+1}^+ + \cdots + d_{n+k+1}^+) + \cdots$$
$$+ p_n(d_{n+k+2}^+ + d_{n+k+j+2}^+)$$

s. t.
$$pro(a_0 x_1 + k x_i) = 0$$
$$a_2 \leqslant a_1 x_1 \leqslant a_3$$
$$\cdots\cdots$$
$$k_j \leqslant k_i x_i \leqslant k_h \qquad (6-9)$$

（1）经济作物新型农业经营主体多目标决策模型的测算。

根据 4.4.3 的 probit 模型进行测算可知其概率为式（4-7），这里 probit 风险识别模型凝练了影响经济作物新型农业经营主体信贷风险的主要因素，如 X_2 年龄、X_5 健康状况、X_6 有无管理经验、X_{10} 家庭总资产、X_{13} 有无违约记录、X_{15} 当地信用环境、X_{18} 销售利润率、X_{19} 农业生产设施投入、X_{20} 是否有对外担保、X_{22} 有无专业技术人员、X_{24} 为生产规模、X_{25} 有无简单的电子化管理、X_{26} 有无环保等政策风险、X_{27} 为土地流转年限和 X_{28} 为对市场价格行情的把握度等。

$$y = 1.8661 - 0.0362 X_2 + 0.0201 X_5 + 0.6713 X_6 - 0.0018 X_{10}$$
$$- 2.7785 X_{13} - 0.7591 X_{15} - 0.6791 X_{18} + 0.4004 X_{19}$$
$$+ 0.0206 X_{20} - 2.2158 X_{22} + 0.0016 X_{24} + 0.3098 X_{25}$$
$$+ 1.4564 X_{26} + 0.0421 X_{27} - 0.6426 X_{28} \qquad (6-10)$$

为求解其多目标决策次优解，需对公式进行优化，由章节 6.2 因素控制分析可知，类似于 X_5 健康状况，若经营者出现健康问题，则经营主体无法持续经营，同时银行也会选择停止信贷投放，故其控制值为 0；对 X_6 有无管理经验，银行在信贷投放过程中，基本选经营者有管理经验的主体作为授信对象，对于无管理经验或新进经营主体一般持怀疑态度，故选取控制值为 0；X_{13} 有无违约记录，违约记录作为银行信贷风险控制中的重要参数，无论是小到信用卡办理还是大额贷款，都需要先验违约情况查询征信记录，简化时应与现实保持一致，将控制值选为 0；X_{20} 是否有对外担保，同样信贷投放过程中，如存在对外担保，银行会降低授信经营主体的评级和信贷金额，故其控制值取值为 0；X_{22} 有无专业技术人员、X_{25} 有无简单的电子化管理在现有农业信贷活动的要求里是必要参数，如有说明该经营主体经营能力相对较强，故将其控制值选取为 0；X_{26} 有无环保等政策风险，由于前两年政府扶农支农政策的调整及对养殖业环保问题的大整治，不仅使原先大量依靠政府补贴的经营主体收入大受影响，而且使很多环保不达标的养殖主体被强制整改甚至关停，从而引发各种不确定风险，故将其控制值选为 0。以上各因素目前基本上为银行信贷活动中已严格控制的参数，因而将控制值取为 0 的参数代入式（6 − 10）进行计算，简化原 probit 模型函数得到新的约束条件如式（6 − 11）所示：

$$y = 1.8661 - 0.0362X_2 - 0.0018X_{10} - 0.7591X_{15} - 0.6791X_{18}$$
$$+ 0.4004X_{19} + 0.0016X_{24} + 0.0421X_{27} - 0.6426X_{28} \quad (6-11)$$

p_1 为优先因子经营主体信用风险，p_2 为优先因子经营主体经营风险，p_3 为优先因子经营主体市场风险，而传统的信用风险是优先考虑的，然后是经营风险，最后是市场风险。同时引入偏差变量 d_k^-、d_k^+，d_{34}^- 与 d_{34}^+ 为是否存在违约的偏差变量，其中 X_2 为年龄，X_{10} 为家庭总资产，X_{15} 为当地信用环境，X_{18} 为销售利润率，X_{19} 为农业生产设施投入，X_{24} 为生产规模，X_{27} 为土地流转年限，X_{28} 为对市场价格行情的把握度。由上一章问卷结果、描述性统计等可知，其不违约样本的年龄范围为 40 ~ 60 岁，在进行计算时，取在无最优解的情况下需对照参考在 40 ~ 60 岁的次优解，其他解无效；而家庭总资产一般在 131 万元以上，其违约样本人数会减少；当地信用环境参考当地银保监会等公布的商业银行不良贷款率排名，由于数据来源于浙江省 10 个地级市，取前 50% 的地区，同时参考当地经济发展水平，一般认为经济越发达信用环境也相对较好，因此控制值选取小于 5；销售利润率要大于平均水平的 28.3%，若低于这个数，则违约的风险会大大提高；在农业生产设施投入上，现有经济作物经营主体的平均投入资金为 69 万元，说明过低的投入会造成生产能力与效率的降低；生产规模平均数为 146.4 亩，若是小于这个数，容易造成规模不经济，从而抗风险能力相对较低；土地流转年限一般平均数为 10 年，而这个数值越大说明其土地使用权的稳定性越高，越不容易造成经营中断；最终从对市场价格行情的把握度情况来看，经营者把握程度越高，则越能采取有效应对措施来降低市场风险，则违约概率越低，因而控制值取 0，具体模型如式（6-12）

$$\min f(X) = p_1(d_2^+ + d_{10}^+) + p_2(d_{15}^- + d_{18}^+ + d_{19}^+ + d_{24}^+ + d_{27}^+)$$
$$+ p_3 d_{28}^+$$

s. t.　$1.8661 - 0.036279X_2 - 0.001874X_{10} - 0.75918585X_{15}$

　　　　$- 0.6791212X_{18} + 0.4004497X_{19} + 0.0016782X_{24}$

　　　　$+ 0.0421944X_{27} - 0.6426545X_{28} + d_{34}^- - d_{34}^+ = 0$

$$X_{10} \qquad\qquad + d_{10}^- - d_{10}^+ \qquad\qquad = 131$$

$$X_{15} \qquad\qquad + d_{15}^- - d_{15}^+ \qquad\qquad = 5$$

$$X_{18} \qquad\qquad + d_{18}^- - d_{18}^+ \qquad\qquad = 0.283$$

$$X_{19} \qquad\qquad + d_{19}^- - d_{19}^+ \qquad\qquad = 69$$

$$X_{24} \qquad\qquad + d_{24}^- - d_{24}^+ \qquad\qquad = 146.4$$

$$X_{27} \qquad\qquad + d_{27}^- - d_{27}^+ \qquad\qquad = 10$$

$$X_{28} \qquad\qquad + d_{27}^- - d_{27}^+ \qquad\qquad = 0$$

$$X_2 \qquad\qquad\qquad\qquad\qquad\qquad\qquad \geqslant 40$$

$$X_2 \qquad\qquad\qquad\qquad\qquad\qquad\qquad \leqslant 60$$

$$X_{10} \qquad\qquad\qquad\qquad\qquad\qquad\qquad \geqslant 131$$

$$X_{15} \qquad\qquad\qquad\qquad\qquad\qquad\qquad \leqslant 5$$

$$X_{18} \qquad\qquad\qquad\qquad\qquad\qquad\qquad \geqslant 0.283$$

$$X_{19} \qquad\qquad\qquad\qquad\qquad\qquad\qquad \geqslant 69$$

$$X_{24} \qquad\qquad\qquad\qquad\qquad\qquad\qquad \geqslant 146.4$$

$$X_{27} \qquad\qquad\qquad\qquad\qquad\qquad\qquad \geqslant 10$$

$$X_j \geqslant 0, \ j = 1, \ 2, \ 3, \ \cdots, \ 33; \ d_k^-、d_k^+ \geqslant 0;$$
$$k = 1, \ 2, \ 3, \ \cdots 34; \ p_1 \leqslant p_2 < p_3; \qquad (6-12)$$

（2）大田作物新型农业经营主体多目标决策模型的测算。

根据章节 4.4.3 的 probit 模型式（4-8）、式（4-9）、式（4-10），由于原概率模型参数已精简化，所以选择原函数作为约束条件进行计算。p_1、p_2、p_3 同样分别为优先因子经营主体的信用风险、经营风险和市场风险，同时引入偏差变量 d_k^-、d_k^+，d_{34}^- 与 d_{34}^+ 为是否存在违约的偏差变量。同经济作物多目标决策模型分析，在 probit 模型凝练过程中发现，大田作物的一些参考值相较于经济作物较为普遍与简单，结合参考问卷、调研以及描述性统计可知其约束范围，其中约束条件参数主要是（部分与上述经济作物参数相同不再赘述）：X_3 为婚姻状况，出现违约情况的几乎都包含离婚个体，之所以在违约参数中已婚数量较多是因为基数大，而相对比例下，离婚样本中违约个体较多，所以仍选已婚最佳，取值为 1；X_5 为健康状况，取值为 0；X_{13} 为有无违约记录同样取值为 1；X_{15} 为当地信用环境同样取值小于 5；X_{16} 为是否购买农业保险，显然购买农业保险的经营主体抗风险能力要高于不买的，因此控制值偏向于 0；X_{20} 为是否有对外担保同样取值为 0；X_{22} 为有无专业技术人员的控制值也选取偏向 0；X_{31} 为"三品一标"认证情况、X_{33} 为有无长期稳定的销售渠道，如果经营主体做了上述工作，则说明其市场意识和应对市场风险的能力较强，则其市场风险相对较低，因而控制值取值为 0。由于原 probit 模型里面筛选的参数大部分为（0，1），且最后信贷风险结果也是（0，1），为了便于多目标决策模型的计算并实现次优解，式（6-13）只能做一个相对妥协。

$$\min f(X) = p_1 \left(d_3^- + d_5^- + d_{13}^- + d_{15}^- \right) + p_2 \left(d_{16}^- + d_{20}^- + d_{22}^- \right)$$
$$+ p_3 \left(d_{31}^- + d_{32}^- \right)$$

s. t. $0.1741 - 0.6501X_3 + 0.01115X_5 - 0.905X_{13} + 1.441X_{15}$
$- 1.154X_{16} + 1.064X_{20} - 1.403X_{22} + 0.1938X_{31} - 0.7472X_{32}$
$+ d_{34}^- - d_{34}^+ = 0$

$$X_3 \qquad\qquad + d_3^- - d_3^+ \qquad\qquad = 1$$

$$X_5 \qquad\qquad + d_5^- - d_5^+ \qquad\qquad = 0$$

$$X_{13} \qquad\qquad + d_{13}^- - d_{13}^+ \qquad\qquad = 1$$

$$X_{15} \qquad\qquad + d_{15}^- - d_{15}^+ \qquad\qquad = 5$$

$$X_{16} \qquad\qquad + d_{16}^- - d_{16}^+ \qquad\qquad = 0$$

$$X_{20} \qquad\qquad + d_{20}^- - d_{20}^+ \qquad\qquad = 0$$

$$X_{22} \qquad\qquad + d_{22}^- - d_{22}^+ \qquad\qquad = 0$$

$$X_{31} \qquad\qquad + d_{31}^- - d_{31}^+ \qquad\qquad = 0$$

$$X_{32} \qquad\qquad + d_{32}^- - d_{32}^+ \qquad\qquad = 0$$

$$X_{15} \qquad\qquad\qquad\qquad\qquad\qquad \leqslant 5$$

$$X_j \geqslant 0, \ j = 1, \ 2, \ 3, \ \cdots, \ 33; \ d_k^-、d_k^+ \geqslant 0;$$

$$k = 1, \ 2, \ 3, \ \cdots 34; \ p_1 \leqslant p_2 < p_3; \qquad (6-13)$$

（3）畜牧养殖新型农业经营主体多目标决策模型的测算。

根据 4.4.3 中 *probit* 模型可知概率为式（4-10），这里 *probit* 风险识别模型凝练了影响畜牧养殖新型农业经营主体信贷风险的主要因素，如 X_1 性别、X_2 年龄、X_3 婚姻状况、X_6 有无管理经验、X_{13} 有无违约记录、X_{15} 当地信用环境、X_{16} 是否购买农业保险、X_{19} 农业生产设施投入、X_{20} 是否有对外担保、X_{22} 有无专业技术人员、X_{25} 有无简单的电子化管理、X_{26} 有无环保等政策风险、X_{28} 对市场价格行情的把握度、X_{29} 产品是否为当地名优特产品和 X_{33} 有无长期稳定的销售渠道等。

此 probit 概率约束条件以章节 4.4 分析为基础，参考章节 6.2 主要风险影响因素进行控制分析，而对式（4-10）需要进行适当的处理，由于此约束条件中一些变量在现实中得到相应的控制，故按照实际的控制值代入概率公式进行简化。由于一些明显的控制量可以进行代入处理，而对一些较难判断的控制量进行留存计算，式（4-10）中 X_6 为有无管理经验、X_{13} 为有无违约记录、X_{20} 为是否有对外担保、X_{26} 为有无环保等政策风险以及 X_{28} 为对市场价格行情的把握度，都与上述经济作物多目标决策模型分析一致，控制值取值均为 0，因此对这些取值为 0 的单一控制变量进行数学等式消除，得到新的约束条件如式（6-14）所示：

$$y = -0.3728 - 9.144X_1 + 0.2073X_2 + 13.69X_3 + 13.49X_{15}$$
$$+ 4.703X_{16} - 9.194X_{19} - 11.37X_{22} - 37.28X_{25} + 4.987X_{29}$$
$$- 7.228X_{33} \qquad (6-14)$$

p_1、p_2、p_3 同样分别为优先因子经营主体的信用风险、经营风险和市场风险，同时引入偏差变量 d_k^-、d_k^+，d_{34}^- 与 d_{34}^+ 为是否存在违约的偏差变量。其中，由参考问卷、调研及描述性统计可知其范围，X_1 为性别，偏差男性为主，但是女性为经营者时，违约概率较低，因而其控制值为 1；X_2 为年龄控制在 40~60 岁，在计算出符合约束条件的结果后，需要核对其取值是否落在 40~60 岁，若是小于或者大于此范围，则其不为次优解，进而进行进一步筛选；X_3 为婚姻状况以已婚为控制目标值 1；X_{15} 为当地信用环境控制范围为前 5 最佳，在计算过程中选择次优解时需要尽量小于 5；X_{16} 为是否购买农业保险取值为偏向于 0；X_{19} 为农业生产设施投入，投入超过 69 万元的平均值为最佳；X_{22} 为有无专业技术人员和 X_{25} 为有无简单的电子化管理，如果配备了以上两者，则不仅能大大提高经营管理水平，而且还能降低经营风险，因而取值为 0；X_{29} 为产品是否为当地名优特产，很明显如果是当地名优特产则市场和销售更加容易，相应的违约风险也更低，因而控制值取 0；X_{33} 为有无长期稳定的销售渠道的控制值取趋近 0。由于原 probit 模型里面筛选的参数大部分为（0，1），且最后的信贷风险结果也是（0，1），为了便于多目标决策模型的计算并实现次优解，式（6-15）同样只能做一个妥协。

$$\min f(X) = p_1(d_1^- + d_2^+ + d_3^- + d_{15}^-) + p_2(d_{16}^- + d_{19}^+ + d_{22}^- + d_{25}^-)$$
$$+ p_3(d_{29}^- + d_{33}^-)$$

$$\text{s. t.} \quad -0.3728 - 9.144X_1 + 0.2073X_2 + 13.69X_3 + 13.49X_{15}$$
$$+ 4.703X_{16} - 9.194X_{19} - 11.37X_{22} - 37.28X_{25} + 4.987X_{29}$$

$$-7.228X_{33} + d_{34}^- - d_{34}^+ = 0$$

$$X_1 \qquad\qquad\qquad + d_1^- - d_1^+ \qquad\qquad = 1$$

$$X_3 \qquad\qquad\qquad + d_3^- - d_3^+ \qquad\qquad = 1$$

$$X_{15} \qquad\qquad\qquad + d_{15}^- - d_{15}^+ \qquad\qquad = 5$$

$$X_{16} \qquad\qquad\qquad + d_{16}^- - d_{16}^+ \qquad\qquad = 0$$

$$X_{19} \qquad\qquad\qquad + d_{19}^- - d_{19}^+ \qquad\qquad = 69$$

$$X_{22} \qquad\qquad\qquad + d_{22}^- - d_{22}^+ \qquad\qquad = 0$$

$$X_{25} \qquad\qquad\qquad + d_{25}^- - d_{25}^+ \qquad\qquad = 0$$

$$X_{29} \qquad\qquad\qquad + d_{29}^- - d_{29}^+ \qquad\qquad = 0$$

$$X_{33} \qquad\qquad\qquad + d_{33}^- - d_{33}^+ \qquad\qquad = 0$$

$$X_2 \qquad\qquad\qquad\qquad\qquad\qquad \geqslant 40$$

$$X_2 \qquad\qquad\qquad\qquad\qquad\qquad \leqslant 60$$

$$X_{15} \qquad\qquad\qquad\qquad\qquad\qquad \leqslant 5$$

$$X_{19} \qquad\qquad\qquad\qquad\qquad\qquad \geqslant 69$$

$$X_j \geqslant 0,\ j = 1,\ 2,\ 3,\ \cdots,\ 33;\ d_k^-、d_k^+ \geqslant 0;$$

$$k = 1,\ 2,\ 3,\ \cdots 34;\ p_1 \leqslant p_2 < p_3; \qquad (6-15)$$

6.3.3 多目标决策模型的求解及分析

（1）多目标决策模型求解。

利用 MATLAB R2019a 软件进行检验计算后求解次优解得结果，如表 6-4、表 6-5、表 6-6 所示。

表 6 – 4　　　　　经济作物新型农业经营主体多目标决策结果

变量	X_2	X_{10}	X_{15}	X_{18}	X_{19}	X_{24}	X_{27}	X_{28}
结果	58. 575	301. 26	4. 67526	0. 3655	82. 646	149. 45	12. 49	0. 3406
变量	X_5	X_6	X_{13}	X_{20}	X_{22}	X_{25}	X_{26}	
结果	0	0	1	0	0	0	0	

资料来源：笔者绘制。

表 6 – 5　　　　　大田作物新型农业经营主体多目标决策结果

变量	X_3	X_5	X_{13}	X_{15}	X_{16}	X_{20}	X_{22}	X_{31}	X_{32}
结果	0. 94256	0	0	4. 36571	0	0. 321546	0	0. 127963	0. 495823

资料来源：笔者绘制。

表 6 – 6　　　　　畜牧养殖新型农业经营主体多目标决策决策结果

变量	X_1	X_2	X_3	X_{15}	X_{16}	X_{19}	X_{22}	X_{25}	X_{29}	X_{33}
结果	0. 86478	48. 6678	0. 76783	4. 95468	0	70. 56489	0	0. 112565	0. 45781	0. 345647

资料来源：笔者绘制。

（2）多目标决策模型计算结果分析。

本书建立的以风险与效益协调优化等为主要目标的信贷风险控制决策，通过多目标决策模型计算结果表明：为控制相对效益下的信贷风险最小化，结合表 4 – 1、表 5 – 3 与章节 6.2 的分析结果，对各主要影响因素进行建模计算得到决策值，并将约束条件控制在各参考值范围内。当无信贷风险时取值为 0，可以通过多目标决策模型得出各主要影响因素的控制决策值。之后将结合经济作物、大田作物以及畜牧养殖不同行业进行综合分析，这样银行在进行信贷风险决策过程中，若是碰到风险难以判断或者没有一些有效依据作为参考时，可以选取以下的数值偏好与偏向，来减少信贷风险的违约概率，从而从源头上控制相关的风险，不仅能控制风险的同时，而且又能有效增加信贷规模，从而实现风险与效益协调优化。

①信用风险影响因素控制。综合以上分析，X_1 性别虽然只在畜牧养殖主体多目标决策结果中出现，决策值偏向于 0.86478，范围为（0，1），这说明若经营者为女性时，其风险相对较小，这给银行信贷业务提供了新的思路，即在贷款给一些看似风险较高的经营主体时，可以优先选择经营者为女性的信贷对象，从而根据性别因素来规避风险。

对于 X_2 年龄而言，在经济作物与畜牧养殖信贷控制决策中有出现，其决策值分别为 59 与 49，范围为（40，60），说明经营者年龄趋向中年的违约概率相对较低。因此银行在信贷决策时，对于经营者年龄太小的主体，要考虑他们对农业风险以及经营经验都可能会出现不足；对于年龄较大的信贷对象，同样也要考虑他们意识普遍较为保守，同时可能会有健康方面的问题影响信贷风险的控制。

对于 X_3 婚姻状况而言，由于离婚的样本容易出现财产纠纷等情况，而未婚与已婚较为稳定，其决策值分别为 0.94256 与 0.76783，范围为（0，1，2），偏向于已婚，符合实际情况。因此银行在审核经营者婚姻状况时，一般要选择较为稳定的已婚对象，未婚及离婚的都会对信贷资金及利息的偿还带来不稳定影响。

对于 X_5 健康状况而言，这项指标更加重要，健康状况将影响到新型农业经营主体的存续，经营者若是出现一些健康问题，会影响到它的管理、经营和销售，而样本中出现的决策值都为 0，其范围为（0，1）。很明显，银行在进行授信时需要调查授信对象的健康情况，若是健康状况比较糟糕，可以考虑放弃授信行为。

对于 X_6 有无管理经验而言，该指标是预测新型农业经营主体信贷风险的重要依据，经营者管理经验越丰富，风险发生的概率就越低，其决策值为 0，范围为（0，1），与现实一致，数值越小越好，最好就是管理经验极丰富。银行在授信调查时，可以了解经营者之前是否有担任过一些管理岗位，是否有一套比较完善的管理体系，这样可以大大降低经营主体由于经营失败导致信贷违约的概率。

对于 X_{10} 家庭总资产而言，如前所述由于个别样本资产数值较大拉高了平均数，导致其决策值为 301.2581 万元，表面上看起来太高，但是家庭资产越雄厚，一方面，说明该经营主体前期经营能力和盈利能力都比较强，因而资产积累较多，另一方面，说明其可供抵押的资产也相对较多，可提供增信能力较强。现有银行风险评估与控制决策中特别关注该指标，一般来说资产越多则违约概率相对较低。

对于 X_{13} 有无违约记录而言，该指标为基础信用风险，信用记录良好则代表该主体以往履约情况较好，而银行在进行授信时，都会查询其征信情况，故其取值为 1，范围为（0，1）。银行都要求为无违约记录，故此决策值符合实际情况。

对于 X_{15} 当地信用环境而言，一般来说经济越发达地区，人们信用意识一般普遍较高，为便于模型计算，因此以中国银行保险监督管理委员会公布的各地商业银行不良贷款率为参考进行排名，不良率越低则信用环境越好，因此其决策值要求排名前 5 以上，分别为 4.95468 与 4.36571。因此银行可据此制定差别化政策，对信用环境较好地区及信用意识较强的经营主体，可提高授信额度且适当放宽条件，而对信用环境不太好、违约率相对较高的地区，可适当提高授信条件并降低额度以控制风险。

整体实证结果与上述章节 6.2.1 控制分析的基本一致，进一步验证了章节 5.1.3 所设计的新型农业经营主体信贷风险评估指标体系内信用风险指标的准确性与重要性，银行可以通过上述信用风险评估指标结合多目标决策后的数值，对信贷主体的信用风险进行严格筛选，在降低信用风险的同时，扩大授信范围与贷款金额。

②经营风险影响因素控制。对于 X_{16} 是否购买农业保险而言，其决策值为 0，范围为（0，1）。由于农业保险能在很大程度上弥补自然灾害和瘟疫疾病带来的经济损失，事实证明有购买农业保险的经营主体，其由经营风险导致违约的概率大幅下降。因此，银行

在授信时，对购买过农业保险的经营主体在授信条件和额度方面可适当放宽条件。

对于 X_{18} 销售利润率而言，其决策值为 0.3655，要高于平均值 0.283，虽然两个数据看起来都偏高（如前所述很多经营者为更易获得贷款会适当夸大利润率），但也从另一个角度证明了拥有较高利润率的经营主体其经营能力和抗风险能力较强。银行可根据行业平均利润率测算交叉验证，以此降低对抵押物的依赖，更多根据经营主体的营业收入、生产状况，考虑销售利润率来判断其信贷风险。

对于 X_{19} 农业生产设施投入而言，其决策值为 82.6457，说明随着新型农业经营主体逐渐朝规模化、集约化方向发展，对生产设备和资金投入的要求越来越高。一方面，越多的生产设施投入，说明经营主体对其未来的生产和盈利能力越有信心；另一方面，如土地流转规模的扩大和机械化设备的投入，能大大提高规模经济和生产效率，从而在一定程度上能大幅提高其盈利能力从而降低风险。因此对于银行来说，未来可将农业生产设施投入情况作为较有效的风险控制筛选手段。

对于 X_{20} 是否有对外担保而言，其决策值为 0.321546，范围为（0，1），显著小于1，趋向于0，这说明对外担保会对新型农业经营主体带来较大的不确定风险，相对于其他参数是一个负属性参数，会给整体风险带来负向反馈。因此，在授信过程中，银行需控制是否对外担保的参数，将对外担保的数量控制在最小值。

对于 X_{22} 有无专业技术人员而言，其决策值为0，取值范围为（0，1），这说明经营主体如配备了专业技术人员，能有效提高生产管理技术和水平，经营风险会大大下降，这符合实际情况。所以授信过程中，可以考虑拥有专业技术人员，或者长期雇佣专家进行技术指导的新型农业经营主体，可以大幅降低信贷风险。

对于 X_{24} 生产规模而言，其决策值为 149.4461，拥有较大生产规模往往会带来规模效应，从而降低成本提高效率，这是新型农业经营主体与小农户的主要区别。因此银行在授信时，要充分考虑生产规模大小，太小抗风险能力较弱，太大容易超出控制范围，从而根据实际情况来评估经营主体对生产管理风险的控制能力。

对 X_{25} 有无简单的电子化管理而言，决策值为 0.112565，取值范围（0，1），经营主体配备哪怕是简单的电子化管理，一方面，说明其经营管理的规范性和财务管理的透明性；另一方面，诸如智能种养殖管理系统等能大大提高生产管理能力和效率，从而降低经营风险。因此，银行在进行信贷调查时，需要对经营主体是否有电子化管理等软硬件设备进行考察，以此来评估其经营管理能力和水平。

对于 X_{26} 有无环保等政策风险而言，其决策值为 0，取值范围为（0，1），近年来扶农支农力度越来越大，但也越来越规范要求越高，尤其对养殖业等存在环保风险的经营主体。因此在信贷决策时，银行不仅要仔细评判经营主体持续获得农业支持政策的可能性，而且要认真评估因环保等政策变动带来的风险隐患。

对于 X_{27} 土地流转年限而言，其决策值 12.4903，这说明年限越高，土地使用权越稳定，则经营主体越可持续经营，与实际相符。现实中，存在着诸多由于土地流转年限偏短或者临时终止土地流转租赁等现象，从而导致经营主体因无法持续经营而产生信贷违约的情况，因此银行在信贷决策时需重点查验流转合同。

结果与章节 6.2.2 的控制分析基本一致，进一步验证了章节 5.1.3 所设计的信贷风险评估指标体系中经营风险指标的准确性与重要性，这给银行新增以第一还款源为基础的评估指标提供了理论与实证基础，不仅可以准确评估和抓住风险实质以实现风险有效控制，而且可以通过增加授信范围和金额进一步扩大利润的可能性。

③市场风险影响因素控制。对于 X_{28} 对市场价格行情的把握度而言，其决策值为 0.34058，取值范围为（0，1），这说明了经营者不仅需要有经营管理经验，同时还需要有对市场价格行情的波动有足够的敏感度，这也与实际相符合。因此，银行在信贷决策时，

需要与新型农业经营主体的经营者进行访谈与沟通，充分了解其对市场价格行情的把握情况和应对措施，减少经营者因为市场价格波动而盲目决策导致的信贷风险损失。

对于 X_{29} 产品是否为当地名优特产而言，其决策值为 0.45781，接近理想值，取值范围为（0，1）。农产品如果为当地特产或者名优产品，由于存在产业集聚和积累的声誉，产业链和商业配套等更加成熟稳定，产品在市场上更容易得到认可，库存或滞销的可能性相对较低，从而大大降低了市场风险发生的可能性。因此，银行在进行信贷决策时，可以将此作为一个非常重要的风险评估和控制因素。

对于 X_{31} "三品一标"认证情况而言，决策值为 0.127963，取值范围为（0，1）。与名优特产类似，具有"三品一标"认证的产品，公众认可度更高，市场销路和价格更有保障，能有效带动经营主体的资金回流，形成良性循环，可有效降低经营主体的市场风险。因此，银行在信贷决策时，可以适当提高对此类主体的信贷额度。

对于 X_{32} 有无长期稳定的生产资料购买渠道和 X_{33} 有无长期稳定的销售渠道而言，前者的决策值为 0.495823，后者的决策值为 0.345647，取值范围均为（0，1），这两个决策值都在范围内接近理想决策值 0。因为上下游渠道的畅通可以依托产业链的优势，有效确保生产和销售的顺利进行，降低成本和加速资金周转，从而降低因产品滞销而带来的市场风险等。银行可以通过这两点来判断该经营主体未来的现金流情况，同时也可以通过上下游的情况来验证其生产经营稳定情况。

这部分实证结果与章节 6.2.3 的控制分析同样基本一致，进一步验证了章节 5.1.3 所设计的新型农业经营主体信贷风险评估指标体系内市场风险指标的准确性与重要性，银行在现有参数选择上，对市场风险的重视程度还不够，基本依靠有经验的信贷员进行主观分析，而依据章节 5.1 的信贷风险评估指标体系与本章的多目标控制实证结果及控制的数值进行对比分析，可以有效减少市场风险等带来的损失,同时银行通过市场风险参数值情况来判断已投放贷款的新型农业经营主体的信贷风险,对其未来业务发展进行实时监控,从而增加信贷投放的安全性与稳定性。

(3) 基于银行利润而构建的目标决策模型控制分析。

现实中银行信贷风险控制决策分析,可通过以上结论并结合决策点和利润做出控制。假设新型农业经营主体贷款金额为 ω,利率为 r,违约概率为 pro,其中违约概率为之前章节 5.4.2 计算出的概率,那么银行需要盈利,则要达到如式 (6 - 16):

$$\omega \cdot r - pro \cdot \omega > 0 \qquad (6-16)$$

由式 (6 - 16) 可知,r 大于 pro。

按照目前银行一年期基础贷款利率 4.35%,假定贷款在基础利率上一般最高上浮不超过 100%,为了更好地分析银行如何获得更多的利润,同时根据信贷风险等因素来确定是否放贷及贷款额度、利率和期限等信贷策略。需进一步结合第 5 章的违约概率来构建较为完善的目标规划模型,就第 5 章的研究结果可以知道,在利用基于遗传算法的 BP 神经网络可计算出相关新型农业经营主体的违约概率,新型农业经营主体以 Tn 来代表其序号,共抽取 824 家新型农业经营主体(覆盖经济作物、大田作物、畜牧养殖)进行计算,具体的概率与信贷风险排名如表 6 - 7 所示。

表 6 - 7   基于遗传算法模型求解的结果(部分数据展示)

主体序号	信贷风险概率/%	风险排名
T6	99.62	824
T109	98.57	823
T591	98.21	822
...	...	...
T88	45.21	401

主体序号	信贷风险概率/%	风险排名
T756	43.51	400
…	…	…
T814	1.34	2
T332	1.21	1

资料来源：笔者基于 BP 神经网络计算结果绘制。

在此基础上，接下来建立多目标规划模型，要求使贷款总风险值尽可能小，且贷款总收益尽可能高。

①目标规划模型的建立。第一步，确定是否放贷，前文提到，对于违约概率过高的新型农业经营主体和有违约情况的新型农业经营主体，银行不放贷，因此，有放贷确认系数 r 可以表示为式（6-17）：

$$r_j = \begin{cases} 1, & 放贷 \\ 0, & 不放贷 \end{cases} \qquad (6-17)$$

其中，当给第 j 个新型农业经营主体放贷时，$r_j = 1$，否则为 0。

第二步，需要构建目标函数贷款收益，贷款收益为贷款额度 m 乘以贷款利率 h，再乘以贷款期限，为简便计算，贷款期限默认为 1 年，即 1，则贷款收益 P 为式（6-18）：

$$P = \sum_{j=1}^{824} r_j m_j h_j \qquad (6-18)$$

第三步，需要引入违约概率，不同的风险下贷款的额度和利率也不相同。由式（6-19）可知新型农业经营主体的违约概率，设违约概率为 Q，则有：

$$P = \sum_{j=1}^{824} r_j m_j h_j (1 - Q_j) \qquad (6-19)$$

为了使总收益尽可能大，可以得到目标函数如式（6-20）所示：

$$\max Z = \sum_{j=1}^{824} r_j m_j h_j (1 - Q_j) \qquad (6-20)$$

先假设信贷银行对确定要放贷新型农业经营主体的贷款额度为 10 万 ~ 100 万元，年利率为 4.35% ~ 5.60%，上浮不超过 30%，同时根据银行提供的数据可知，在银行拥有 115 笔授信业务时，其一般提供 3000 万元的信贷总额度。因此，根据本书的 824 笔数据进行推测计算得 21,495.65 万元，设定当期银行可以授信的信贷总额为 22,000 万元，因此可以得到式（6-20）的约束条件为式（6-21）：

$$
\text{s. t.} \quad
\begin{cases}
4.35\% \leqslant h_j \leqslant 5.60\% \\
10 \leqslant m_j \leqslant 100 \\
22,000 - \displaystyle\sum_{j=1}^{824} m_j \geqslant 0
\end{cases}
\quad (6-21)
$$

在此基础上确定最终目标规划函数，如式（6-22）所示：

$$
\max Z = \sum_{j=1}^{824} r_j m_j h_j (1 - Q_j)
$$

$$
\text{s. t.} \quad
\begin{cases}
4.35\% \leqslant h_j \leqslant 5.60\% \\
10 \leqslant m_j \leqslant 100 \\
22,000 - \displaystyle\sum_{j=1}^{824} m_j \geqslant 0
\end{cases}
\quad (6-22)
$$

②求解目标规划模型的额度。利用 MATLAB R2019a 软件进行编程求解，可以得到相关新型农业经营主体的贷款额度和贷款利率，如图 6-10 所示。

如图 6-10 所示，新型农业经营主体中存在一些违约或者违约概率较大的主体，因此得不到相关贷款，而整体贷款的额度要高于 20 万元，与现实较为相符，一般新型农业经营主体都较为容易得到 20 万元以上的信贷额度，而一些信用较为良好，违约概率非常低的新型农业主体，其可以得到的贷款额度更高，但是数量明显较少，通过表 6-8 可知，大多数的新型农业经营主体的贷款金额分布在

20 万 ~ 30 万元，有些在 30 万 ~ 60 万元，还有少量在 60 万 ~ 100 万元，另外有 52 家存在违约可能，没有赋予贷款。对于银行而言，大部分新型农业经营主体的可贷金额处于一个较低的水平，只有少数新型农业经营主体可以贷到较高的额度。

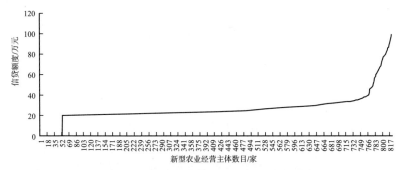

图 6 - 10　新型农业经营主体贷款额度示意图

资料来源：笔者根据 MATLAB R2019a 计算结果绘制。

表 6 - 8　　　　新型农业经营主体可贷款金额的分布情况

贷款的额度	[20, 30]	(30, 60]	(60, 100]
新型农业经营主体数量/家	592	142	37
占比/%	71. 84	17. 23	4. 49

资料来源：笔者根据 MATLAB R2019a 计算结果绘制。

　　在得到分布以及贷款的额度后，银行可以通过分析新型农业经营主体的情况对贷款利率进行区分计算，一般风险较高的将会承担较高的贷款利率，而风险较低的贷款利率则较低，在目标规划模型中新型农业经营主体违约概率越低，被赋予更高贷款额度的可能性越大，如图 6 - 11 所示。

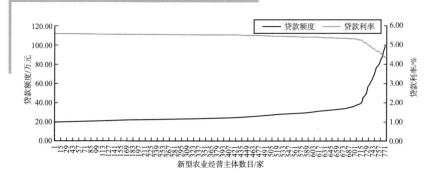

图 6 - 11　新型农业经营主体贷款额度与贷款利率比

资料来源：笔者根据 MATLAB R2019a 计算结果绘制。

　　为了更好地展示新型农业经营主体的可贷款金额、占贷比例、贷款利率及银行的利息收益，这里将部分数据进行展示，可以看出风险较高、违约概率较高和贷款额度较低的新型农业经营主体，其贷款利率相对偏高；而风险较低、违约概率较低和额度较大的新型农业经营主体，其贷款利率会较小，趋近于基准利率，如表 6 - 9 所示。此时，在整体风险可控情况下，银行获得的利息收益将达到最大。

表 6 - 9　　　　　　新型农业经营主体贷款额、占贷比、

贷款利率及银行利息收益（部分）

序号	贷款额/万元	占贷比/%	贷款利率/%	利息收益/万元
1	20.00	0.09	5.60	1.1199952
2	20.00	0.09	5.60	1.1199952
3	20.01	0.09	5.60	1.12052379
4	20.01	0.09	5.60	1.12052379
5	20.03	0.09	5.60	1.121580874

续表

序号	贷款额/万元	占贷比/%	贷款利率/%	利息收益/万元
6	20.00	0.09	5.60	1.1199952
⋯	⋯	⋯	⋯	⋯
401	24.33	0.11	5.53	1.345938387
402	24.36	0.11	5.53	1.347483282
403	24.37	0.11	5.53	1.347998185
404	24.42	0.11	5.53	1.350572226
405	24.42	0.11	5.53	1.350572226
406	24.42	0.11	5.53	1.350572226
⋯	⋯	⋯	⋯	⋯
767	90.63	0.41	4.49	4.070513581
768	93.10	0.42	4.45	4.145355499
769	93.30	0.42	4.45	4.151331756
770	95.90	0.44	4.41	4.227880409
771	96.82	0.44	4.39	4.254458549
772	99.24	0.45	4.36	4.323101923

资料来源：笔者根据 MATLAB R2019a 计算结果绘制。

如表 6 - 10 所示，在设定信贷总额度 22,000 万元情况下，银行的利息收益为 1183.04 万元，收益率达到 5.38%，高出基准利率 23.67%，并将风险控制在可控范围之内。说明基于之前的遗传算法 BP 神经网络计算概率控制相关参数风险，利用目标规划模型进行计算时，银行可在风险最低程度上得到最优的利息收益。

表 6 – 10 　　　　　　　　　**最终银行的收益情况**

项目	利息收益/万元	信贷总额度/万元	平均收益率/%	基准利率/%
收益情况	1183.04	22,000	5.38	4.35

资料来源：笔者根据 MATLAB R2019a 计算结果绘制。

6.3.4　多目标决策模型风险控制小结

通过多目标决策模型分析，计算出银行在规避信贷风险时需要控制参数的次优解，据此可以整理设计出一套新型农业经营主体信贷风险的评估和控制方案。

首先，基于多目标决策模型，对新型农业经营主体信贷风险进行控制决策时，不能忽视如性别、婚姻这类常见因素，在选取授信对象时，若其参考基数无限趋近于多目标决策计算出的次优解，整体风险将会下降，例如，性别上以女性为优选目标，在婚姻状况上已婚为优选目标等，依据以上结果，给出相应的信贷风险的控制值，减少信贷风险给银行带来的利润损失；其次，也要推动将销售利润率、农业生产设施投入、生产规模、产品是否为名优特产、对市场价格行情的把握度、有无长期稳定的生产资料购买渠道以及销售渠道等第一还款来源信息纳入指标体系，具体在参数数值的选择上，可以参考上文中计算出的决策值；最后，要充分认识三类风险间相互影响、相互传导的作用机理，提高对模型数据的使用，减少主要依靠经验判断的信贷风险评估手段，例如，注重以第一还款源为鉴别基础，逐渐降低以第二还款源为基础的信贷评估方案，这样可以有效降低经营风险与市场风险带来的损失，同时分别根据第5章、第6章计算出的风险概率、损失期望值和控制值，在控制风险的同时给银行带来利润的提升，也扩大了授信范围。

然而，信贷风险管理是一个复杂而系统的工程，不仅需要从微观技术和方法层面进行深入分析与探索，而且要从宏观制度和政策层面进行改革与创新，仅从某一个角度进行分析和探讨是无法全面解决问题的。从现有银行信贷审批流程和操作来看，要实现以上控制结果，不能单单依靠数据和模型，还需要以上述量化结果为依据，进一步改革与创新相关指标和规则，结合数量结果完善现行信贷风险控制系统中的缺陷与不足，例如，依据第 4 章、第 5 章、第 6 章的风险识别、评估与控制逻辑体系，基于银行现有信贷审批和评级系统，充分发挥诸多一线信贷人员的经验和智慧，将他们长期以来积累形成的信贷风险识别、评估与控制等优秀的定性化思维和做法，转化为标准化、定量化的模型与方法，从而依托社会资本与供应链交易关系，发挥金融科技和智慧农业科技等手段，通过升级现有信贷评级和审批系统，全面提升整体的信贷审批效率和风险管理能力。

6.4

新型农业经营主体信贷风险控制对策

正如第 3 章新型农业经营主体信贷约束生成机理分析所述，既有宏观层面的原因，也有微观层面的原因，既有政府部门的原因，也有新型农业经营主体和金融机构方面的原因。因此需要抓住问题的原因和本质，先易后难、先局部后整体，从降低信贷交易成本和信息不对称入手，将新型农业经营主体信贷风险重要影响因素控制分析原理，融入现有农村金融机构信贷决策管理体系，结合与浙江各地农村金融机构一线信贷人员和高管等交流总结的先进经验，根据当下涉农信贷风险评估与控制实际，沿着事前风险预警、事中风险对策和事后风险监控的主线，结合实际情况全方位探讨提升新型农业经营主体信贷风险控制有效对策与方法。

6.4.1　抓住信贷风险本质实现精准投放

（1）有效区分信贷主体和信贷用途，采取差别化的信贷政策。

首先，金融机构要在清楚认识新型农业经营主体信贷有别于普通小农户信贷的前提下，进一步区分生产性信贷和消费性信贷的准入门槛、审批条件、资金价格以及担保措施等，甚至有条件的金融机构要在风险容忍、考核激励和业务协同上面有所突破，对于真正扶持当地新型农业经营主体发展的信贷业务及其业务人员实施尽职免责；其次，要明确不同环节、不同时期和不同主体风险不同的原则，在关注信贷主体基本情况、从事行业、产品品种、供应链完备程度和所处经营阶段等要素的基础上，鼓励有条件的金融机构针对当地农业产业化程度较高，且已初步形成特色产业链的行业开发专门的信贷产品，对已经有一定经营年限且适度规模的经营主体进行扶持做大做强，例如，浙江三门当地金融机构试行的青蟹贷、慈溪等地试行的杨梅贷等产品都收到了非常好的效果；最后，要在综合考量信贷主体道德品质、信用记录、收入水平、资产负债和还款能力等要素的基础上，在控制好贷款规模与实际生产需求匹配的基础上，做好资金用途的有效监管来避免资金被挪用等信用风险的发生，让真正有经营能力、迫切需要资金、抗风险强的新型农业经营主体相对容易拿到生产经营资金，而且能很好地区分和控制风险。

（2）优先关注第一还款来源，抓住信贷风险本质。

首先，要转变思路，在信贷审批过程中从原来主要关注第二还款来源，真正转变为优先关注新型农业经营主体生产经营收益等第一还款来源，不仅重点考量其生产经营行业是否符合产业导向、是否为当地名优特产以及产业集聚是否明显，而且考虑项目规模是否合理、营收和现金流是否充足、上下游产业链结构是否完整，以及经营主体是否具有较强的市场意识、对市场行情的把握度等具备有效规避市场风险的能力，以此创新农业信贷风险评估指标体系；其次，结合抵押物和信用等条件，经过贷前基于新型农业经营主体历史生产数据和产出水平等第一还款来源的测算和验证，尤其是对经营主体日常营收和现金流是否充足，以及与贷款规模的匹配程度，筛选出经营能力和管理水平相对较高的经营主体，这样才能通过减少信息不对称来真正掌握影响信贷风险的实质；最后，要注重农业生产管理中资金使用效率和成本控制对于降低农业信贷风险的重要作用，强调通过分段投放和精准滴灌来分散和降低风险，不仅引导经营主体通过提高资金使用效率并降低单位资金使用成本，而且在提高盈利能力的同时降低经营风险和信用风险。

6.4.2　多维数据排查提高风险识别能力

（1）依托供应链金融和社会资本，降低信贷交易成本。

首先，由于信用担保机制在降低交易费用中与抵押机制有类似作用，因此基于核心企业与供应链成员间长期稳定的战略合作关系，以及由此产生的农业订单活动，将金融机构与农户的委托代理关系分割成金融机构与核心企业、核心企业与农户的双层委托代理关系，同时基于双方订单所形成的物流、资金流和信息流，将金融机构信用融入上下游经营主体的购销行为，可以大大降低信贷交易成本；其次，通过依托农业龙头企业、供应链上下游企业，在掌握产业信息和整合社会资源基础上引入风险共担机制等方式，有效解决资金流的安全问题，并适当运用金融科技手段对数据流与资金流的相互交叉验证来实时进行风险检验与控制，从而有助于农村金融机构更有效、精准地评估信贷主体的经营风险，这样能非常有效地解决传统风控手段未能真正触及底层数据和经营情况的痛点，最终提高决策效率、降低管理成本；最后，要大力发挥行业协会、合作社、村集体等社会组织的作用，基于历史生产数据，充分了解和掌握行业情况、行业集中度、市场评判、销售情况、经营情况以及客户后续规划等信息，通过数据共享降低信息获取成本。

（2）基于多维数据聚合与风险排查，提高风险识别能力。

首先，依托核心企业深入一线了解农业生产活动真实场景，充分发挥基于供应链上下游经营主体社会资本，在农村社会圈层结构中信息渠道广阔和传递灵敏优势，以及其在缓解信息不对称和充当抵质押物替代品等方面的积极作用，大大降低农业信贷交易成本，有效解决抵质押品缺乏情况下的道德风险、逆向选择、合约执行及高监管成本等问题；其次，要特别注重风险管理前置，倡导金融机构贷前委托金融科技公司通过生产量化模型进行定量分析和比对，不仅重点审核农户的经营水平，而且针对供应链上下游交易场景，验证农业生产经营活动各阶段和环节发生各类风险的可能性，确保用途真实闭环、风控措施有利，并基于当前市场状况对未来生产结果和收入做出预测，有效降低信息不对称导致的市场风险和经营风险；最后，类似于浙商银行委托某金融大数据服务公司贷前审查的做法，不仅通过聚合多渠道多类型数据平台，重点审查贷款农户征信情况和负债情况等软硬信息，从而计算风险偏好和诚信水平的概率分布变化，多角度交叉验证和排查贷前潜在风险客户，有效避免了逆向选择和道德风险引发信用风险等问题，而且通过运营商接口、核心企业信息采集等不同来源，基于场景特征通过规则定义结合具体产品，定制相关风险策略和电子化审批流程，大大降低交易成本提高金融机构贷前审查和风险识别效率，有效避免了信用风险和操作风险发生的可能。

6.4.3 健全信息共享提高风险评估能力

（1）网格化信息管理健全信息共享渠道，减少信息不对称。

首先，基于场景特征和行业信息，通过与农业农村局、各农机站和供销社等构建信息通道，对信贷主体的经营能力、投入产出、资金流水和资产负债等数据进行整理和标准化处理，及时、深入和敏锐地了解其隐性或显性状态，并通过大数据交叉验证其还款能力和信用状况，从而让金融机构从业人员能较为容易地判断和评价生产风险实质；其次，发挥村经济组织信息搜集优势，通过全网格化的模式，深入了解获取碎片化的农民生产、生活和供销三位一体信息，重点关注人品、产品和抵押品，尤其通过侧面了解信贷主体的家庭情况、婚姻状况、人品道德、生活习惯、不良嗜好、邻里关系、朋友圈子、资产负债和贷款真实用途等容易引发信用风险的因素，并力争掌握农业经营主体从事生产经营的资源、条件、经验、技术、产品等真实的信息流和数据流来解决信息不对称等问题，从而为金融机构风险控制和信贷决策提供依据；最后，倡导金融机构依托核心企业和金融科技公司建立全流程风控模型，通过实时动态监控有效掌握信贷主体的生产经营和资金使用情况，利用终端数据进行精准分析并作为贷后管理依据，把实际的生产数据与标准模型对比，不仅时刻监控由于经营主体突发自然灾害或经营不善从而导致风险事件的可能性，而且通过相互交叉验证来实时进行风险检验以控制经营风险和信用风险等发生，从而为贷后风险管理和后续信贷决策提供强有力支持。

（2）持续跟踪生产经营情况，逐步扩大授信规模降低风险。

首先，涉农信贷金融机构要在加大对行业了解和研究基础上，持续跟踪一两年以上经营数据的主体，不仅对其规模、流水、资产负债率等进行持续关注和测算，而且对其产品未来三年的市场行情、收益情况等第一还款来源进行准确预测，防止过度授信；其次，要重点关注经营者对生产经营的关注度，通过数据和技术更好地深入实际场景洞察经营状况，而且将金融服务嵌入到实际经营场景中去，在场景互动中持续跟踪和观察生产进程，根据经营情况逐步增加信贷规模，大幅减少信息不对称；最后，不仅对供应链上下游间签订的产品保价和保底收购等机制，在多大程度上能规避市场风险进行测度，综合技术、风险定价和用户运营等能为金融机构进行风险评估提供强有力的依据（鄂春林，2017），同时基于生产管理的信息化、自动化，实现信贷资金自偿、封闭和循序渐进的有效监管，不仅能有效解决农村金融市场的信息不对称，而且还能有效降低农村金融交易的信息、运营、执行和违约等成本，从而建立健全大数据风险评估和监控体系，极大降低市场风险和经营风险的发生。如浙江部分农商行和浙商银行，通过与合作的金融大数据服务平台探索开发"养殖贷"产品提高风险识别和评估能力,取得了非常好的实践效果。

6.4.4　金融科技创新提高风险控制能力

(1) 金融科技打通数据交互,加快农村信用体系建设。

首先,利用金融科技手段建立信用信息数据库,并在此基础上开发搭建信用服务平台,通过整村授信、背靠背授信等对新型农业经营主体进行信用评级、额度测算,同时通过用电、用水、生产规模和农业产业链等数据产生信用,从定性到定量给出综合评判;其次,盘活土地等存量资产,由县级以上政府部门牵头创建一个土地流转和宅基地抵押公共交易平台,由交易平台出具相应的文件或证书来确保流转合约的有效执行,这样农村金融机构就有依据进行评估授信,从而能非常有效地盘活农业经营主体的存量资产;最后,探索建立农民专业合作社、供销社和农信社"三位一体"的农村新型合作体系,尤其是成立具有农业设施流转交易功能的农村社会化中介服务和农村产权交易平台,与土地流转交易平台等一起形成一个体系完备、流转方便、处置灵活的区域性专业农业设施交易流通平台,同时根据不同行业创新土地流转经营权 + 农业设施组合抵押融资,从而进一步扩大了融资的额度。例如,浙江大部分农商行有一套内部评估体系,能对农房、农机和农业设施等固定资产投入等进行评估,同时配套建设出险后处置退出通道交易平台,不仅大大提高了经营主体的融资便利,而且有效提高了风险控制能力。

(2) 创新融资担保体系,提高风险分担能力。

首先,政府层面要出台完善风险分担机制、风险补偿机制、政策性担保机制以及推动保险覆盖面,落实农业补贴政策,尤其要加大推广政策性担保如各省的农业融资担保公司,示范带动各县市小额担保公司或再担保公司共同形成多层次的担保体系,并且进一步鼓励保险公司创新服务和产品,拓宽保险覆盖面和品种,以及保险＋担保联动模式，最大限度地降低农业信贷的不确定性和高风险性；其次，大力发展同行业新型农业经营主体及其经营者间 2~3 户的小范围联保，或者以合作社形式、资金池形式的担保，以及阶段性或过渡性担保，这样能起到互相监督和资源共享，还能起到万一出险后资产能够有效处置和流转，及时处理不良资产；最后，在对现有农业经营主体总体资产进行全方位、多渠道的综合测算与评估的基础上，组合各种形式的担保来实现信贷规模的放大，例如，浙江很多农商行近几年开始试行的"1＋N"模式，即信用为主与 N 种增信方式组合，将"个人信用＋家庭资产抵押＋土地流转经营权抵押＋政策性担保＋农业生产基础设施抵押＋农业补贴担保"等各类信用和资产打包进行授信放款，这样会大大提高新型农业经营主体的信贷规模和信贷可获得性。一旦新型农业经营主体通过组合信贷获得较为充足的资金，则会降低对其他融资渠道借款的需求，这样经营主体便可放心进行投入并全力做好主业的生产经营，从而大大降低信用风险和经营风险发生的可能性。

6.5

本章小结

本章主要研究了新型农业经营主体信贷风险控制的目标、方法和对策等。首先，从现有商业银行效益和风险考核目标等角度出发，基于本书研究所得的关键风险影响因素和损益期望值等数据，将多目标决策引入新型农业经营主体信贷风险决策活动，同时综合考虑效益和风险目标协调优化情况下如何提升决策效率；其次，基于目标规划法的信贷风险控制多目标决策模型，结合新型农业经营主体信贷风险决策实际，通过对决策变量与约束条件等的设置对信贷风险控制多目标决策模型求解，从中找出信贷风险决策最优解；最后，从效益与风险协调优化缓解新型农业经营主体信贷约束目标出发，结合与浙江涉农信贷银行高管交流总结的先进经验，提出了一系列新型农业经营主体信贷风险管理的有效对策与方法。

　　本章研究发现：（1）效益与风险表面上看起来始终是困扰银行信贷决策的两大矛盾，对于一直被认为高风险、低收益的新型农业经营主体信贷决策尤其如此，因此决策者必须要厘清双方间的关系才能抓住信贷决策本质；（2）基于目标规划法的信贷风险控制多目标决策模型，不仅可以有效协调优化各目标间的矛盾，而且可以有效提高决策效率，因此对今后优化银行信贷风险决策具有较好的示范意义；（3）通过对前期实证调查及银行高管访谈等结果的分析可知，新型农业经营主体信贷风险并非如外界所说，由于信息不对称、交易成本高等导致风险无法有效识别而难以控制，通过基于场景化、数字化等风险控制手段，能有效解决传统金融风险决策领域的很多难点和痛点，从而为后续研究打开了新的思路。

第 7 章

研究结论与展望

　　新型农业经营主体是农业现代化发展的载体，更是实现乡村振兴的主力，然而由于生产活动风险大、不确定性程度高和风险无法有效评估与控制等原因，现有的农村金融供给模式和服务体系很难满足它们的需求，融资难、融资贵已经成为制约其发展的重要"瓶颈"。因此，要想破解当前新型农业经营主体的信贷约束，不仅要从政府层面加大对农业产业的投入和扶持，加快构建现代化农业产业体系和配套金融支持服务政策，而且要深入分析新型农业经营主体信贷约束影响因素和风险生成机理，并通过探寻有效提高风险识别、评估与控制的工具和方法，从源头上解决信贷双方利益均衡与风险回报等问题，降低农村金融机构信贷投放的风险和不确定性，以此推动其提供有效供给、改善信贷条件和破解信贷约束。

　　虽然，国内外学者围绕农业信贷风险管理进行了广泛研究，但大多针对小农户信贷风险的成因分析和评估研究，或偏重于影响因素的识别，或偏重于评估指标体系的构建，尚未能紧紧围绕以如何提高新型农业经营主体信贷风险的识别、评估与控制的有效性为目标，展开系统的过程研究。因此，本书在深入分析新型农业经营主体信贷风险影响因素和生成传导机理的基础上，主要基于第一还款来源设计创新型的风险识别与评估指标体系，同时通过筛选固定效应、probit 和 BP 神经网络等模型进行优化和组合应用，对采集的信贷样本数据进行识别与评估，并在此基础上运用多目标决策模型辅助风险控制决策，取得了较好的研究成果。

7.1

研究结论

本书针对新型农业经营主体信贷数据采集难、完整性和可靠性低，及信贷交易成本高、信息不对称和缺乏有效抵押担保，导致风险无法有效识别、评估与控制等问题。一方面，研究通过涉农信贷银行高管访谈、德尔菲法和 probit 模型等定性与定量相结合的方法，进一步提高风险影响因素筛选的有效性和重要影响因素识别的准确性；另一方面，研究通过设计主要基于第一还款来源的风险评估指标体系，并结合 BP 神经网络等模型方法进一步提高风险评估的准确性，以及在此基础上通过构建多目标决策模型来提高风险控制的针对性。基于此得到如下四个结论。

（1）基于行业场景分析信贷风险的生成和传导机理，能准确把握风险实质。

针对以往研究未能真正把握新型农业经营主体信贷风险实质，一方面，通过调查发现行业差异比规模大小对新型农业经营主体信贷风险带来的影响更大，因此不仅基于行业不同，将其划分为经济作物、大田作物和畜牧养殖等进行研究，而且从风险来源与过程两个视角，将其信贷风险划分为信用风险、经营风险和市场风险等进行分析，从而更加全面、精准地梳理了信贷风险的影响因素；另一方面，基于信贷场景，从众多信贷违约行为分析、总结、反推并重构信贷场景，不仅对新型农业经营主体信贷风险生成的触发条件、影响因素和产生后果等进行分类探讨，而且借助传染病模型等深入分析信贷风险的生成和传导机理，进一步厘清信贷约束与风险间的生成机理和逻辑关系。研究表明，本书提取的风险影响因素具有很好的判别效果，能有效解决农业信贷风险管理中风险因素提取的有效性问题。

（2）基于 probit 模型等组合风险识别方法，能克服传统方法对数据的高要求。

　　针对以往新型农业经营主体信贷数据存在质量不高且以截面数据为主，从而经常出现数据分析偏差导致风险无法有效识别的问题，一方面，不仅通过模糊层次分析法对重要参数进行权重构造，计算各层级中参数权重，给模型计算提供参考与支持，而且运用个体固定效应模型降低不同时段数据对结果产生的影响，将每个参数独立出来考虑其与被解释变量间的关系，因此进一步验证了所选参数的有效性；另一方面，运用 probit 模型对关键风险影响因素进行了识别与检验，分别计算出不同行业经营主体的主要风险影响因素在不同置信区间下的显著情况，通过交叉分析和验证真正导致信贷风险的影响因素。研究表明，多种识别模型的组合，不仅在一定程度上克服交易成本高和信息不对称导致信贷人员操作随意性和偶然性等错误，而且能客观、公正、多角度呈现不同识别方法对参数权重和重要性等排名，并在此基础上计算出违约概率，从而为有效识别信贷风险提供有力的支持。

　　（3）基于第一还款来源设计风险评估指标体系，能大大提高风险评估准确性。

　　针对以往新型农业经营主体信贷风险评估缺乏科学依据，很难跳出传统基于抵押担保的思维，一方面，在综合各家涉农信贷银行业务报告、客户调查表及贷款申请表等信息基础上，主要基于第一还款来源与风险过程，设计创新型风险评估指标体系，然后运用 BP 神经网络模型，分别对现有银行指标和新建指标体系进行实证训练与模拟测试，结果显示新建指标体系在风险评估准确率、精确率和灵敏度等方面均优于现有银行指标体系；另一方面，引入优化神经网络权值和阈值的遗传算法修正模型，结果显示基于遗传算法的 BP 神经网络，在整体数据拟合和对未知数据判别上效果更好，并基于此构建违约期望值模型，大大提高了评估的准确率和有效性。研究表明，主要基于第一还款来源的风险评估指标体系，加上高度自学习和自适应能力的 BP 神经网络及其优化模型，能在很大程度上克服传统风险评估领域，由于缺乏科学有效的指标体系和模型方法导致准确率不高的难点。

（4）基于效益与风险协调优化构建多目标决策模型，能提高风险控制针对性。

针对以往新型农业经营主体信贷风险控制目标和对象不精准，导致对策缺乏针对性的问题，一方面，从效益与风险协调优化出发，对各类经营主体信贷风险主要影响因素做出控制分析，以进一步明确引发其信贷风险的事件证据，同时基于目标规划法，构建多目标决策模型，对各主要影响因素做出控制决策，确定其控制值；另一方面，将研究结论融入农业信贷风险管理体系，结合与浙江涉农信贷银行高管交流总结的经验，根据当下农业信贷风险评估与控制难点，沿着风险事前预警、事中对策和事后监控的思路，提出一系列有针对性的风险控制对策与方法。研究表明，系统深入地探讨提高新型农业经营主体信贷风险识别、评估与控制有效性的工具与方法，不仅对提升整个农业信贷风险管理领域水平具有很好的理论与实践意义，而且也为缓解同样受信贷约束的中小企业融资问题提供新的思路和借鉴。

7.2

研究启示

本书在深入分析国内外现有农业信贷风险管理理论成果的基础上，以新型农业经营主体发展相对成熟和农村金融改革相对活跃的浙江省样本数据为主要研究对象，通过定性与定量相结合的方法，对其信贷风险的识别、评估与控制进行了全面系统的研究，得到四点结论。通过本书研究，不仅希望对缓解当下我国其他省份和区域新型农业经营主体信贷约束提供一些借鉴，而且希望对缓解同样由于缺少抵押担保等原因而导致信贷约束的中小企业融资提供一些启示。

（1）交易成本高等原因导致风险无法有效识别是信贷约束的主要原因。

因此要想破解当前困局，必须根据各地农村金融实际情况，以深入了解信贷供求双方的特点和制约创新发展的风险实质为起点，通过切实提高信贷风险的识别、评估与控制能力和水平，有效避免由于信息不对称等导致的信贷服务交易前逆向选择和交易后道德风险，从源头上解决双方的利益均衡与风险回报等问题，努力使农村金融机构在审批标准、风险容忍和业务协同上实现较大的改革与创新，从而有效缓解信贷约束。

（2）行业差异、经营风险和市场风险等在实际信贷风险评估中尤为重要。

因此要想深入了解新型农业经营主体信贷风险生成和传导机理，必须认清不同区域、行业、类型和发展阶段的经营主体信贷风险均有较大的差异，因此必须结合各地经营主体实际情况，基于行业场景、风险来源与风险过程等多个视角对其信贷风险影响因素进行深入分析，同时结合传染病模型等深入分析风险生成和传导机理，从源头上把握信贷风险的实质，从而为理论与实践层面进行深入研究提供支持。

（3）只要方法得当新型农业经营主体信贷风险并非难以识别与评估。

因此要想提高信贷风险识别与评估的有效性和准确度，首先，必须在实证调查和高管访谈基础上，运用德尔菲法、固定效应和 probit 模型等组合方法，对关键风险影响因素进行识别；其次，在综合业务报告、客户调查表及贷款申请表等信息基础上，主要基于第一还款来源等构建风险评估指标体系，同时运用 BP 神经网络和遗传算法等机器学习方法进行风险评估，并在此基础上构建信贷违约期望值模型，从而能在很大程度上解决传统信贷风险识别与评估方法效率和准确率不高等问题。

（4）要从事前、事中和事后三个方面对风险控制采取有效的对策与方法。

因此要想有效提高信贷风险控制的能力与水平，首先，必须从效益与风险协调优化出发，对各类信贷风险主要影响因素做出控制分析，以进一步明确引发其信贷风险的事件证据；其次，通过构建多目标决策模型，将对其信贷风险的控制转换为对主要影响因素的控制，从源头上抓住风险管理的核心与实质；最后，还要结合各地一线信贷人员实践创新的先进经验，根据当下农业信贷风险评估与控制难点，有针对性地提出风险控制的对策与方法，从而为缓解广大新型农业经营主体信贷约束提供新的思路和借鉴，这样才能为同样缺少抵押担保导致信贷约束的中小企业信贷风险管理提供借鉴。

7.3
研究局限与展望

7.3.1 研究局限

本书在借鉴国内外学者研究成果基础上，深入一线同政府部门领导、金融机构高管及新型农业经营主体经营者进行交流，在多角度、多维度分析新型农业经营主体信贷约束、风险特征和风险生成机理基础上，综合运用多种风险识别与评估模型和方法进行深入分析，并在此基础上提出了有针对性的风险控制对策和方法，取得了一定成果。但由于研究条件、研究时间和文章篇幅等限制，仍存在三点不足。

（1）前期专业资料的欠缺使本书研究的深度需进一步提升。

由于新型农业经营主体在我国兴起不久，国内关于这方面的信贷风险研究权威文献相对较少，加上国外的农业经营组织形式与国内有较大的差距，专门针对此类主体信贷风险研究的文献较少，因而未能借鉴到一些在新型农业经营主体信贷风险管理方面较好的先进经验，从而无法充分提升和实现研究的创新性。

（2）调查的难度和样本的质量导致本书研究广度有待提高。

由于调查的难度和样本数据质量不高，本书以浙江省新型农业经营主体信贷样本为主，结合山东、河南和江苏部分样本数据进行比较研究，未能详尽考虑不同地区的差异，因而不仅在样本代表性上受限于地域问题，而且在样本数量和质量上也受限制，虽然筛选并综合运用了若干常规的风险识别与评估模型和方法，但由于无法采用更新的计量模型和方法，难免影响本研究的深度和广度。

（3）现有信贷业务结构和审批机制影响操作层面的顺利推进。

由于新型农业经营主体信贷业务占现有金融机构的比重相对较低，加上现有金融机构体制机制相对保守，虽然本书通过理论与实践层面，对提高信贷风险的识别、评估与控制提出了有效的对策和方法，但如何有效地与现有金融机构风险管理体系进行对接，推动他们改变传统信贷审批思维，积极尝试并采纳本书的相关研究成果，从而在操作层面真正有利于缓解信贷约束，存在一定的挑战。

7.3.2　研究展望

本书的研究内容和成果只是一个新的开端和探索，今后随着乡村振兴战略的不断推进，以及新型农业经营主体的不断发展壮大，希望有越来越多这方面的研究成果来进一步完善农业信贷风险管控理论体系，从而为助力乡村振兴提供智力支持。

（1）农业信贷风险管理研究将成为下一阶段金融风险管理领域的热点。

新型农业经营主体是乡村振兴战略的主力军，加强对其信贷风险管理体系的研究，进一步缓解信贷约束是有效落实金融支持农业发展的重要课题。从信贷风险类型、特征和生成机理等方面入手，选取定性与定量相结合的风险识别、评估与控制模型和方法，探索一套完整的新型农业经营主体信贷风险管理方案，并与以农业信贷担保为核心的信贷补偿机制，和以政策性农业保险为核心的风险分担机制一起有机衔接，共同探索全方位的新型农业经营主体信贷风险管理体系。

（2）农业信贷风险管理有效缓解信贷约束的实证研究将成为研究重点。

当下制约农业信贷约束最主要的问题在于交易成本高和信息不对称导致风险无法有效评估与控制，因此如何在新型农业经营主体信贷风险管理体系的框架下，运用金融科技和智慧农业科技手段，帮助涉农金融机构建立健全符合新型农业经营主体特点的信贷风险评估体系，进一步提高信贷风险的识别能力和效率，把现代金融的风险管控机制与农村传统信用资源进行有效对接，从而探索一条交易成本低、信息对称度高和应用性强的农业信贷风险管理系统。

（3）金融科技手段助力信贷风险管理将成为理论与实务研究的重要课题。

随着区块链和人工智能技术的不断创新和广泛应用，更多更加先进的基于机器学习法的动态自适应风险评估模型与方法，将逐渐被应用于新型农业经营主体信贷风险管理领域，这些方法将不断拓宽相关研究理论的广度和深度，尤其是数据挖掘等技术将逐渐成为农业信贷信息碎片化有效挖掘、处理和分析的主要方法，从而通过构建更加完善的信息采集标准和数据资源，开发基于机器学习的动态自适应风险评估系统，将大大提高新型农业经营主体信贷风险的识别、评估与控制效率，从而为同样受交易成本高、信息不对称和缺少有效抵押担保困扰的中小企业信贷约束与信贷风险管理提供有益的借鉴。

附录1 新型农业经营主体信贷风险管理问卷调查表

一、产前：

1. 您的产业组织形式为？（　　　）

A. 种养大户　　　　　　　　B. 家庭农场

C. 专业合作社　　　　　　　D. 农业企业

2. 您的生产类型为？（　　　）

A. 经济作物　　　　　　　　B. 大田作物

C. 畜牧养殖　　　　　　　　D. 水产养殖

3. 您的养殖品种为____，规模为____头/只？

若是种植业，种植品种为____，规模为____亩？

4. 您的性别？（　　　）

A. 男　　　　　　　　　　　B. 女

5. 您的年龄是？（　　　）

6. 您的婚姻状况是？（　　　）

A. 未婚　　　　　　　　　　B. 已婚

C. 离婚

7. 您的文化程度为？（　　　）

A. 初中及以下　　　　　　　B. 高中及中专

C. 大专及以上

8. 您有无企事业单位工作经历？（　　　）

A. 有　　　　　　　　　　　B. 无

9. 您有无管理经验（　　　）？

A. 有   B. 无

10. 您从事专业化农业生产经营共____年?

11. 您的总资产为____万元?

12. 您在银行等金融机构尚未偿还的贷款为____万元? 其他渠道尚未偿还的借款为____万元?

13. 您是否有其他对外投资? (   )

A. 是   B. 否

14. 您个人是否对外进行了担保? (   )

A. 是   B. 否

15. 您在贷款过程中是否有熟人帮忙? (   )

A. 是   B. 否

二、产中:

1. 您的经营主体年收入为____万元,农业补贴收入为____万元,年经营总成本为____万元,净利润____万元。

2. 您的农业生产设施投入为_____万元,土地流转年限为_____年?

3. 养殖业:每只(猪/鸡/鸭/牛/羊)成本____元;

种植业:每亩成本____元。

4. 您在贷款过程中是否有受到不公平的对待? (   )

A. 是   B. 否

5. 您是否有完整的财务报表或财务数据记录? (   )

A. 是   B. 否

6. 您是否有完整的养殖/种植生产记录资料? (   )

A. 是   B. 否

7. 您是否有从事生产经营的专业技术人员? (   )

A. 是   B. 否

8. 您是否会定期采取措施来预防自然灾害或瘟疫疾病? (   )

A. 是   B. 否

9. 您是否有固定使用的饲料/肥料品牌？（　　　）

A. 是　　　　　　　　　　　　B. 否

10. 您是否有机械化的喂养/种植设备？（　　　）

A. 是　　　　　　　　　　　　B. 否

11. 您是否购买农业保险？（　　　）

A. 是　　　　　　　　　　　　B. 否

12. 您的贷款需求为＿＿＿万元？

13. 您是否有智能监控系统？（　　　）

A. 是　　　　　　　　　　　　B. 否

14. 您是否有环保等政策风险隐患？（　　　）

A. 有　　　　　　　　　　　　B. 无

三、产后：

1. 您往年的种植或者养殖产量为＿＿＿公斤/头/只？

2. 您是否有长期稳定的销售合作对象？（　　　）

A. 是　　　　　　　　　　　　B. 否

3. 您是否拥有长期稳定的购买生产资料渠道？（　　　）

A. 是　　　　　　　　　　　　B. 否

4. 若是养殖业，您往年的销售价格为＿＿＿元/公斤？

若是种植业，您往年的销售价格为＿＿＿元/公斤？

5. 您的产品是否注册了商标或为当地名优特产？（　　　）

A. 是　　　　　　　　　　　　B. 否

6. 您对市场行情（淡季、旺季）是否有把握？（　　　）

A. 不了解　　　　　　　　　　B. 了解

C. 有把握

附录 2　新型农业经营主体信贷风险管理参数表

一级指标	二级指标	三级指标
信用风险	基本情况	1. 性别（男 = 0；女 = 1）；2. 年龄；3. 婚姻状况（未婚 = 0；已婚 = 1；离婚 = 2）；4. 文化程度（初中及以下 = 1；高中及中专 = 2；大专及以上 = 3）；5. 健康状况（健康 = 0；亚健康 = 1）；6. 有无管理经验（有 = 0；无 = 1）；7. 有无企业单位工作经历（有 = 0；无 = 1）；8. 从业年限；9. 兼业/专业（专业 = 0；兼业 = 1）
	偿债能力	1. 家庭总资产；2. 尚未偿还银行借款；3. 其他借款数额
	道德风险	1. 有无违约记录（有 = 0；无 = 1）；2. 贷款是否熟人介绍（有 = 0；无 = 1）；3. 当地信用环境
经营风险	自然风险	1. 是否购买农业保险（有 = 0；无 = 1）
	财务风险	1. 总资产负债率；2. 销售利润率；3 农业生产设施投入；4 是否有对外担保（有 = 0；无 = 1）；5. 是否有对外投资（有 = 0；无 = 1）
	技术风险	1. 有无专业技术人员（有 = 0；无 = 1）；2. 有无机械自动化设备（有 = 0；无 = 1）

续表

一级指标	二级指标	三级指标
经营风险	生产管理风险	1. 生产规模；2. 有无简单的电子化管理（有＝0；无＝1）
	政策风险	1. 有无环保等政策风险（有＝0；无＝1）；2. 土地流转年限
市场风险	价格风险	1. 对市场价格行情的把握度（不了解＝0；了解＝1；有把握＝2）；2. 产品是否为当地名优特产（是＝0；否＝1）；3. 是否注册商标（有＝0；无＝1）；4. "三品一标"认证情况（有＝0；无＝1）
	供求风险	1. 有无长期稳定的生产资料购买渠道（有＝0；无＝1）；2. 有无长期稳定的销售渠道（有＝0；无＝1）

附录3 新型农业经营主体信贷风险管理访谈提纲

被访谈单位：   被访谈人员：

一、请问你认为导致当下农业信贷约束的主要原因是什么？或者说困扰新型农业经营主体发展壮大最大的问题在哪里？

二、请问贵单位涉农信贷规模多少，占总体信贷规模的比重多少？其中投放到新型农业经营主体中的规模多少？

三、请问贵单位对新型农业经营主体的贷款主要是以什么形式投放的？信用，担保，抵押？还是组合？不同的信贷方式利率水平分别如何？

四、请问贵单位针对新型农业经营主体投放的贷款金额中，30万元以下，30万~50万元，50万~100万元，100万元以上分别占比多少？不同信贷额度其条件分别怎样？

五、请问近五年来涉农信贷违约率平均在多少？针对新型农业经营主体信贷的违约率又是多少？

六、请问针对新型农业经营主体信贷业务投放前主要关注哪些要素？或者说关注的风险点有哪些？

七、请问你们所理解的农业信贷风险主要有哪几种类型？贵单位近年来发生的涉农信贷尤其是针对新型农业经营主体信贷发生风险的原因都有哪些？

八、请问贵单位在信贷支持新型农业经营主体发展壮大过程中有哪些优秀的做法？或者说对当下融资难、融资贵的环境有何好的建议？

九、请问你认为主要通过基于第一还款来源能否有效识别与评估新型农业经营主体信贷风险？

十、请问你有什么好的对策或建议来提高新型农业经营主体信贷风险控制效率？

参 考 文 献

［1］常露露，吕德宏．农地经营权抵押贷款风险识别及其应用研究——基于重庆 639 个农户样本调查数据［J］．大连理工大学学报（社会科学版），2018（5）：41 - 50.

［2］陈庆，马瑞，蒋正武，王慧．基于 GA - BP 神经网络的 UH-PC 抗压强度预测与配合比设计［J］．建筑材料学报，2019（9）：176 - 183.

［3］陈晓华．大力培育新型农业经营主体——在中国农业经济学会年会上的致辞［J］．农业经济问题，2014（1）：4 - 7.

［4］程鑫，石洪波，董媛香．基于 MIC - MAC 的农户信用评价指标体系优化研究［J］．数学的实践与认识，2018（8）：17 - 25.

［5］迟国泰，潘明道，程砚秋．基于综合判别能力的农户小额贷款信用评价模型［J］．管理评论，2015（6）：42 - 57.

［6］楚岩枫，李华丽．考虑决策者偏好的多阶段多目标生产计划研究［J］．工业工程与管理，2019，24（6）：108 - 115.

［7］崔学敏，马丽玉，季曦．对建立全国统一模式农户信用风险评估体系的思考［J］．征信，2012（6）：157 - 159.

［8］戴昕琦．商业银行信用风险评估模型研究——基于线上供应链金融的实证［J］．软科学，2018（5）：139 - 144.

［9］邓伟平．依托农村中介自组织控制小额信贷信用风险：理论解释和实践经验［J］．金融理论与实践，2017（3）：44 - 49.

［10］丁志国，覃朝晖，苏治．农户正规金融机构信贷违约形成机理分析［J］．农业经济问题，2014（8）：88－94．

［11］冯海红．小额信贷、农民创业与收入增长——基于中介效应的实证研究［J］．审计与经济研究，2016，31（5）：111－119．

［12］葛永波，曹婷婷，陈磊．农商行小微贷款风险评估及其预警——基于经济新常态背景的研究［J］．中国农村经济，2017（9）：105－115．

［13］郭栋梁．新型农业经营主体金融支持研究综述［J］．湖北农业科学，2018（17）：5－10．

［14］郭怀照，周荣荣．新型农业经营主体的评价指标体系研究——以江苏省为例［J］．江苏农业科学，2016（12）：623－627．

［15］郭斯华．加快我国农村信用体系建设研究［J］．江西社会科学，2014，34（8）：216－219．

［16］韩军．现代商业银行市场风险管理理论与实务［M］．北京：中国金融出版社，2006．

［17］胡锦涛．坚定不移沿着中国特色社会主义道路前进为全面建成小康社会而奋斗——在中国共产党第十八次全国代表大会上的报告［J］．求是，2012（22）：3－25．

［18］黄志刚，刘志惠，朱建林．多源数据信用评级普适模型栈框架的构建与应用［J］．数量经济技术经济研究，2019（4）：155－168．

［19］黄祖辉，俞宁．新型农业经营主体：现状、约束与发展思路－以浙江省为例的分析［J］．中国农村经济，2010（10）：16－26．

［20］冀婧．农村小型金融机构的信贷风险控制体系建构研究［J］．农业经济，2013（12）：36－38．

［21］贾生华，史煜筠．商业银行的中小企业信贷风险因素及其管理对策［J］．浙江大学学报（人文社会科学版），2003（2）：8．

［22］孔祥智．新型农业经营主体的地位和顶层设计改革［J］．改革，2014（5）：32－34．

［23］寇刚，娄春伟，彭怡，等．基于时序多目标方法的主权信用违约风险研究［J］．管理科学学报，2012（4）：81-87.

［24］李建全，娄洁，娄梅枝．离散的 SI 和 SIS 传染病模型的研究［J］．应用数学和力学，2008（1）：104-110.

［25］李立新．商业银行效益风险协调区间研究［J］．技术经济与管理研究，2015（9）：99-104.

［26］李立之．农民专业合作社信用评价体系探索与路径选择［J］．征信，2012（2）：23-25.

［27］李奇．农村合作金融机构的信贷风险控制创新研究［J］．经济研究参考，2015（44）：83-87.

［28］李琦，曹国华．基于 Credit Risk＋模型的互联网金融信用风险估计［J］．统计与决策，2015（1）：164-166.

［29］李延敏，章敏．农业产业化龙头企业信用风险评价的改进——基于农村金融联结视角［J］．农林经济管理学报，2016（5）：532-538.

［30］廖果平，李颖．绿色信贷政策下企业信贷风险测度及影响因素识别［J］．财会通讯，2020（2）：121-123.

［31］林乐芬，俞泞曦．家庭农场对农地经营权抵押贷款潜在需求及影响因素研究——基于江苏191个非试点村的调查［J］．南京农业大学学报（社会科学版），2016（1）：71-81.

［32］刘超，朱高宏，康艳青．P2P 平台下农村供应链融资的风险控制策略研究［J］．金融理论与实践，2019（5）：103-111.

［33］刘成玉，黎贤强，王焕印．社会资本与我国农村信贷风险控制［J］．浙江大学学报（人文社会科学版），2011（2）：106-115.

［34］刘佳，吕德宏，杨希．农户贷款第一还款来源影响因素及其应用分析——基于陕西省岐山县的调研数据［J］．中国农业大学学报，2014（3）：255-262.

［35］刘强，胡志强．新型农业经营主体资金供需影响因素研

究—以安徽省宣城市为例 [J]. 金融纵横, 2015 (2): 90 - 98.

[36] 刘西川, 李渊. 村级发展互助资金实行分期还款有利于其信贷风险控制吗？——基于 5 省 160 个样本村的调查数据 [J]. 世界农业, 2019 (12): 27 - 35.

[37] 刘祥东, 王未卿. 我国商业银行信用风险识别的多模型比较研究 [J]. 经济经纬, 2015 (6): 132 - 137.

[38] 刘祚祥, 黄权国. 信息生产能力、农业保险与农村金融市场的信贷配给——基于修正的 S - W 模型的实证分析 [J]. 中国农村经济, 2012 (5): 53 - 64.

[39] 吕德宏, 朱莹. 农户小额信贷风险影响因素层次差异性研究 [J]. 管理评论, 2017 (1): 33 - 41.

[40] 马小南. 农村信用社小额信贷风险控制策略研究 [J]. 农业经济, 2013 (7): 105 - 106.

[41] 孟斌, 迟国泰. 农户小额贷款信用评价模型研究 [J]. 管理现代化, 2015 (1): 106 - 108.

[42] 孟杰, 李田, 苑泽明. 基于 ODR - BADASYN - SVM 的中小企业信用风险评估 [J]. 征信, 2018 (1): 16 - 26.

[43] 苗晓宇. 中小银行资产负债动态最优化模型构建与实证研究 [J]. 新金融, 2014 (1): 42 - 48.

[44] 倪旭, 张峭, 倪博. 新型农业经营主体信用的现状、问题及对策探析 [J]. 征信, 2018 (1): 16 - 26.

[45] 聂勇, 余杨昕. 基于制度视角的新型农村金融机构金融风险控制研究 [J]. 武汉金融, 2013 (6): 48 - 50.

[46] 牛亚超, 徐良骥, 张坤, 叶伟, 张劲满, 姜宝兴. 基于 GA - BP 神经网络的概率积分法预计参数研究 [J]. 金属矿山, 2019 (10): 93 - 100.

[47] 潘海英, 窦俊贤. 农村正规金融发展：政府行为、农村经济与社会资本 [J]. 华南农业大学学报 (社会科学版), 2016 (2): 12 - 22.

[48] 庞金波，林安金，刘长旭. 农村金融风险分担与补偿问题分析 [J]. 经济研究导刊，2014（26）：200 - 202.

[49] 彭路. 农业供应链金融道德风险的放大效应研究 [J]. 金融研究，2018（4）：88 - 103.

[50] 钱慧，梅强，文学舟. 小微企业信贷风险评估实证研究 [J]. 科技管理研究，2013（14）：220 - 223.

[51] 钱茜，周宗放. 考虑免疫性的关联信用风险的传染机理研究 [J]. 运筹与管理，2018，27（1）：132 - 137.

[52] 秦红松. 我国农林土地经营权抵押的现实困难和可行性探讨 [J]. 西南金融，2013（11）：63 - 65.

[53] 任劼，孔荣，Calum Turvey. 农户信贷风险配给识别及其影响因素——来自陕西 730 户农户调查数据分析 [J]. 中国农村经济，2015（3）：56 - 57.

[54] 邵立敏，邵立杰. 我国商业银行农村小微企业信贷风险防范研究 [J]. 农业经济，2018（8）：104 - 106.

[55] 申云，李京蓉. 我国农村居民生活富裕评价指标体系研究——基于全面建成小康社会的视角 [J]. 调研世界，2020（1）：42 - 50.

[56] 沈友娣，卢美英，桂婷炜. 农业供给侧结构性改革的金融支持路径探析 [J]. 江苏农业科学，2017（19）：50 - 52.

[57] 孙存一，王彩霞. 大数据算法的精确制导：信贷客户识别以及特征要素分析 [J]. 税务与经济，2016（1）：29 - 33.

[58] 孙立刚，刘献良，李起文. 金融支持新型农业经营主体的调查与思考 [J]. 农村金融研究，2015（5）：20 - 25.

[59] 田霖. 我国农村金融包容的区域差异与影响要素解析 [J]. 金融理论与实践，2012（11）：39 - 48.

[60] 田祥宇，董小娇. 农户小额信贷融资困境与风险缓释机制研究 [J]. 宏观经济研究，2014（7）：21 - 33.

[61] 汪小华. 农业供应链金融信用风险的评价及控制研究

[J]. 农业经济，2015（12）：110 – 111.

[62] 王俊芹，张瑞涛，孙志奇 . 河北省新型农业经营主体信用体系发展现状调研与分析—以唐山市为例 [J]. 现代农村科技，2016（12）：11 – 13.

[63] 王蕾，张向丽，池国华 . 内部控制对银行信贷风险的影响——信息不对称与代理成本的中介效应 [J]. 金融理论与实践，2019（11）：14 – 23.

[64] 王志伟，葛楠，李春伟 . 基于 BP 神经网络算法的结构振动模态模糊控制 [J]. 山东大学学报（工学版），2020，50（5）：13 – 19.

[65] 王周缅 . 基于元胞蚂蚁算法的商业银行信用风险评估模型研究 [J]. 上海金融，2017（1）：76 – 80.

[66] 魏岚 . 农户小额信贷风险评价体系研究 [J]. 财经问题研究，2013（8）：125 – 128.

[67] 温信祥 . 日本农村信用担保体系及启示 [J]. 中国金融，2013（1）：85 – 87.

[68] 吴东武 . 基于 TSF – GD 的农户信用评估指标设计逻辑模型及其应用研究 [J]. 金融理论与实践，2014（3）：1 – 7.

[69] 吴奉刚、陈国伟 . 我国商业银行规模经济和范围经济的实证研究 [J]. 金融发展研究，2012（2）：64 – 67.

[70] 吴华增，兰庆高 . 基于面板门槛模型的农村金融发展扶贫效应检验 [J]. 统计与决策，2017（23）：172 – 175.

[71] 吴沐林 . 商业银行内部资金转移定价模式及应用研究 [J]. 经济问题，2016（3）：60 – 66.

[72] 吴越尧 . 贵溪市农村信用体系建设的实践与思考 [J]. 征信，2019（9）：50 – 53.

[73] 习近平 . 决胜全面建成小康社会、夺取新时代中国特色社会主义伟大胜利——在中国共产党第十九次全国代表大会上的报告 [M]. 北京：人民出版社，2017：11 – 12.

[74] 徐超, 宋丹. 改进新型农业经营主体金融信贷状况的思路与对策 [J]. 征信, 2018 (8): 85 – 88.

[75] 徐超, 宋丹, 周鹏程. 新型农业经营主体信用评价体系构建探析 [J]. 征信, 2017 (10): 41 – 45.

[76] 许晨曦, 尚铎. 放松卖空约束与企业信用评级 [J]. 中南财经政法大学学报, 2020 (3): 147 – 156.

[77] 晏成杰. 普惠金融背景下我国农村金融创新发展分析 [J]. 经济与管理科学, 2019 (2): 97 – 98.

[78] 晏艳阳, 赵大玮, 蒋恒波. 我国地方性征信体系建设与改进 [J]. 经济纵横, 2008 (8): 56 – 58.

[79] 杨宏玲. 基于 BBC 与价值链风险分析的农户信用评价指标体系探析 [J]. 科技管理研究, 2011 (6): 63 – 66.

[80] 杨军, 房姿. 供应链金融视角下农业中小企业融资模式及信用风险研究 [J]. 农业技术经济, 2017 (9): 95 – 104.

[81] 杨明. 信贷企业风险早期识别 [J]. 中国金融, 2019 (23): 48 – 49.

[82] 杨胜刚, 夏唯, 张磊. 信用缺失环境下的农户信用评估指标体系构建研究 [J]. 财经理论与实践, 2012 (6): 7 – 12.

[83] 姚淑琼, 强俊宏. 基于 BP 神经网络的农户小额信贷信用风险评估研究 [J]. 西北农林科技大学学报 (社会科学版), 2012 (2): 78 – 83.

[84] 尹志超, 谢海芳, 魏昭. 涉农贷款、货币政策和违约风险 [J]. 中国农村经济, 2014 (3): 14 – 26.

[85] 昝梦莹. 农村信用社风险的形成及防范措施 [J]. 西北农林科技大学学报 (社会科学版), 2013 (6): 39 – 43.

[86] 詹东新, 孙江华, 龚剑锋, 陈祥云. 普惠金融视角下农村信用体系建设的实践与思考 [J]. 征信, 2019 (11): 64 – 67.

[87] 张峰峰, 张欣, 陈龙, 孙立宁, 詹蔚. 采用改进遗传算法优化神经网络的双目相机标定 [J]. 中国机械工程, 2020 (10):

1 – 10.

[88] 张国政，姚珍，杨亦民．基于 Logistic 回归的农户小额信贷风险评估实证研究 [J]．财会月刊，2016（9）：63 – 66.

[89] 张红宇．新型农业经营主体发展趋势研究 [J]．农村经济研究，2015（1）：65 – 72.

[90] 张劲松，赵耀．农村金融困境的解析：信贷合约的角度 [J]．管理世界，2010（2）：177 – 178.

[91] 张龙耀，陈畅，刘俊杰．社会资本与小额信贷风险控制：理论机制与实证分析 [J]．经济学动态，2013（2）：73 – 77.

[92] 张品一，梁锶．基于 ADGA – BP 神经网络模型的金融产业发展趋势仿真与预测 [J]．管理评论，2019，31（12）：49 – 60.

[93] 张奇，胡蓝艺，王珏．基于 Logit 与 SVM 的银行业信用风险预警模型研究 [J]．系统工程理论与实践，2015（7）：1784 – 1790.

[94] 张润驰，杜亚斌，荆伟，孙明明．农户小额贷款违约影响因素研究 [J]．西北农林科技大学学报（社会科学版），2017（5）：67 – 75.

[95] 张云燕，刘清，王磊玲，罗剑朝．农村合作金融机构信贷风险内控体系评价研究 [J]．中国农业大学学报，2016（8）：169 – 175.

[96] 郑欢，程周．模糊多目标规划在建设项目决策中的应用 [J]．统计与决策，2013（9）：85 – 88.

[97] 周才云．我国区域农村微型金融机构风险的评价及控制 [J]．征信，2013（6）：72 – 77.

[98] 朱淑珍．金融风险管理（第2版）[M]．北京：北京大学出版社，2015.

[99] 祝含秋，丁周阳，陈兵，江志刚．基于改进 BP 神经网络的废旧产品再制造成本预测 [J]．机床与液压，2020，48（19）：34 – 38 + 20.

［100］Al Rawashdeh F M. Assessment of the middle administrative leadership's awareness of the implementation of the concept of total quality management（TQM）in commercial banks operating in Jordan ［J］. Arab Economic and Business Journal, 2014, 9（1）: 81 – 92.

［101］Altman E I. Financial ratios, discriminant analysis and the prediction of corporate bankruptcy ［J］. The Journal of Finance, 1968, 23（4）: 589 – 609.

［102］Altman E I, Haldeman R G, Narayanan P. Zeta analysis: A new model to identify bankruptcy risk of corporations ［J］. Journal of Banking and Finance, 1977, 10: 29 – 54.

［103］Artzner P, Delbaen F, Eber J M, Heath D. Coherent risk measures ［J］. Mathematical Finance, 1999, 9（3）: 203 – 226.

［104］Baklouti I. Determinants of microcredit repayment: the case of tunisian microfinance bank ［J］. African Development Review, 2013, 25（3）: 370 – 382.

［105］Balkenhol B, Schütte H. Collateral law and collateral substitutes ［M］. ILO, 2001.

［106］Barrett C B, Bachke M E, Bellemare M F, et al. Smallholder participation in contract farming: comparative evidence from five countries ［J］. World Development, 2012, 40（4）: 715 – 730.

［107］Basak A. The role of urban cooperative banks and non-agricultural cooperative credit societies in financial inclusion: a study in howrah district, west bengal ［J］. IUP Journal of Knowledge Management, 2015, 13（3）: 81 – 82.

［108］Basel Committee on Banking Supervision. International Convergence of Capital Measurement and Capital Standards. A revised framework-comprehensive version ［M］. Bank for International Settlements, Basel, Switzerland, 2006.

［109］Beaver W H. Financial ratios as predictors of failure ［J］.

Journal of Accounting Research, 1966, 4 (1): 71 – 111.

[110] Bestor H. Screening versus rationing in credit markets with imperfect informatiom [J]. American Economic Review, 1985, 75: 850 – 855.

[111] Çetin U. On absolutely continuous compensators and nonlinear filtering equations in default risk models [J]. Stochastic Processes and Their Applications, 2012, 122 (11): 3619 – 3647.

[112] Coase R H. The nature of the firm [J]. Economica, 1937, 4 (16): 386 – 405.

[113] Copestake J. Mainstreaming microfinance: social performance management or mission drift? [J]. World Development, 2007, 35 (10): 1721 – 1738.

[114] Dahlman C J. The problem of externality [J]. The Journal of Law and Economics, 1979, 22 (1): 141 – 162.

[115] Das A. Risk and productivity change of public sector banks [J]. Economic and Political Weekly, 2002: 437 – 448.

[116] Diamond D W. Reputation acquisition in debt markets [J]. Journal of Political Economy, 1989, 97 (4): 828.

[117] Dutta S, Shekhar S. Bond rating: a non-conservative application of neural networks [J]. IEEE Int Conf on Neural Networks. Publ by IEEE, 1988 (2): 443 – 450.

[118] Editors. Credit risk and credit derivatives [J]. Review of Derivatives Research, 1998 (2): 95.

[119] Gal T, Stewart T J, Hanne T. Multi-criteria decision making: advances in MCDM Models, algorithms, theory, and applications [M]. New York: Springer – Verlag New York Inc, 1999.

[120] Gentry J A, Newbold P, Whitford D T. Classifying bankrupt firms with funds flow components [J]. Journal of Accounting Research, 1985, 23 (1): 146.

[121] George A A. The market for "Lemons": quality uncertainty and the market mechanism [J]. Quarterly Journal of Economics, 1970 (83): 488 – 500.

[122] Hainaut D, Robert C Y. Credit risk valuation with rating transitions and partial information [J]. International Journal of Theoretical and Applied Finance, 2014, 17 (7): 1 – 31.

[123] Hartarska V, Nadolnyak D. Does rating help microfinance institutions raise funds? cross-country evidence [J]. International Review of Economics and Finance, 2007 (5): 1 – 14.

[124] Hoff K, Stiglitz J E. Introduction: imperfect information and rural credit markets puzzles and policy perspectives [J]. World Bank Economic Review, 1990, 4 (3): 235 – 250.

[125] Hu Y C, Ansell J. Measuring retail company performance using credit scoring techniques [J]. European Journal of Operational Research, 2007, 183 (3): 1595 – 1606.

[126] José A. G. Baptista, J S, Ramalho J, Vidigal da Silva. Understanding the microenterprise sector to design a tailor-made microfinance policy for Cape Verde [R]. Praia, Cape Verde: African Development Bank, 2006.

[127] Khiem C M. Supply chain model for small agricultural enterprises [J]. Annels of Operations Research, 2017, 190 (1): 360 – 375.

[128] Malekipirbazari M, Aksakalli V. Risk assessment in social lending via random forests [J]. Expert Systems with Applications, 2015, 42 (10): 4621 – 4631.

[129] Markowitz H M. Portfolio selection [J]. Journal of Finance, 1952 (7): 77 – 91.

[130] Martin D. Early warning of bank failure: a logit regression approach [J]. Journal of Banking & Finance, 1977 (3): 249 – 276.

[131] Michalak D. Weather risk management in the agricultural sector of Poland and in the world [J]. Comparative Economic Research, 2015, 18 (3): 99 - 114.

[132] Milde H, Riley J. Signaling in credit markets [J]. Quarterly Journal of Economics, 1988, 103: 101 - 130.

[133] Mogan Bank J P. Risk meteics technical manual [M]. New York: J P Bank, 1995.

[134] Ofuoku A U, Agbamu J U. Maize contract farming experience in Delta State, Nigeria [J]. Journal of Northeast Agricultural University (English Edition), 2016, 23 (1): 65 - 73.

[135] Ohlson J A. Financial ratios and the probabilistic prediction of bankruptcy [J]. Journal of Accounting Research, 1980, 12 (1): 109 - 131.

[136] Olagunju F I, Ajiboye A. Agricultural lending decision: a Tobit regression analysis [J]. African Journal of Food Agriculture Nutrition & Development, 2010, 10 (5): 2515 - 2541.

[137] Robert L. The use of simulated decision makers in information evaluation [J]. Accounting Review, 1975.

[138] Ross S A. The arbitrage theory of capital asset pricing [J]. Journal of Economic Theory, 1976, 13, 341 - 360.

[139] Rothschild M, Stiglitz J E. Equilibrium in competitive insurance market: An essay on the economics of imperfect information [J]. Quarterly Journal of Economics, 1976, 90 (30): 629 - 649.

[140] Rubana Mahjabeen. Microfinancing in bangladesh: impact on households, consumption and welfare [J]. Journal of Policy Modeling, 2008 (7): 1 - 10.

[141] Saksonova S. Approaches to improving asset structure management in commercial Banks [J]. Procedia - Social and Behavioral Sciences, 2013 (33): 99 - 101.

[142] Savitha B, Kumar N. Non-performance of financial contracts in agricultural lending: A case study from Karnataka, India [J]. Agricultural Finance Review, 2016, 2016 (3): 362 –377.

[143] Sharpe W F. Capital Asset Prices: A theory of market equilibrium under conditions of risk [J]. Journal of Finance, 1964, 19 (3), 425 –442.

[144] Sharpe W F. Factor models, CAPMs, and the ABT [J]. Journal of Portfolio Management, 1984, 11 (1): 21 –25.

[145] Sousa M R. Uptake of agri-environmental schemes in the less-favoured areas of greece: the role of corruption and farmers' responses to the financial crisis [J]. Land Use Policy, 2015, 17 (8): 123 –142.

[146] Spence M. Job market signaling [J]. The Quarterly Journal of Economics, 1973, 87 (3): 355 –374.

[147] Stiglitz J E, Weiss A. Credit rationing in markets with imperfect information [J]. The American Economic Review, 1981, 71 (3): 393 –410.

[148] Williamson O E. The economic institutions of capitalism [M]. New York: Free Press, 1985.

[149] Williamson Q. Market and hierarchies [M]. New York: Free Press, 1975.

[150] Wongnaa C A, Awunyo – Vitor D. Factors affecting loan repayment performance among yam farmers in the sene district, ghana [J]. Agris on Line Papers in Economics & Informatics, 2013, 5 (2): 111 –122.

[151] Yu P. Multiple criteria decision-making: concepts, techniques and extensions [M]. New York: Plenum, 1985.

后　记

　　时光飞逝、岁月如梭，一转眼从离开家乡到杭州求学、就业和安家已经二十多个年头！我从小生在农村、长在农村，对农业、农村和农民问题有着深厚的感情。因此，我一直以来都在关注"三农"的问题，尤其想通过自身的研究为农村的建设贡献自己的绵薄之力。然而，随着我国城镇化进程的快速推进，许多优质资源不断向城镇集中，从而出现了农村地区产业空心化和人口老龄化等社会问题。党的十九大高瞻远瞩地提出了实施乡村振兴的宏伟战略，试图通过进一步支持农业、农村和农民的协调发展来缩小城乡差距，最终实现共同富裕。我也因此渐渐萌生了要将自己多年来对如何通过支持产业兴旺来实现乡村振兴所做的调研和思考心得（其中部分内容已先后公开发表于《社会科学战线》等国内外杂志）缀合成书的想法，希望对多年来这方面的研究进行一个阶段性的总结，同时也能够与同行业的专家学者进行交流，从而为实施乡村振兴战略贡献自己的绵薄之力。

　　我对农村金融的研究兴趣最早源自我的同事和好朋友丁骋骋教授，他多年来一直专注于农村金融方面的研究，我同他从 2010 年开始一直到各地农村对农户信贷进行田野调查，前期也合作发表了这方面的文章。我们通过长期的调查发现，要想实现乡村振兴，首先必须依靠产业兴旺，而产业兴旺必须通过大力扶持新型农业经营主体走规模化、集约化的现代农业发展道路。然而，新型农业经营主体由于其在经营前期成本投入高、规模大，现行的农村金融供给模式和服务体系难以满足其发展需求，融资难、融资贵已成为制约其发展的主要"瓶颈"，究其原因，主要是农业信贷的风险无法有效评估与控制等方面所致。当时正值博士论文开题之际，因此就将此选题作为我博士论文的研究方向。经过多年的深入调研和认真研究，终于顺利完成了博士论文的写作，于是在博士论文研究的基础上，将近年来的研究心得进行整理与总结，才完成本书的写作。

在本书出版之际，首先，要感谢我的恩师东华大学宋福根教授，宋老师学识渊博、治学严谨，在他身上真正体会到了什么叫"德高为师、身正为范"，在本书的写作过程中孜孜不倦地给予了悉心指导与帮助；其次，要感谢浙江财经大学金通教授、王正新教授等很多好朋友、好同事，感谢他们在本书写作过程中给予的帮助和支持；最后，还要感谢所走访调研的浙江、江苏、山东、河南等地诸多农业主管部门、涉农信贷银行和新型农业经营主体的负责人所给予的调研支持！

本书能够顺利出版，得益于经济科学出版社的鼎力相助，在此特别致谢！

孙福兵

2022 年 3 月于杭州